ASSOCIATIONAL REVOLUTION

アソシエーション革命宣言

【協同社会の理論と展望】

飯嶋 廣
Iijima Hiroshi

阿部文明
Abe Fumiaki

清野真一
Seino Masakazu

【著】

社会評論社

読者の皆さんへ

ソ連「社会主義」が崩壊してすでに19年が経ちます。この事件は、世界と日本の左翼運動にとって、政治的にも思想的にも大きな打撃となりました。ソ連を無条件であれ条件付きであれ「社会主義」と認めてきた運動にとって、それは主体の致命的で決定的な危機を意味しました。そればかりか、ソ連を「堕落した労働者国家」「国家資本主義」等々と厳しく批判してきたニューレフトの陣営にさえ、深刻な困難をもたらしました。

ソ連崩壊以降の世界は、先進資本主義諸国を中心に市場経済礼賛の風潮が席巻しました。かつては「非資本主義的な発展」を模索したこともある途上諸国も、このトレンドに抗うことはならず、ロシア・東欧諸国や中国においては、市場主義が経済再建の強力な切り札として推奨されるに至りました。

こうして人々が市場主義にひれ伏した十数年間の後、世界は再び深刻な経済危機、社会危機に突き落とされることとなりました。08年のリーマンショックをきっかけに、世界大不況が襲来したのです。世界、とりわけ先進諸国では、市場主義に対する疑問や反省の声があげられるようになり、非難や糾弾の叫びさえ巻き起こりました。とはいえ、その声や叫びの中に、かつての「社会主義」を憧憬したり再評価したりするトーンは聞かれません。それもそのはずです。この未曾有の大不況の救世主のひとつと見なされているのが、中国やインドやブラジルなどにおける、市場経済の大規模でダイナミックな発展の趨勢なのですから。

今回の未曾有の世界大不況は、単純に資本主義や市場経済への批判的見直しに人々を誘うのではなく、かえって市場主義への呪縛を強化する契機となりうることを私たちは知っています。もちろんその市場主義は、この十数年間世界を引きずり回してきた新自由主義のそれではなく、中国やインドなどの新興諸国にしろ、欧州の先進諸国にしろ、多かれ少なかれ国家との深い結びつきを認める資本主義であり市場主義です。これらの資本主義は、新自由主義の資本主義などよりも堅固で強力な資本主義であるに違いないでしょう。新自由主義への怨嗟の声が、新興諸国の「奇跡」への感嘆や、欧州の「福祉」への憧憬に回収される兆しはすでに見えています。

以上のような事態は、資本主義の矛盾に苦しめられる人々、その人々とともに経済社会の変革をめざす者たちに対して、冷静で、根源的な振る舞いを要求しているように思えます。資本主義と市場経済の矛盾、それがもたらす現在と将来の人間と自然への破壊的影響は、格差と貧困の拡大、不可逆的段階に突入寸前の環境破壊、世界の各地でくすぶり発火する紛争、大量破壊兵器の恐怖と重圧等々を見るまでもなく、まったく明らかです。しかし、だからといって、既成の「社会主義」理論やその修正作業が問題の解決策を示してくれるわけでないことも、はっきりとしています。だとするならば、私たちは、より徹底的に、より根源的に、人類の歴史と資本主義の歴史、そして資本主義を克服すると称して実践されてきたこれまでの運動の歴史を総括した上で、新しい解放の理論と展望を明らかにしていく以外にありません。

本書で、私たちは、その課題に挑戦しました。先ず第一に追求したのは、これまで労働者の運動・左翼運動を捉えてきた既成の社会主義理論の誤り、マルクス理論に対する既成の解釈が陥った混乱や間違いを指摘し、マルクスの理論の本来の姿を再現することでした。

この再現を成功させるために、私たちは、マルクスの所有理論に関心を集中しました。何故ならば、所有についての理論は、マルクスの思想と理論の全体の焦点、核心をなしているからです。とりわけ彼の社会主義・共産主義理論においてそれは決定的な位置を占めています。にも関わらずこの所有理論は、著しく歪曲、矮小化されて流布される運命をたどりました。マルクス理論の解釈において最も軽視され、不作ぶりを示したのは、肝心要の所有理論だったのです。

例えば、これまでの社会主義理論では、「生産手段の国有」が社会主義だと言われてきました。また、社会主義は「生産手段の社会的共有」だと単純に語られたり、あるいは社会主義は「市場と相容れる」とされたりもしました。

しかし、マルクス自身は、そのような主張を断じて行ってはいません。マルクスが強調したのは、所有を考える際に重要なことは、その社会的な性格だということです。つまり社会に対して、社会を構成する人々に対して、排他的・敵対的であるか、それとも社会に対して調和的であり、社会を構成する人々が「自分たちのものだ」と実感し、確かめられる関係の下に生産諸手段がおかれているかどうか、ということです。

マルクスにとっては、生産手段の国有は、歴史的には私的所有、つまり社会に対して対立的な所有の最初の典型的な形態のひとつです。また所有が人々に対して敵対的な性格を失った社会、生産手段を人々が自身のものとして扱っている社会で、生産物が商品の形態をとったり貨幣の形態をとるなどということは、論理矛盾であり得ないことです。さらには、「生産手段の社会的共有」や「全人民的所有」なる言葉は、社会を構成する個々人との関係におけるその具体的な姿や形態がまったく定かでありません。それらは、生産手段の「個々人的所有」、つまり各人の自己所有が存在しなければ、単なる抽象的な言葉に過ぎないか、悪名高い「国有」を装飾的に言い換えたものに過ぎないのです。「個々人的所有」が「私的所有」と似て非なるものであることも、私たちはマルクスとともに強調したいと思います。前者は社会構成員全体による共同占有を基礎にした個人的所有として社会に対して調和的であるが、後者は社会に対して敵対的で排他的な所有であることを、マルクスはその「個々人的所有の再建」論の中で明確にしています。

これまでの社会主義理論は、マルクスの本来の理論とは、かくもかけ離れたものでした。

このことは、人類の歴史と資本主義の発展を通して新しい所有、社会主義的・共産主義的所有ないし非所有の条件がどのように生成してきているかについての、マルクスの理論の無理解と曲解をもたらしました。既成の理論では、「国有企業」が、そして少し気の利いた主張としては「株式会社」の発展が社会主義の条件だと言われてきました。しかしマルクスが関心を注いだのは、それらの企業群において、直接労働者と生産諸手段の関係がどうなっているか、そこにどのような新たな事実が芽生えてきているか、ということでした。

そしてマルクスはここで、所有の概念だけでなく、これが重要な点なのですが、占有の概念、共同占有の概念を重視し、駆使しました。マルクスが見いだしたのは、社会に対して排他的で敵対的な資本主義的国有企業や株式会社の内部で、連合した労働者たち自身による生産諸手段の共同占有の条件が芽生えてきていること、それがすでに潜在的に達成されつつあること、それを基礎にした個々人的所有の再建の可能性が生み出されてきているること、でした。マルクスが、彼自身の言葉において述べた「可能な共産主義」＝社会主義のイメージは、「協同組合の連合社会」、つまり自主的に連合した労働者たち自身が労働、経営、所有を一身に担う生産であり、それを基礎とした全体社会の姿でした。

先に指摘したようなマルクス理解の歪みは、現実の社会主義運動や労働運動にも致命的な悪影響を及ぼしました。まちがって解釈されたマルクスの所有理論は、ソ連「社会主義」の擁護や、資本主義諸国における国有企業への幻想を生みだしただけでなく、現実の資本の経済的政治的行動と具体的に切り結ぶに至らない観念的な方針、リアリティを欠いた運動、隔靴掻痒《かっかそうよう》の感を免れぬ実践しか生みだせず、歴史の検証の中で敗北を遂げて行かざるを得なかったのです。だからこそ、私たちは、マルクスの所有理論に注目し、その本来の豊かな内容、その歴史を鋭く広く遠く透徹する力、現実と具体的に切り結ぶ力を復元させなければならないと考えたのです。

以上が、私たちが追求したマルクスの「再現」の要点であり、私たちの共通認識、理論的土台です。

そして私たちは、この地点にとどまらず、さらに議論を進めました。私たちが第二に追求したのは、マルクスが開始した仕事を現代の科学的水準にまで引き上げることでした。現代の科学的知見、例えば文化人類学や考古学の成果や進化理論に基づいて、人間が初期人類以来どのようにして協力・共同関係を社会の中に深く組み込んできたのかを開示すること。さらにこの視点を軸にして、人間史を統合的に把握し、協同社会の合理性や必然性を明らかにしようという新しい試みです。その中で、マルクス理論の歴史的意義がいっそう鮮明となり、人類解放の展望が新しい次元において示される、と考えたのです。
そして三番目の追求は、マルクスが提起した「協同組合の連合社会」の構想を、現代という時代の中に打ち立て、大胆に具体化することでした。ロシア革命とパリ・コミューンの比較検討から得られた教訓、そして現代資本主義の社会分析が描き出す新しい社会は、重層的な生産・産業構造と地域分権的な生活・社会構造を持つ、当事者主権に基づく調整型社会とならざるを得ないことを示しています。高度な産業技術と全社会的な生産・産業当事者たちによる連合経済の発展は、生産物が商品として発現する可能性を徐々に奪いさり、利潤を廃棄して「生産果実分配制社会」とも言うべき協同社会の入口に導いていくに違いありません。

本書の三つの論文は、おおよそ以上のような課題を担って執筆されています。

私たちの作業は、マルクス理論の正確な再現の試みから始まったのですが、そこにとどまるわけにはいきませんでした。マルクスの思想と理論に加えられた歪曲を正すことは、同時にマルクス理論の本来の生命力を解き放し、その未来への可能性を開くことを意味するからです。マルクスから百数十年後の、いまを生きる私たちにとってのリアリティーのある社会変革の思想と理論を形成していく、これが私たちの本来の、最大の関心事なのです。本書は、私たちにとって、この新しい課題への挑戦の第一歩を意味しています。

心ある皆さんとの討論、共同の作業を願っています。読者の皆さんの真剣な検討と、そして仮借のないご意見を頂ければ幸いです。

２０１０年２月10日

阿部　治正

アソシエーション革命宣言――協同社会の理論と展望＊目次

Ⅱ　われわれはどこから来てどこへ行くのか？——協同社会の史的展開——阿部文明

III 協同社会の所有と共同占有 清野真一

Ⅰ

協同組合の連合社会

――アソシエーション革命のリアリズム――

飯嶋　廣

序　章　〝国有計画経済〟は社会主義ではない

はじめに

１９８９年の東ドイツの崩壊から91年のソ連崩壊にいたる冷戦終結時からほぼ20年。いま世界は様変わりの様相を見せている。

ソ連の崩壊時には資本主義の歴史的勝利が声高に語られた。が、その時点で浮かび上がった米国一極支配の資本主義体制はたった20年しか持たなかった。今、世界は新たな多極体制の形成へと向かっている。その過程の08年には１００年に一度という大不況に見舞われ、勝利したはずの資本主義体制は根幹から大きく揺さぶられている。

目を国内に転じてみる。

ちょっと少し前、日本では小林多喜二の『蟹工船』がブームになったことがあった。格差社会という名の新しい階級社会が到来し、そこで働く多くの非正規労働者の働き方、搾取のされ方が、あの蟹工船での働き方と重ね合わせて受け止められているからだ。また海外でもドイツでは時ならぬ『資本論』ブームがわき起こっているというニュースも報じられた。これらの現象は、90年前後における冷戦構造崩壊後に世界を覆った〝社会主義の敗北と資本主義の勝利〟への逆流のような時代状況を映し出すものとなっている。

これらの事実が突きつけているのは、いまや勝利したかに見えた資本主義世界が、もしかしたら衰退と崩壊に向かうかもしれない、という、資本主義体制に対する深刻な疑義が拡がっていること、同時のそうした疑義と不安に対する根本的なオルタナティヴ（対抗社会）の必要性、必然性である。

もとより、そうした資本主義体制に対するオルタナティブとして、すでに崩壊した〝ソ連型社会主義〟を対置するのはアナクロニズムでしかないだろう。

私としては、資本制社会に変わりうるオルタナティブとして、この数年あちこちで取り上げられることも多くなり、いま歴史の墓場からよみがえった感もあるマルクス共産主義論の復権の旗を掲げたいと思う。

あのロシア革命以降、ソ連型社会主義と重ね併せて理解され、ソ連の崩壊とともに歴史のゴミ箱に捨てられた感のあるマルクスの共産主義論。だが、かつて語られたマルクスの共産主義を冷静に読み返してみれば、そこにはこれまで理解されてきたイメージとはまるで異なる豊かな共産主義像が埋もれていることに気づかされる。

ここではそうしたマルクスの共産主義像をありのままに抽出し、それを21世紀のただ中に再生する作業を試みていきたいと思う。こうした試みは、同時にマルクスの共産主義論を新しいアソシエーション革命として復活させることでもある。

最後に、本稿の各章での問題意識と意図を簡単に紹介しておきたい。

まず序章では、これまで多くの人が社会主義国だと疑いもしない国有計画経済のソ連などが、実はマルクスの社会主義像とは全く異なっている社会であり、社会主義でも何でもなかったことを思い起こし、マルクスの考えていた社会主義とは、生産者（労働者）自身が所有者であり運用者となる社会であることを対置している。

第1章では、社会主義とは一党独裁の官僚支配体制などではなく、あくまで〝当事者主権〟が貫かれた対等で公平な社会であることを、パリ・コミューンや革命ロシアで採用された〝任命制〟の検討を通じて検証している。

第2章では、アソシエーション革命の内実とは〝占有補助者〟が占有者になることで実現する、協同組合の連合社会として生まれ出る必然性やその実現可能性について考えている。

第3章では、新しく生まれるアソシエーション社会の基本的な原理やイメージを提示している。

早速、それらのテーマに入っていきたい。

〔1〕国有化と決別した『共産党宣言』

私は、資本主義に取って代わるべき新しい社会主義(注)、近年のマルクスの読み直し作業の中で使われるようになった言葉でいえば、アソシエーション革命の議論を、もっとも一般的でもっとも核心的なテーマから始めようと思う。取り上げるのはマルクスの著作で最も有名な『共産党宣言』であり、その中で「運動の根本」として言及された〝生産手段の所有〟をめぐるテーマである。

（注）本稿では「社会主義」と「共産主義」をあえて区別せず、基本的に同じものとして使用している。また「アソシ

エーション社会」「アソシエーション革命」も基本的に同じような意味内容のものとして使用している。

この『共産党宣言』(1848年)という著作は、当時のフランスやドイツなどで高揚した革命情勢のなか、マルクスとエンゲルスの共著として、共産主義者同盟の理論的かつ実践的な綱領として書き上げられたものだった。

その共産党宣言における社会主義とは、生産手段の国家所有に基礎をおいたいわゆる計画経済だ、という理解が一人歩きしてきた。その中で掲げられた「一切の生産用具を、国家、すなわち支配階級として組織されたプロレタリアートの手に集中……」(『共産党宣言』、国民文庫判、五五頁)という記述などが根拠とされた。こうした理解は、191 7年の革命で生まれたソ連が、国有計画経済を土台とした体制であるという現実に大きく影響された。それにスターリンに主導されたソ連型社会主義を追認したいわゆる〝公認マルクス主義〟の浸透で、社会主義とはすなわち国有計画経済だという受け止め方は、広範な人たちの間で自明のものであるとされてきたわけだ。

こうした既成観念は、1990年前後の東欧・ソ連の崩壊にいたるまで、ソ連型社会主義を追認する各国の共産党やその追随者などによる「公認マルクス主義」だけでなく、日本の政財界や教科書、マスコミ、その他大多数の人々によって継承されてきたものだった。さらに社会主義＝国有経済という観念は、中央集権的な計画経済、共産党の一党独裁とあわせた〝三点セット〟となって、圧倒的多数の人々にとっての既成観念になっていたといえるだろう。

こうした既成観念は、ソ連などが崩壊してからも、ソ連＝社会主義＝独裁国家という社会主義の基本的なメルクマールとして生きており、だからこそソ連の崩壊が社会主義の破綻とイコールとして受け取られてきたわけだ。

社会主義とは国有・計画経済のことである、という社会主義のイメージは、直接にはスターリンによる一国社会主義の建設の中で浸透し不動のものとなってきたものだ。しかしそうしたイメージは歴史を遡ればレーニンの『国家と革命』(1917年)などにもうかがえる(『国家と革命』岩波文庫、一四一頁)。そこでの「すべての市民が一つの全人民的な国家的シンジケートの勤務員及び労働者となる」という記述、あるいは階級闘争の必要性を根拠として、共産主義が実現しても低い段階では国家は残る、という革命以後のいくつかの記述にも影響されている。

またさらに遡ればエンゲルスの「プロレタリアートが国家権力を掌握すると、それがまず生産手段を国有にするのである。」という『空想から科学へ』での記述などによるところも大きいと思われる（『空想から科学へ』１８８３年、岩波文庫、八五頁）。またソ連で実現しつつあったスターリン主導による〝一国社会主義〟という国有計画経済の圧倒的な存在感が、社会主義＝国有計画経済だという「公認マルクス主義」となり、そうした視点でレーニンやエンゲルスを解釈することが普通のことになった。そうした解釈が結局はマルクスの『宣言』にまで逆照射し、『宣言』もまたこうした社会主義観を正当化するものとして広く流布されてきた、ということだろう。

しかしソ連の崩壊以後にマルクスの読み直し作業も進み、いまでは『共産党宣言』でのマルクスの社会主義イメージは根源的な修正が可能な場面にきている。ここでは、『共産党宣言』での社会主義は生産手段の国家所有を基礎としたものではないことを再発見するところから始めていきたい。

これまでの〝公認マルクス主義〟によれば、『共産党宣言』（以下『宣言』）は〝生産手段の国家所有〟と〝過渡期の国家の中央集権化〟を主張したものとされてきた。このことを私的所有の揚棄（注）＝私有財産制の廃止とする『宣言』の解釈とあわせ、社会主義とは国有化と計画経済のことであるという根拠ともされてきた。

（注）ドイツ語の（aufheben）は「廃棄する」と「保持する」の両義があり、従来は「廃止」「廃棄」と訳されるケースも多かった。本稿では本来の両義の意味を含んだ「揚棄」に統一して表記する。なお同じような意味の「止揚」は引用語としてそのまま掲載している。

しかし『宣言』の中には、資本制社会の変革の性格や内容は十分に把握していたと読み取れる記述も多い。たとえば次のような記述だ。「だから、資本が共有の財産、社会のすべての成員に属する財産にかえられるとしても、個人の財産が社会の財産に変わるわけではない。変わるのは所有の社会的な性格だけである。」（国民文庫版、四六頁）

ここで言っているように、何が変革されるかといえば、個人の所有から国家の所有に変わるとか、あるいは株式会社が国営企業に変わるというような「所有の形態変化」ではない。変わるのは所有の社会的な性格の変革である。すなわち「われわれが廃止しようと望んでいるのは、労働者が資本を繁殖するためだけに生き、支配階級の利益が要求するあいだだけ生きるという、この所得の悲惨な性質である。」（国民文庫版、四七頁）これを言い換えれば、所有形態や経営形態の変化ではなく、所有の社会的な性格の転換こそ社会主義である、ということになる。だからここではすでに社会変革の本質的な理解には達していたと読み取れるだろう。ただし、そのためには具体的にはどういう形態転換を通じて性格転換が出来るのか、という点についての具象的、実体的把握はまだない。それは後になってから「発見」できたのである。この点については、第1章でも検討していくことになる。

『宣言』が共産主義＝国有化を採用しなかったことをもう一つ別な角度から見ていきたい。

『宣言』はマルクスとエンゲルスの共著だが、具体的にはエンゲルスの『共産主義の原理』を元にしてマルクスが『宣言』として起草したものだった。だからエンゲルスの下書き（『原理』）がマルクスによってなにが引き継がれ、またなにが修正されたかを検証することによって『宣言』の立脚点をより鮮明にすることが出来るはずである。

『共産主義の原理』（以下『原理』）第18問答は、先ほど取り上げてきた『宣言』第2章の最後に該当する部分だ。そこでエンゲルスは、勝利したプロレタリアートがとるべき主要な12の方策を列挙している。その中では相続税や教育などで正反対のスローガンに変わっているなど、重要な点で修正されている。

この諸方策のすぐ後でエンゲルスは次のように言っている。要約すると

「一切の資本・農業・工業・運輸・交易をますます国家の手に集積」「これをめざして努力する」「生産力が数倍にされるのに正確に比例して、これらの方策は実現され」「その集中化の結果を発展させる」そして「すべての資本・生産と交易が国民の手に集められるならば、私的所有は自然になくなる」（国民文庫版、九四頁）。

これは「諸方策」の推進の延長線上に私的所有の廃絶を想定するものであって、「国民の手に集中」ということと「私的所有の廃絶」が明確に区別されていない。どちらかといえば国有化論である。

こうしたエンゲルスの下書きに対してマルクスの行った修正は、「諸方策」の前段で「諸方策」は「機能不全」で「長続きしない」事を付け加え、それが一時的・過渡的な方策だと付け加えたことだった。そのうえ「諸方策」のすぐ後では、エンゲルスの書いた国有化論を採用しないで、「協同した諸個人の手に」「生産が集中」されることによって「協同社会」が生み出されることを明確にしたのである。

こうした『宣言』の記述の事情を考えれば、マルクスの『宣言』はエンゲルスの国有化論を採用せず、またエンゲルスもマルクスの修正を受け入れて国有化論を取り下げたと考えられる。（廣西元信『資本論の誤訳』第6章など参照）

〔2〕「労働者自身が工場などの生産手段を所有し運用する」

簡単に振り返ってきたように、『宣言』は「共産主義＝国有・国営経済」を打ち出したものではなく、むしろそれを採用しなかったことに大きな意味がある。たしかに『宣言』の「諸方策」に関わる部分ではマルクスは過渡的方策という限定された意味合いではあっても「プロレタリアートの手に集中」と記述した。だからこの「諸方策」部分を一見しただけでは国有化論とも受け取られる要求を打ち出したことは事実だ。しかし『宣言』以降は、そうした過渡的方策としても「国有」という考え方を放棄する。『宣言』以降は「自由で自立した諸個人による共同所有」、あるいは「協同組合的所有の社会」を打ち出すことが多くなる。いわゆる「アソシエーション」である。問題の解決は生産様式のレベルで解決しなくては科学的なものとは言えないからだ。「私的資本家による所有」を「国家による所有」に変えるという「形態変化」で説明することは、本質的な解決にならないわけだ。現にマルクスは『宣言』以降の研究の蓄積や実際の歴史的事件の総括などをふまえて、資本家的私的所有の内部性格を協同組合的な所有に変革することこそ革命の内実となる、という地点に到達することになる。しかしこれは『宣言』以降に明確にされたことである。

じっさいのところ、マルクスは『宣言』のもっと以前から共産主義＝国家所有ではなく、共産主義＝共同所有説の立場をとっていた。ここではその共同所有の内実がどうとらえられていたか、ざっと振り返ってみる。

マルクスは国家というものを私的所有＝階級対立の発生と一体の概念としてとらえ、国家というものを階級対立の非和解性の産物、その疎外形態としてとらえていた。そうした観点から私的所有が揚棄されたのちの社会についてマルクスは次のように記述している。

「だから私有財産（私的所有）の積極的な止揚は……したがって人間が宗教、家族、国家等々からその人間的な、すなわち社会的な現存へと環帰すること」――『経済学・哲学草稿』（１８４４～５年）（岩波文庫、一三二頁、カッコ内は引用者）、

「すべての生産と交通の諸関係の基礎を……結合した（連合した）諸個人の力に服せしめる」――『ドイツ・イデオロギー』（１８４５～６年）（岩波文庫、一〇八頁、カッコ内は引用者）。

「労働者階級は、その発展の過程において、諸階級とそ

の敵対関係を排除する一つの協同社会をもって、ふるい市民社会におき代えるであろう。」――『哲学の貧困』（1847年）（全集　第4巻、一九〇頁）

見られるとおり、こうした『宣言』以前の著作でも共産主義＝国家所有ではなく、むしろその反対である。主体となるのは〝連合した諸個人〟であり〝共同社会〟である。当然だろう。マルクスの理解では、国家というのは階級対立の非和解性の産物、その疎外形態であって、そうした国家による所有が共産主義であるはずがない。こうした考え方は当然のことだが『宣言』の段階にあっても基本的には同じである。

しかし上記でも触れたように、『宣言』の段階では私的所有がどのように共同所有に変革されるのか、ということについてまだ具体的な概念に裏付けられたものとしては確立していなかった。したがって『宣言』の時点でマルクスはエンゲルスの下書きを全面的に拒否しても、それに変わりうるだけの具体的な共産主義への変革のイメージをまだ持っていなかったと考えられる。それを獲得するためには、『宣言』以降の大工業の発展や株式会社などの拡大という資本主義の現実の発展が必要だったし、また当時ヨーロッパで拡がった協同組合運動の経験からも学ぶ必要があった。あるいはそれと並行して進められた『資本論』に結実する経済学の研究、あるいは最晩年まで続く共同体の発生からその解体にいたる歴史研究を通じての共同所有の認識の深まり、さらにはパリ・コミューンの経験等々からも学ぶ必要があったということだろう。

とりわけマルクスは、パリ・コミューンの経験から多くの示唆を得ることで、私的所有の揚棄に結びつくような具体的な転換形態を〝発見〟し、定式化するにいたる。ここでのテーマに即していえば、たとえば最近多く引用されている次のような記述だ。「もし協同組合の連合体が一つの共同計画に基づいて全国の生産を調整し、こうしてそれを自分の統制のもとにおき、資本主義的生産の宿命である不断の無政府的な周期的痙攣を終わらせるべきものとすれば、――諸君、それこそは共産主義、『可能な』共産主義でなくて何であろうか！」（『フランスの内乱』全集第17巻、三一九頁）。こうした記述からは、資本制社会に取って代わる社会とは協同組合型社会、あるいは協同組合の連合社会として具体的な形態を伴って展望されるに至ったことが読み取れる。

こうした記述から読み取れる到達点をみれば、『宣言』の要求とは具体性において隔世の感を印象づけられるだろう。『宣言』ではブルジョア社会に変わって現れるのは「各人の自由な発展が万人の自由な発展の条件となるような一つの協同社会」(国民文庫版、五六頁)であった。見ての通り「共同社会」を説明する記述は形容詞的言葉でしかない。しかもその手段としては「国家、すなわち支配階級として組織されたプロレタリアートの手に集中」である。それにここでは手段と結果の関連についても曖昧である。

しかし『内乱』(1871年)の段階では、実現されるべき社会は〝協同組合の連合体〟だ。その運営は〝共同計画〟と〝調整〟によるとされている。パリ・コミューンの経験によって実現されるべき社会やその方法は具体的かつ実体的に明確に関連づけられて示されている。じつに時代そのものの発展と理論的研鑽の結合の現れと受け止めるべきだろう。

このようにマルクスは〝労働者自身が工場などを所有し運用する〟ということを生産様式の変革の核心に据えた。いいかえれば労働者が生産手段を所有し、運用(経営)し、また同時に労働する、これが共産主義的生産様式の最も核心的なキーポイントとされたのである。主体はあくまで協同組合と労働者であって、いうまでもなく国家や党や企業の官僚ではないのである。

こうした記述は、具体的にいうとどういうことなのだろうか。それは(経営者とか労働者という対立を解消して)連合した生産者が工場などの生産手段を所有し運用することである。言い換えれば労働者(連合した生産者)が工場・職場を所有し、経営し、また働くこと、である。これがマルクスのいう共産主義なのである。

こうして『宣言』の段階では明確ではなかった「私的所有の揚棄」という課題は、『資本論』や『フランスの内乱』の段階では、明確に共産主義=「連合した生産者たちによる所有・運用・労働社会」であることを打ち出せたわけである。

こうした後期のマルクスの記述と照らし合わせてみると、『宣言』の到達点とその限界がある程度理解できるのではないだろうか。

『宣言』が中途半端なものになったということは先に記した事情が一番大きかったと思われるが、他の事情としてはそれが緊急かつ政治上の必要性に基づいて発せられたものだった、という『宣言』の性格にもよるだろう。そういうこともあって『宣言』は変革のプランとしてはそれだけ中途半端なものとなってしまった、と考えることもできる。実際、「諸方策」自体についても、そこに掲げられた要求はマルクス以前の空想的社会主義者や無政府主義者、共産主義者が掲げた要求とほとんど同じものでしかなかった。

たとえば『宣言』で掲げられた10箇条の綱領のうち、第

1の土地国有化の思想はバブーフの『平等者宣言』やブランキの思想、第2の累進税は、バブーフ、第3の相続税の廃止はバブーフやブランキの他にサン・シモン派の主張やオーエンなどから、残りの条項もバブーフ、ブランキ、サン・シモン、ルイ・ブラン、フーリエ、などから摂取したものだった。（世界の名著第42巻『オーエン　サン・シモン　フーリエ』、八七〜八九頁）

ともかく、マルクスは『宣言』の場面では国有化論を完全には否定しなかったが、エンゲルスの国有化論に明らかにブレーキをかけたとはいえる。『宣言』以降の特に60年代以降の著作では、国有化論についてはマルクスはまったく、エンゲルスもほとんどいわなくなった。

これまで『共産党宣言』での記述を取り上げながら、マルクスの共産主義論というのはけっして国有・計画経済などではなかったことを簡単に見てきた。このことだけでも社会主義＝国有経済が自明のことだとして理解されてきたこれまでのマルクス理解からすれば、１８０度の転換といえるだろう。この事実は、近年におけるアソシエーション的立場からのマルクスの読み直し作業のなかですでに十分な根拠を獲得していると言って良いだろう。

そこで次の場面では当然マルクスの共産主義そのものに迫りたいところだが、その前に社会主義のもう一つの大きな問題を取り上げてみたい。それは〝国家〟の問題である。

マルクスの共産主義論では、国家は共産主義が実現すれば当然のこととして廃絶される、揚棄される、というものだった。ところが現存社会主義だと言われたソ連では、国家の揚棄・廃絶どころか、国家と党が一体化した、巨大な官僚機関を伴う国家が存在し続けたのである。

こうした現実から、マルクスの見通しは間違っていた、とか、ソ連は社会主義国としては「堕落した労働者国家」になったとか、様々な議論が繰り広げられてきた。

ここではそうした議論も念頭に置きながら、あのソ連でなぜ国家の肥大化が進んだのか、それはどのような経済的・政治的・歴史的な環境下で、あるいはどういう主体的な対抗関係のなかで進んだのかを検討していくことにしたい。こうした作業は、21世紀の現実を土台としてなお国家の揚棄・廃絶が可能であることの検証の試みにもつながるのではないかと思う。

第1章　アソシエーション社会は〝当事者主権〟社会

[1] 国家は〝揚棄〟される

すでに触れてきたように、ソ連や東欧諸国は当事者も社会主義だと自己規定し、周囲からもそれが社会主義国家だと見なされてきた。しかし現存社会主義国だとも言われてきたそうした国では、マルクスが描いたように国家はなくならないどころか、中央集権的な官僚組織の存在、共産党独裁など、およそ〝国家の揚棄〟とは正反対の、むしろ〝国家の肥大化〟が進んでいったのが実情だった。

こうした現実を受けて、社会主義とは生産手段の国家所有を土台とした中央指令的な計画経済だというイメージが定着してしまったわけだ。また資本主義擁護派などの様々な反対陣営からは、社会主義国＝一党独裁の中央集権国家だとして非難される土壌を提供してきた。

もとよりそうした結果をもたらした背景や要因をすべて語ることは大変な作業を必要とする。ここでは課題は限定されたものになる。検討の中心となるのは、現実の世界で生まれた革命ロシア——ソビエト社会主義連邦共和国に関する、ソ連＝社会主義という現実の見直しである。具体的には、レーニンをはじめとするボリシェビキが主導した革命によって生まれた現実のロシア国家と、マルクスがパリ・コミューンに対して下した評価と対比し、ロシアにおいてマルクスの国家観や革命観と乖離していった背景や主体的な要因を検証するという手法である。こうした作業は初歩的な手法ではあるが、ソ連＝社会主義だとする固定観念を見直す上での一つの方法としては有効だと思うし、また社会主義革命は必然的にロシアのような〝一国一工場体制〟をもたらさざるを得ないという主張への反駁にもなると思われる。

（注）ロシアのような国有経済と中央集権的な計画経済の別称——マルクスやレーニンの記述の一部から抽出した概念

以下、マルクスがパリ・コミューンに対しておこなった評価を基準としてロシア革命を検証しながら、〝国家の揚棄〟について考えていくことにしたい。

周知のようにマルクスの国家観については、本人によって体系的に記述された著作は残されていない。とはいえ初期の『ヘーゲル国法論批判』（1843年）に始まって『経済学・哲学手稿』（1844年）、『ドイツ・イデオロギー』（1845年）、『哲学の貧困』（1847年）などの著作を経て、中期の『フランスにおける階級闘争』（1850年）、『ルイ・ボナパルトのブリュメール18日』（1851年）、後期の『フランスの内乱』（1871年）など、さらには共同体研究を踏まえた資本論体系上での多くの著作でマルクスの国家観が示されている。その過程で国家の捉え方はしだいに深められていった。

たとえば初期のヘーゲルの影響を受けたいわゆる「理性国家論」、ついで人間疎外論、労働疎外論という観点の上で展開された「疎外国家論」であり、さらには唯物史観の観点に立ったいわゆる「観念的上部構造論」である。いわば国家＝支配階級の道具論であり、国家の階級からの自立論も含めた「階級国家論」でもある。とはいってもその変遷は国家に関する視点そのものが変わっていったというわけではない。初期の国家認識が位相を変えてより多面的な認識が深まることによってより精緻化されていったということだろう。

たとえば初期の『ドイツ・イデオロギー』では次のように記述されている。

「そしてまさに特殊利害と共同利害とのこの矛盾にもとづいて、共同利害は、個別および全体の現実的な利害からきりはなされて国家として一つの独立な姿をとる。そしてそれは同時にまた幻想的な共同性としてである。」（岩波文庫版、四四頁）

ここでの〝見せかけとしての共同体〟という国家論は、エンゲルスがマルクスの『古代社会ノート』を下敷きにして書いた『家族・私有財産・国家の起源』の次のような記述に、より具体的なイメージを持って引き継がれている。

「……国家は決して外部から社会に押しつけられた権力ではない。……それは、この社会が、解決できない自己矛盾にまきこまれて、自分では取り除く力のない、融和しがたい対立物に分裂したことの告白である。……諸階級が、無益な闘争のうちに自分自身と社会とを消尽させないためには、外見上社会の上に立ってこの抗争を和らげ、これを『秩序』の枠内に保つべき権力が必要になった。そして、社会からでてきながらも、社会の上に立ち、社会からをますます疎外してゆくこの権力が、国家なの

である。」（岩波文庫版、一二五頁）

こうした国家観は、後にマルクスの国家論として広められたいわゆる〝国家とは階級支配の道具である〟という、単純な、狭義の意味での階級国家論には収まりきれないものである。いわば階級社会と国家の関係というのは、唯物史観の土台の上で、なおかつ国家による経済的土台への反作用も含めた複合的な関係が内在化されたものであるという理解に立っていることがわかる。国家に関するこうした理解の上に立って、『ブリュメール18日』でのいわゆるボナパルティズム論など、現実政治、現実の国家機能などをよりダイナミックに捉えることができたわけである。

こうしたマルクスの国家論は、一言でいえば広義の階級国家論だと言えるわけだが、それと同時にもう一つの理解が不可分に内在していることを忘れるわけにはいかない。さきのエンゲルスからの引用箇所には含まれていないが、それは国家は共同体間の関係の中から発生した、という認識である。

このことはマルクスの共同体研究の中で記述されている国家認識で、たとえば『資本制生産に先行する諸形態』に見られる。そこでは古代の共同体の一類型としてのギリシャ、ローマ的形態において私的所有の発生と関連づけて国家関係の発生を次のように記述している。

「ここでは（ローマ的共同体――引用者）共同体所有は、国家的所有――公有地――として、私的所有から切り離されている。……この共同体――国家としての――は、一方では、こうした自由で平等な私的所有者の相互間の連関であり、外部にたいしてはかれらの結束であり、同時にかれらの保障である。」（『資本論草稿集』Ⅱ、一二三～一二四頁）

『資本制生産に先行する諸形態』ではこのローマ・ギリシャ的共同体を記述する場面で初めて〝国家〟という言葉が登場するのだが、この記述でも明らかなように、マルクスは奴隷として共同体内部に抱えるに至った敵対する共同体の成員に対する、勝利した共同体の成員による支配をもって国家関係の発生としているのである。そこでの勝利した共同体は国家となり、その共同体成員は国家市民として位置づけられているが、その場合、被征服共同体の成員は奴隷として国家市民に隷属する階級として生かされていくわけである。そうであれば国家関係の成立は同時に国家市民という支配階級と奴隷という被支配階級の発生、すなわち階級支配の発生と不可分のものであったことが分かる。
こうしたことはたとえばドイツでの国家形成に関するエンゲルスの次のような記述にも現れている。

「……このようにして、氏族における血の紐帯はやがて失われていったが、それは、部族や全部族団においても征服のためにその諸機関が変質したことの結果であった。被征服者にたいする支配が氏族制度と両立できないことを、われわれは知っている。……これは（ローマ国家ではなく）別の一国家でしかありえなかった。こうして、氏族制度の諸機関は、国家機関に転化せざるをえなかった……。」（『家族・私有財産・国家の起源』岩波文庫版、二〇二頁）

このように考えてみれば、マルクスのいわゆる広義の階級国家論というのは、その概念の中には、隣り合った共同体と共同体の単なる水平的関係から、勝利した共同体と敗北した共同体の関係という支配・服従という関係への変化が内包されているのである。こうした関係は、国家の発生というのは商品の発生と同じように、共同体と共同体の接するところで発生した、という理解に通じるものであろう。もちろん、個々の国家発生の背景や経緯に関しては、当然のことながら多様な類型がある。

こうした関係は古代の日本でもみることができる。日本の古代史研究でも盛んに議論されているが、あの「漢委奴国王」の金印で有名な倭国や卑弥呼でおなじみの邪馬台国のことである。

倭国や王にしても邪馬台国や卑弥呼にしても、現代人の印象と比較すればその実体は大きく異なる。たぶんその時代では両者とも数多く存在したであろう地域的な巨大集落やその首長にすぎなかった。が、それが当時の中国の後漢や『三国志』の時代での中国の事情によって友好国扱いされ、中国政権の権威を高める目的で日本の卑弥呼や倭国を国として認めることになった。それが逆に日本において倭国や卑弥呼の邪馬台国が中国との外交関係の窓口になることで、人や物資の往来の窓口になるとともに古代日本の代表としての権威を確立していくわけだ。いわば対外関係を媒介として国内における支配的地位を確立していき、やがては日本の古代国家の誕生として古代日本の統一にも繋がっていくわけである（岡田英弘『日本史の誕生』、ちくま文庫、八五〜八九頁）。

こうした事例でも明らかなように、国家というのは対外関係と切っても切れない関係にあり、そうした相対的な関係の中から国家や国家関係が発生していくという経緯をたどるわけだ。

別の角度からいえば、国家というのは一つの共同体における内部編成の推移、あるいは内部矛盾の展開だけで形成されたというわけではない、共同体内部の変遷が対外的な関係の変化と合流する場面で発生したと捉えるべきだということになる。

とはいっても、共同体の内部編成の推移や対外関係だけでは国家形成の根拠としては不十分だろう。国家というのは一時的なものか恒久的なものかは問わないとしても、何らかの軍事組織や行政組織が不可欠だ。国家が形成されるためには、そうした組織を維持できるだけの社会的な余剰、言い換えれば社会的な生産力の発展が不可欠になる。人類の長い歴史のなかで、一定の発展段階に達した地域で初めて国家が形成される土台が生まれたことも容易に想像がつく。マルクスの国家に関する記述を見ていけば、社会的な生産力の一定の発展段階、共同体の内部編成の変化、協同体間の諸関係の変遷、こうした三つの要因が絡んで国家が形成されたということだろう。

このような一定の発展段階にある共同体・氏族集団どうしの、あるいは先行国家と氏族集団との対外的な関係の中から国家関係が発生したというマルクスの階級国家論の観点について、マルクス自身はそうした氏族社会から近代国家への多様な移り変わりについて体系立てて記述するまでには到達出来なかった。しかしマルクスの階級国家論に内在するこうした観点は、ロシア革命やそこでのレーニンの〝国家廃絶論〟を検討する場面でも、あるいは現代におけるグローバリゼーションの意義やそこでのアソシエーション革命の展望を明確にするためにも、欠かせない視点であろう。

ざっとみてきたような国家観を土台にした上で、マルクスはその解決策を〝国家の揚棄〟という概念で捉える。こうした基本的スタンスは、初期のヘーゲルやヘーゲル左派との批判的格闘に取り組む過程、あるいは先行する社会主義思想に触れて以降、自身の後期にいたるまで一貫したものだった。それはラッサールなどの国家社会主義的なイデオロギーに対して一貫して批判的な立場の、むしろアナーキストとも称されたブランキやプルードンの社会主義に近いものだった。ただしプルードンとは、いわゆるプロレタリアート独裁論などに象徴される革命論などでは、労働者階級による〝国家権力〟行使の意義の限定的承認、あるいは〝国家〟の一時的利用などを主張し、時には激しく対立した。これも後で触れるパリ・コミューンの評価などでは再度接近した立場を取ることになった。

ということで、ここではそうしたマルクスの階級国家論にもとづく国家の死滅論が、パリ・コミューンという現実の革命的な激動の過程でどのように具象化されて捉えられるに至ったかを振り返ることにしたい。というのもマルクスは『フランスの内乱』として知られるパリ・コミューンに関する国際労働者協会に対する報告書の段階まで、プロレタリアートの独裁の具体的な形態と〝国家の揚棄〟にかかわる具体的な展望についてはほとんど記述してこなかった。というよりできなかったし、また意図的に避けてもきたということだろう。それはマルクスの共産主義論そのものがそうだったように、誰かが自分の頭で考えた特殊な制度や機関を現実の社会に押しつけるというアプローチを意図的に排除してきたからである。マルクスの社会発展史観というのは、既存の社会に取って代わる新しい社会の萌芽が既存社会のただ中に芽生え、それが大きくなって旧社会の外皮を突破することで生まれる、というものだったからだ。それは例の空想的社会主義批判の観点そのものでもあった。

ここではマルクスが国家の揚棄というものを、具体的な現実政治の中でどう理解するかということを考える場面である。その場合、パリコミューンを舞台とした政治過程を振り返ることから始めるわけだが、そのための入り口として取り上げる『フランスの内乱』でまず思い起こすことがパリ・コミューン＝プロレタリア独裁というエンゲルスの有名な規定である（マルクスではない）。

順序からすれば、この場面でプロレタリア独裁という概念についてはっきりさせておく必要がある。が、あえてその課題に取り組むことはしない。プロレタリア独裁については暴力論や執権論など、これまでも多様な観点からの見解が多く提起されてきた。そうした難題に分け入ることは現在の私にはその力量もないし、プロレタリア独裁という概念を掘り下げることがここでの課題でもないことが大きな理由である。ここではあくまで国家の揚棄に関わる範囲でそのことに触れるにとどめる。

とはいえプロレタリア独裁の概念について、最低限の規定と評価は与えておくべきだろう。それは上記の『フランスにおける階級闘争』でのマルクスの記述からもわかるように、マルクスは多くの場合この規定を本質概念として、すなわち国家の支配関係を根本的に規定する関係を明確にするための概念として、使用しているということである。その本質的、究極的な概念として、資本制国家をブルジョアジーによる階級独裁だと捉え、その体制を揚棄するものとしてプロレタリア独裁を対置させているのである。

周知のようにマルクスが〝プロレタリアートの独裁〟と

いう用語を明示的に記述したのは１８５０年の『フランスにおける階級闘争』だった。そこでは「……一切の……変革に到達するための必然的な通過点としてのプロレタリアートの階級的独裁である。」（全集第7巻、八六頁）と記述したが、それは当時の労働者階級自身の闘争スローガンとして現れたものだった（全集第7巻、三二頁）。

これ以降、マルクスがプロレタリア独裁という言葉を明示的に使用している箇所は多くないし、なかには暴力的な支配形態を容認する記述も見られないこともない（注）が、多くの場合はある階級による他の階級の支配といった意味での、いわゆる本質規定をする意味で使用している。だから同じ階級支配といっても、より穏健な支配形態もあればより暴力的な形態の支配関係もあることになるが、そのいずれに場合も、ある階級による他の階級の支配が貫徹されている、という本質規定を表す言葉として記述しているのである。

（注）「労働者は、新しい労働の組織をうちたてるために、やがては政治権力をにぎらなければならない。……労働の支配をうち立てるためには、一時的に暴力（Gewalt）に訴えるほかはないのである。」『ハーグ大会についての演説』、全集第18巻、一五八頁

マルクスは１８７５年の『ゴータ綱領批判』の記述からしても、基本的にはプロレタリアの独裁という概念については終生放棄することなく、むしろそれがどういう具体的な形をもって実現されるのかを歴史的な視点から発見しようと努力していた、と言うべきだろう。このことは以下の『フランスの内乱』に立ち入っていけばすぐ明らかになる。

繰り返すが、マルクスは彼の著作の中で何回かプロレタリアートの独裁について語っているが、その多くは抽象的なものに止まっていた。ところが現実に始まったパリでの革命過程のなかでコミューンが実施した諸施策や新制度の中で、国家の揚棄につながる諸施策、諸制度も現れた。マルクスはそれらを称して「……労働の経済的解放を達成し得べき、ついに発見された政治形態であったのだ。」として、はじめて現実に成立した労働者階級の政権として記述することが出来たわけだ。その場合、マルクスは「ついに発見された政治形態」と記述しただけで、後のエンゲルスとは違って「ついに発見されたプロレタリアートの独裁の具体的な形態」とは規定しなかった。そう見極めるまでには至らなかったのかもしれない。（『フランスの内乱』、岩波文庫版、一〇二頁）

それはともかく、その「ついに発見された政治形態」というのはどういうものだったか。それを以下にざっと見ていくわけだが、その具体的な諸政治形態とその評価を、その次に見ていくロシア革命で採用された、もしくは状況に

強制されて採用せざるを得なかった諸施策をそれぞれ比較検討していきたい。その作業が進んでいけば、ロシア革命がいかにマルクスの国家の揚棄という課題とアソシエーション革命の展望からかけ離れていったのかも、浮かび上がってくるのではないかと思う。

〔2〕過渡期の国家像

18世紀の後半にフランスのパリを中心として生まれたパリ・コミューンについては、説明する必要もないほど知られていると思われる。が、本稿の展開上、概要だけは触れておきたい。

パリ・コミューンは、プロイセンとの戦争・対峙という背景のなかで、反動的な政権に対する国民軍による蜂起によって生まれた、労働者階級を基盤とする自治政府のことである。コミューンは、リヨン、サンテチェンヌなどいくつかの都市に波及したが、結局はパリを中心とした地域に止まった。１８７１年3月18日のパリでの一斉蜂起で始まったコミューンは、結局は5月28日には70日という短期をもって敗北・消滅するという運命をたどった。

マルクスはコミューンの誕生から消滅までの経緯を見ながらその評価をまとめ、コミューンの最終的な敗北の3日後にはインターナショナルの総務委員会で報告書（『フランスの内乱』）を読み上げている。

マルクスはその報告（『フランスの内乱』）でパリ・コミューンについての詳細な評価をおこなっている。パリ・コミューンそのものは、インターナショナルのマルクス派を中心にして起こされたものではなく、しかもマルクス自身はロンドンに亡命中であった。マルクス自身は蜂起の前にはプロイセン軍を前にしての蜂起に慎重な態度を公言していた。にもかかわらず、蜂起が発生して以降は、書簡などの手段を活用してパリの蜂起を全国に拡大するよう直接支援してもいた。そういう経緯も含めて、現実には敗北してしまったにもかかわらず、実際にコミューンが行った諸方策の歴史的な意義に注目したのだろう、コミューンの行動と政策にはかなりの親近感と好意的な評価を寄せている。

マルクスが高く評価したコミューンの行動や方策は多岐にわたる。その評価は大くくりでいえば、政治的には徹底的に民主的で発展的な形態として存在したこと、また経済的には、階級の廃絶に結びつくよう資本家階級の所有権を剥奪し、労働者階級の協同組合による生産を志向したこと、などに向けられている。したがって以下では大きく分けて政治的・経済的な評価を中心に振り返っていくが、その前にパリ・コミューンが実施したいくつかの重要な選択や施策について時系列的に紹介する。(『内乱』第3版へのエンゲルスの序文より、岩波文庫版、一六〇〜一六一頁)

・パリの「風紀警察」の廃止(3月28日)
・徴兵制と常備軍の廃止と、武器を取りうるあらゆる市民が属すべきものとされていた国民軍を唯一の武装組織と宣言(3月30日)
・全家賃の免除
・公設質屋の質物の一切の売却(質流れ)を停止
・外国人のコミューン委員選出を容認
・議員の最高俸給の制限(4月1日)
・政教分離および宗教的目的のためのあらゆる国費(予算)の廃止、あらゆる宗教財産の国有化の宣言(4月2日)
・あらゆる宗教的象徴すなわち肖像・教義・祈祷――換言すれば「各個人の良心の領域に属するあらゆるもの」の、学校からの駆逐が命令(4月8日)
・ギロチンによる処刑の廃止(4月6日)
・製造業者によって放棄された諸工場の統計的調査と、従来そこに雇用されていて協同組合へ組織されるべき労働者によるこれらの工場の経営、並びにこれらの組合の一大連合体への組織化のための案の作成の命令(4月16日)
・製パン工の夜業、……警察に指定された……搾取者……によって独占的に経営されていた職業紹介所の廃止(と区役所への移管)(4月20日)
・質屋の廃止(4月30日)
・懺悔堂の破壊の決定(5月5日)

以下、マルクスによる政治的な評価をいくつの領域について振り返っていきたい。

国家と軍隊の変革

パリ・コミューンは、パリでの武装した市民が結集した国民軍(旧体制の常備軍ではなく)による蜂起によって生まれた。そうした性格上、当初の国民軍中央委員会はもとより、後に選挙で選出されたコミューン議会の議員の多くは労働者(職人)か、あるいは労働者階級の公認の代表者だった。

蜂起の結果パリの権力を手中にした国民軍中央委員会は、直ちに代表を派遣して旧官庁および政府機関を接収し、それらの機関の代表を中央委員会以外の活動家に委ねた。このときの国民軍中央委員会の多くは、社会的には無名の戦士であって、政治的にはブランキ主義者、プルードン主義者、ブルジョア共和主義者など雑多なメンバーだった。このことが一面ではコミューンの民主的な性格に寄与した面もあるが、反面では、反革命に対する態度などに関する意思統一が遅れた背景にもなっている。革命派のなかでボリシェビキ党が多数派を形成していたロシアでの10月革命時の状況とは、対極をなしていたわけだ。

蜂起の一週間後におこなわれたコミューンの選挙によって議員に選出されたのも、同じように労働者階級の代表だった。この国民軍中央委員会とコミューン議会とは、コミューンの最後までバックグラウンドとしては併存（二重権力）することになるが、どちらも労働者階級が中心であり、それがパリ・コミューンの政権を担っていくことになる。したがって蜂起によって政権を獲得したという事情、さらにその結果生まれた政府は多くが労働者階級の代表に拠って占められたという諸事情は、当然のこととしてパリ・コミューンに革命的性格を刻印するものとなった。

そのコミューン議会は、ナポレオン三世による軍事的・官僚的な中央集権的国家機構を次々と廃止し、新しい機構に置き換えていった。真っ先に行ったのが徴兵制を廃止し、武装した人民の軍隊である国民軍をコミューンの軍隊として正式に承認したことである。このことは資本家的、官僚的国家を守る軍隊を否定し、労働者をはじめとした勤労階級の意志を実現するための軍隊に取り替えたことを意味する。

行動的議会と階級政府

蜂起によってパリの権力を委任された国民軍中央委員会は、自らを臨時政府と規定していた。その国民軍中央委員会は短期間でコミューン選挙を実施し、政権はコミューン議会に移された。蜂起という非常手段によって獲得した権力は、選挙された議会に引き継ぐという観点からだった。

その選挙はパリを20区に分け、そこでの勤労者の人口に応じて代議員を選出している。あくまで勤労者の人口比率で代議員が選出されるわけで、コミューン議会の性格も労働者を基盤にしたものとなる。これはロシアで権力機関となったソヴェトが、労働者ソヴェト・兵士ソヴェト・農民ソヴェトなどそれぞれの所属階級を選挙母体として選出されたのと比較して共通点がある。それは議会をあくまで特定階級の利益を直接反映させるためのものと位置付ける立場である。

これはあとで見るように、資本制国家での普通選挙とは違っている。その普通選挙とは、主として搾取する階級とされる階級という経済的な支配・従属関係を土台として、そのうえで建前の上では意志決定における個々人の平等性を確保するシステムとして導入されているものである。

それはともかく、パリ・コミューンで生まれたコミューン議会と選出された代議員の性格、その議会が実施、または実施しようとした方策が、マルクスをしてコミューンの経験を高く評価した所以となった。

コミューン議会は立法府である。が同時にその立法府は行政府を直接指揮する権限を持っていた。コミューンは執行委員会すなわちコミューン政府を設置し、同時に財政・軍事・司法・労働など10の行政委員会を設置した。こうしたコミューンの構造は、立法・行政・司法という権力の分立を基本的な建前とする議会制国家とは違い、立法府と行政府を一体化した、行動的な団体、組織として出発したわけである。

人民による召還権、派遣制

同時に行ったのが官吏の官僚化を防ぐための施策で、一つは官吏の俸給を労働者の平均賃金に抑制すること、二つには官吏の選挙制と、いったん任命した官吏をコミューンに責任を負ったいつでも解任できるものとして位置づけるという、人民による召還権の承認だった。

現在の日本も含めて、議会民主制を採用している国では、官吏=高級公務員の直接的な任免権は有権者にはない。官吏の任免権者である政府を選出するという間接的な任免権で有権者の主権者としての体裁をかろうじて確保している、という性格のものになっている。

次は派遣制である。

現在の議会民主制においては、いったん選出された議員・代表の政治的行動に対して、選挙民は拘束権を持っていない。いわば白紙委任である。これに対してコミューンの議員は選出母体のコミューンに責任を負う、いわば拘束委任制だ。

普通、議会民主制の国での代議士などは、選出母体たる選挙区から選出された後の地位は「全体の代表」と位置づけられ、選挙母体、選挙区から切り離される。有権者、選挙民からすれば自らが選出した「代表」の解任権を否定されたシステムになっている。

パリ・コミューンで採用されたのは、これとは逆に、人民の主権を担保する拘束委任制だった。

実際コミューン代議員=議員は、それぞれの選挙区の意志でごく短い期間に差し替えられることもしばしばあった。革命ロシアにおいても、ソヴェト代議員の構成は、それぞれの選出母体の大会における代議員の再選出などを経て頻繁に変わった。これと同じように派遣制は、きわめて短い期間の内に、あるいは同時並行的といえるような期間で、労働者・人民の意志が政府に反映されるようなシステムだといえるだろう。

それに比べて資本制国家における普通選挙は、通常3～6年の間に一回の選挙である。こうした議員と選挙民の希薄な関係は、議員と選挙民の経済的・社会的な地位の問題と密接不可分のものであり、それだけ議会と民意の間の乖離の直接的な基盤になっているのである。

上記のようにパリ・コミューンの誕生によってパリの政治構造は根本的に変化した。要約すれば、

第一が、政府や軍隊の性格を、帝政に奉仕するものから勤労者・人民に奉仕するものに変えたこと

第二は、議会を、階級支配を覆い隠すおしゃべりの場から、真に人民の利益を実現する立法府でもあり行政府でもある行動的な組織に変えたこと

第三は、一端生まれたコミューンを官僚的な腐敗から守るために、地位と処遇を制限することで勤労者に奉仕する組織に変えたこと

である。一言でいえば労働者に奉仕する政府を労働者の意志で創り上げること、ということである。コミューンのこうした政治的性格をマルクスは評価したわけだ。

連邦制

パリコミューンの連邦制についても、簡単にみておくべきだろう。

周知のようにパリコミューンの国家形態は都市間の対等性とそれを前提とした連邦制をとっていた。パリ・コミューンの連邦制とは、今風に言えば地方と中央、一地域と全体という統治システムに関わるものである。これはマルクスというよりもプルードンの思想が取り入れられたものであり、当初は建前上のものとしてはロシア革命でも採用された国家形態だった。それはパリ・コミューンの経験をふまえてマルクスも評価したものだった。このパリ・コミューンの連邦制は、パリとその他の地方の対等制を前提として構想されたもので、対等制の担保とされたのはいうまでもなく上記の派遣制によるパリへの代表の派遣だった。

しかしロシア革命での連邦制は、地方と中央という関係に加え、連邦を構成した諸民族の連邦であり、パリ・コミューンの連邦制とは異なる要素が含まれていた。しかもレーニンの思想もそうであったように、連邦制は本来的には単一国家をめざす中での過渡的な形態だと性格づけられていた。たとえばレーニンは1913年に次のように書いている。「勿論、マルクス主義者は連邦制度および地方分権を敵としている。」（レーニン全集17巻、一五四頁）「原則として連邦制度に反対する。」それは「経済的連結の環を弱めるものであって、単一の国家にとっては不適当な形態

である。」（前掲書、九〇頁）「他の条件が等しければ、我々は無条件に中央集権に賛成し、連邦的諸関係というブルジョア的理想に反対する。」（前掲書、八二頁）

ソ連邦の政治体制としてのソヴェト体制は民主主義的中央集権制原理のもとでつくられていたので、意志決定過程での民主主義と執行段階での集中制原理が貫かれたものだった。地方と中央、一地域と全体という統治システムとの関連で言えば、結果的に各地域のソヴェトの権限は、より広範囲、より上部のソヴェトの下請け機関として位置づけられることになり、現実としても次第に中央集権的性格が優位になっていった。

パリ・コミューンでは連邦制はそれ自体理念的な目的として考えられており、その連邦制国家形態を中央集権化するという局面は想定されていなかった。というよりも、パリコミューンそのものが70日という短い期間で敗北したことで連邦制国家として成立することそのものが日の目を見なかったというのが実態である。

ただし、理念としての連邦制がその理念のままに実現されるかどうかと言えば、そうではなかった。パリ・コミューンでも、次に触れるように戦争の進展と体制の存続をかけて独裁制の採用が試みられ、それが破綻するという経緯をたどったからである。

パリ・コミューンでは、地方と中央は対等制の土台の上での連邦制国家を目指していたにもかかわらず、現実にはその敗北によって実例による教訓となるには至らなかった。しかし、派遣制原理による中央と地方の関係構築を目指したという連邦制への挑戦姿勢は、方向性としては継承すべきであろう。

マルクスは、そうした連邦制について『フランスの内乱』の中ではさほど包括的な評価を下していない。が、連邦制については、コミューンの民主主義を取り上げた箇所で次のように評価している。たとえば「各農村コミューンは、中心都市における代表者議会によってその共同事務を処理すべきであり、そしてこれらの地方議会がまたパリにおける全国代議員会に代議士を送るべきであり、……」といっている箇所もそうである。

繰り返しになるがパリ・コミューンではフランス全域でコミューンが成立するには至らなかった。したがって中央と地方の関係という大きな課題についての生きた教訓とはならなかった。が、パリでのコミューンの経験は、中央集権や地方分権の議論などを通じて、当事者主権を貫く意志決定とその執行という政治システムを考える場合に、大きな示唆を与えてくれるものになっている。

戦争と独裁制

いま少し、パリ・コミューンの経験を振り返ってみたい。現実のパリ・コミューンは、誕生以降直ちに困難な状況に陥った。その主要なものはもちろん反動的なベルサイユ軍（パリコミューンの成立で首都から追い払われた政府軍はベルサイユに本拠を置いてコミューンの制圧の機会を窺っていた。）との対峙である。

コミューンは誕生以来、ベルサイユ軍との対峙を余儀なくされてきたが、戦況が過酷になればなるほど、当初の民主的な政府組織や軍隊組織は変質せざるを得なかった。政府と軍隊の集中化の必要性が叫ばれ、紆余曲折を経て「コミューンの監督下での絶対的、完全な独裁制」が進行した。

まずコミューン執行委員会は、国民軍中央委員会が送り込んできたナポレオン軍の将軍クリューズレを総司令官に任命した。これはロシア革命で赤軍の指揮官に帝政の将軍を任命せざるを得なかったことと共通する。

コミューンは次にコミューン執行委員会を廃止して、各委員会代表からなる会議（第二執行委員会）を設置した。その各委員会では当初の集団指導体制を廃止し、権力を代表委員に集中した。その代表委員9人によって新しい執行委員会（閣議）が革命政府を構成することになった。

次の段階では公安委員会を設置し、独裁的な権力が与えられた。が、それは8日しか持たず、5月9日には第2次公安委員会が4人で発足した。実にコミューン敗北の20日前であり、コミューンは権力を集中しながら旧体制派と闘って敗北したのである。

パリ・コミューンのこうした過酷な運命は、干渉軍による攻撃と内乱によって軍隊も経済組織も過酷な影響を受けたロシアの経験とあわせて、ここでも戦争がいかに労働者の新しい国家づくりに大きな影響を及ぼさざるを得ないか、ということを考えさせられる。が、それはロシアの経験を観たあとで再度立ち返って検討することにしたい。ここではパリ・コミューンの実験が、将来の労働者国家づくりにあたって多くの示唆を汲み取りうることを再認識し、その何を評価し、受け継ぐべきかという観点から振り返ってみた。

次に振り返るのは、パリ・コミューンで実施された、あるいは追求しようとした経済的な政策である。

[3] 協同組合の連合社会

普通、マルクスがパリ・コミューンの歴史的な意義を評価したものとして取り上げられるのは、たとえばマルクスが「ついに発見された政治形態」と評価し、エンゲルスが「パリ・コミューンを見よ！それこそはプロレタリアートの独裁であったのだ」というところのコミューンの政治に向けられるのが普通だった。

しかし、労働者がめざすべきアソシエーション社会（＝共産主義社会）のあり方を考える場合、その政治的実験以上に興味深いのはコミューン国家の経済構造の転換につながる施策だった。

上記でも触れたように、コミューンはその誕生直後から緊急事態と切迫した労働者の要請に基づいて、斬新的な施策を次々と実施に移していった。たとえば家賃の免除、公設質屋の質流しの停止、製パン業の夜業の禁止などである。

またコミューンの財政政策として、会計上級委員会を作り、消費や贈収賄には軍法会議で死刑をも宣告出来るようにした。さらには当時としては、総収入と総支出双方とも削減することで、総じて安価な政府を貫徹した。これらも財政の肥大化などによる国家の肥大化を防ぐ意味合いがあった。

ただしフランス銀行を接収しなかったこと、あるいは証券取引所の停止にも手をつけなかったことなど、コミューンの逡巡という致命的な欠陥をも併せ持った。これらの欠陥は、レーニンをして、パリ解放直後にベルサイユ軍への追撃をしなかったことと合わせ、コミューンの致命的欠陥の二大例証と言わしめたものであった（『コミューンの教訓』レーニン全集第13巻、四九〇頁）なおマルクスは〝コミューンの失敗〟について、第一の失敗としてベルサイユ軍への追撃回避、第2の失敗として、あまりに早かった中央委員会からコミューンへの権限委譲をあげている。（1871年4月17日の「マルクスからクーゲルマンへの手紙」、全集第33巻、一七四頁）。

しかしそれ以上に私たちが注目しなければならないのは、企業の経営を労働者の協同組合に委ねるという方策である。マルクスはこれを評価して次のように言う。（コミューンの偉大な社会的方策の）今ひとつの方策は、すべての閉鎖職場および工場を、各資本家が逃亡したのと休業したとを問わず、賠償を条件としてこれを労働者団体に引き渡したことであった。」（『フランスの内乱』、岩波文庫、一一二頁）これはコミューンが4月16日に発した放棄工場の接収に関する布告では、次のように規定されたものだった。

1、放棄工場の総計票、労働用具目録の作成

2、工場を放棄した逃亡者の手によってではなく、これらの工場に雇用される労働者協同組合の手によって、即時にこれらの工場を経営する実際的条件を規定する報告の提

出

3、労働者協同組合の組織案の作成

4、当該工場主の帰還の際に、これらの工場を決定的に労働組合に譲渡するための条件、および組合から工場主に支払うべき賠償額を裁定すべき仲裁裁判の設立

こうした方策に対してマルクスは高い評価を与えた。が、それはこうした方策とその拡がりこそ、資本制生産を共同的生産に変える具体的な転換過程に他ならない、と考えたからである。

なぜこうした方策に注目する必要があるのか、いまでは明らかだろう。それは資本家が放棄した職場や工場を、労働者の組織にゆだねるということの重要性だ。国家や政府にゆだねるのではないのである。

社会主義＝国有経済だと考えてきたかつての時代やそう考えてきた人々からすれば、放棄工場などは直ちに国有化してしまえばよいだけの話である。しかしマルクスはそうは言わなかった。マルクスが評価したのは国有化や国家所有ではなく、あくまで生産手段の共同所有であった。マルクスは『フランスの内乱』の例の有名な箇所で、工場や職場を労働者の管理にゆだねることによって、労働者の個人的所有を復活させること、協同組合の連合が共同計画に従って全国的な生産の調整、制御することで共産主義をもたらすことができる、と高く評価している。いわば放棄工場の労働者による運営は、マルクスをして資本制生産を共産主義的生産に変革する入り口、その決定的な第一歩だと位置づけられているのである。

こうした方策は、現実にはパリ・コミューンの中でさほど拡がることはなかった。すでにふれたように、放棄工場の接収の布告が発せられたのは4月16日だ。この布告を受けて労働・交換委員会は即日、「調査・労働組織委員会」を結成して活動を開始するとする声明を発した。しかし委員会が活動計画を採択し、実行委員会を結成するために全国同職組合会議所の代表者会議を招集したのは5月15日になってしまった。パリコミューンの敗北はそれから半月もしない5月28日である。こうして活動が動き始めたのが遅れたことも大きく影響し、実際に布告が実施されて工場接収が行われたのは軍事工場だけで、それさえも戦争によって失われたという。(注)

(注) 平舘利雄『パリ・コミューンと10月革命』、民衆社、一二三頁) なおパリコミューンのたどった経緯については本書の記述を多く利用させていただいた。なお、この施策については デュノアによる (注) として「……実際のところ、これは、若干の軍需工場を除いては、決して適用されなかっ

た。」という解説がある（『フランスの内乱』、岩波文庫、二二一頁）

さらに放棄工場だけではなく、大工場全部を接収する提案も準備されていた。それは5月4日のコミューン議員のベシニエによる提案で、布告草案は次のようなものだった。

1、専門家による財産評価とその補償額決定の後、全大工業を接収し、その生産手段、原料、支工場、建物を独占する。

2、これらの工場を労働組合の要求により、その組合に一時的に引き渡す。

3〜5（略）

この提案は、結局5月4日には討議されず「後日審議」とされ、結局審議される機会はなかったという（前掲書、一二五頁）。

パリコミューンの場合はその存在期間がきわめて短かったので、こうした方策が現実にどれだけの拡がりを勝ち得ることが可能だったのか、あるいはそれがどういう展開を遂げていくのか、という経験を得ることはできなかった。

しかし、個々の工場の労働者による管理とその全国的な連合が生産の主体となることこそ「可能な共産主義」だとする視点は、ロシア革命の展開とは対極にあるものとして銘記しておくべき事だろう。

ロシア革命については、後でも触れるが、そこでも当初は国有化はそれほど目的意識的に追求されたわけではない。革命当初はまだロシアでは直接社会主義に到達できないので、過渡的なものとして労働者統制が追求された。この労働者統制については後でも触れる。

マルクスはパリ・コミューンのその他の方策についても評価している。たとえば教育や宗教に関連する態度など、パリ・コミューンがとった様々な社会的方策についてである。それらも国家というものを考えるときには教訓的なことが多いが、ここではとりあえず立ち入らないでおく。

［4］ロシア革命と国家の肥大化

ざっとパリ・コミューンの教訓を振り返ってきた。つぎは革命ロシアにおける国有経済化と国家の肥大化についてみていくことにしたい。

レーニンの国家論を端的に要約することは難しい。が、後のロシアにおける国家の肥大化につながる観点をあげるとすれば、レーニンの国家観がマルクスとは異なっていることだ。それは国家の揚棄＝死滅に関わる原理的なものである。ここではそれを見ていきたい。

レーニンは理論的な書き物も多く残しているが、実際にはボリシェビキ党と国家の指導者として、実際の活動との関連で発表したものがほとんどである。なかでも国家論としてまとめられた『国家と革命』は、1917年10月の革命直前に亡命先で書いたもので、その内容もマルクスの国家論の忠実な再現も含む、どちらかというとレーニンの書いたもののなかでは理論的な数少ない著作だと言われている。

そこでは亡命中という環境もあって、現実の政治闘争から少し距離を置いた自由なスタンスで国家に関する考察をまとめている。その中で問題になるのは、レーニンによる国家死滅に至る段階認識である。

レーニンは『国家と革命』の「第5章　国家死滅の経済的基礎」のなかでなかで次のように書いている。「……生産手段の共有を保護しながら労働の平等と生産物分配の平等とを保護する国家の必要はなおのこっている。資本家はもはやなく、階級はもはやなく、したがってまた、どの階級を抑圧することもできないというかぎりでは、国家は死滅する。しかし、国家はまだ完全に死滅したのではない。なぜなら、事実上の不平等を神聖化する『ブルジョア的権利』の保護がまだ残っているからである。国家が完全に死滅するためには、完全な共産主義が必要である。」（『国家と革命』岩波文庫版、一三三頁）

レーニンはいわゆる〝共産主義の低い段階〟では完全には死滅しないと理解している。このことは同じ著書の次のような記述からも伺える。「……共産主義社会の第一段階からその高度の段階へ、それとともにまた国家の完全な死滅へ移行する扉はひろくあけはなたれるであろう。」（前掲、一三四〜一四三頁）

みてのとおり、いわば〝低い段階〟での国家存続説の立場をとっていることが伺える。これはマルクスの理解とは明らかに違っている。マルクスは1848年の時期でも「……階級の差別が消滅し、すべての生産が協同した諸個人の手に集中されたならば、公的権力は政治的な性格を失う」（『共産党宣言』国民文庫、五六頁）というように、階級対立の克服を国家の死滅＝揚棄の基準としている。社会の共同事務は政治的性格を持たない、それはすでに国家ではない、という理解である。マルクスは〝生まれたばかりの共産主義〟、いわゆる共産主義の低い段階での国家消滅説に立っている。

レーニンはその根拠を事実上の不平等の存在、すなわち実質的平等が実現されていないこと根拠として国家の存続を主張していることになる。階級的な性格を持たない社会の共同事務の遂行をも国家概念に含ませてしまっているわけだ。それだけ国家存続に力点を置いた認識だといえるだろう。というよりも、現実政治の土俵上で国家の存続を受け入れないわけにはいかないことを前提として、その根拠として〝社会の共同事務〟を無造作に国家概念に含ませたと解釈できるだろう。

ではレーニンは「生まれたばかりの共産主義」をどう理解しているのだろうか。

「共産主義の第一段階……。ここではすべての市民が武装した労働者である国家にやとわれる勤務員に転化する。すべての市民が、一つの全人民的な国家的『シンジケート』の勤務員および労働者となる。」（『国家と革命』、国民文庫、一四二頁）

この引用文はロシアにおいて「一国一工場体制」が生まれた根拠としてたびたび引用される文章だが、「生まれたばかりの共産主義」で〝労働者国家〟という規定付きながら、国家による全面的な支配・統制が実現するかのようなイメージで語られている。

連邦制についても同じようなことがいえる。

マルクスは『フランスの内乱』では、各地方のコミューンによる連邦制を曖昧ではあったが容認した。（『フランスの内乱』、岩波文庫、九七頁）が、レーニンは「……むろんマルクス主義者は連邦制度および地方分権を敵としている。」（全集第17巻、九〇頁など）ここでも中央集権制であり、中央権力中心主義である。

レーニンのこうした国家理解をどう考えればいいのだろうか。それは1917年当時の戦争当事国でもあったロシアでは、政治の領域でも国営工場の比率が高い経済の領域でも、国家の占める役割が非常の大きかったことによる。また革命後の経済再建をはじめとする国づくりを想定した場合でも、国家の大きな役割抜きには考えられないという実情を反映してもいたと思われる。レーニンのボリシェビキが政権の座についてからの事態の推移もその通りになったし、現に、ロシアではひたすら国家の肥大化に向かっていったのである。こうした革命前後のロシアの現実そのものが、レーニンをして革命ロシアの〝経済的な共同事務〟を国家概念に含ませる要因となった、と考えられるだろう。

こうした拡大解釈された国家観が、その後の革命ロシアとその政治指導者としてのレーニンに深刻な影を落とすことになる。現実に革命ロシアが次々に直面する困難に際し、レーニンは国家の役割の強化、あるいは権力の行使に傾斜していく。とりわけ反革命勢力との攻防戦では容赦のない権力行使に向かう。そうした権力志向は、未だ権力基盤を固めきれていない段階での干渉戦争と内乱の、いわゆる戦時共産主義の時代に極まった。ボリシェビキ政権の基盤を危うくする動きに対しては――たとえそれが単なる自作農民であっても――反革命の烙印を押すことで抵抗勢力を容赦なく弾圧した。現実の反革命との闘いという過酷な現実が、レーニンをして初期の革命ロシアにおける強権の発動と国家存続説を正当化することになった。当時の革命ロシアが直面した状況を考えれば、国家の廃絶に向かうなどということは、レーニンにとって現実離れした議論でしかなかったともいえるだろう。

そのレーニン自身はといえば、民主主義にしても権力行使にしても結構柔軟に考えてもいた。10月蜂起に際して党の外部で反対を叫んだジノビェフやカーメネフに寛大な態度をとったり、10回党大会での分派の禁止などもレーニン自身は一時的なものだと考えていた。あるいは革命後、行政的手法に傾斜し過ぎるトロツキーを批判するだけの視点も持ち合わせてもいたし、晩年に直面した官僚主義との闘いなどを考えても、国家廃絶に向かう目的意識性は持ち合わせていたと考えられる。ただし自分自身のなかでは節度があり、またいつでも軌道修正可能であるとの強い自負心を背景としていたとしても、自身の権力志向が後継者や後の時代にどういう結果をもたらすかという判断や洞察に関して、甘さや過信があったのは否定しようがない。

現実の革命ロシアを振り返ってみると、レーニン死後のスターリン時代にかけて権力機関や官僚組織の肥大化が続き、「国家の死滅」とはほど遠い官僚制国家に進化してしまった。なぜそうなったのだろうか。一言で言えば、レーニンなども期待していたヨーロッパ革命の敗北で革命ロシアは結局は国際的な孤立におちいり、一国だけでの早急な国づくりを余儀なくされたこと、これが決定的要因となったといえるだろう。より一般化して言えば、対外的な国家関係が残る限り一国単位で国家が死滅することなどあり得ない。国家とは対外関係の拘束から逃れられない。対外関係自体が国家の成立・存続の基盤ともなってきたからである。

ロシアにおける国家の肥大化を考える場合、レーニンが依拠したいわゆる〝民主集中制〟に触れないわけにはいかない。この考え方は直接的には革命党の組織原則としてレーニンのボリシェビキが採用していたものだったが、ロシアにおいてはそれが国家の組織原理としても適用されていったという経緯があるからだ。

民主主義的中央集権制というのは、ひとことで言えば意志決定局面の民主制と行動する局面での集中制を抱き合わせた組織原理のことである。こうした民主集中制というのは、結局は民主主義が否定されて集中制が残るという、指導者や支配者に都合がよい組織原理なのだ。が、それでも支配階級と闘う使命を持ち、非合法時代が断続的に長く続いた革命党の組織原理としては、柔軟に運用し得た限りでは一定の有効性と説得力を帯びたものだった。ところがロシアにおいてはそうした組織原理を国家にまで拡大適用してしまった。

革命当初は、革命的熱狂のエネルギーもあってソヴェト民主主義が機能しており、職場・企業でも労働者による当事者主権も一定の範囲で機能していた。しかし事態の経過とともに、権力は次第にソヴェトから党へ、党員から党機関へ移行し、さらには頂点の中央委員会へ、最終的にはスターリンの個人独裁にいたる、恐るべき中央集権国家へと変質していくという経緯をたどることになる。

レーニンの組織観、組織原理観は生涯をつうじて一貫していたように思われる。それは国家観にもつうじるような権力志向、中央志向である。その民主集中制原理の本質は国家機関に適用されたケースでよりはっきりと現れるので、具体的には6項で取り上げるつもりだ。

ロシアにおける国家の肥大化についてレーニンとの関わりで考えた場合、ここではとりあえず次のように概括できるだろう。まず革命当時ロシアが直面していた現実、それに不平等や格差が存在する限り国家はなくならないというレーニンの国家観、そして国家の具体的な編成原理としての民主集中制が合わさることで国家の肥大化が進んでいった、ということである。以下、その経緯をみていきたい。

[5] 剥奪される“当事者主権”

マルクスのパリ・コミューンの総括にならって、最初は革命ロシア国家の階級的な性格づけから入りたい。

ロシア国家の性格といっても、その誕生から消滅まではほぼ四分の三世紀の74年間の寿命であり、その性格は一様ではない。パリ・コミューンがわずか二ヶ月あまりだったことと対比しても、その性格付けは簡単ではない。それでもあえておおざっぱに性格付けをしてみたい。

1917年の10月（旧暦）に誕生したソヴェト政権は、当初はボリシェビキ党と左翼エス・エル（社会革命）党との連立政権だった。革命に際して採用した土地綱領が、左翼エス・エルが主張していた、旧地主の土地を個々の農民へ分配するという方策を採用したからだった。土地の国有化でもなく、かつての共同体所有への復活でもなかった。大企業の接収と併せてこうした方策の階級的性格を評価すれば、誕生した政権は労働者と農民の同盟政権となり、革命の性格も労農革命と見なすことができるだろう。

しかし連立政権は、翌年の左翼エス・エルの離脱で解消し、ボリシェビキの単独政権になった。そのボリシェビキ政権は食糧危機などで農民の収奪と弾圧に乗り出した。これは労農同盟の崩壊でもあり、政治的にも政策的にもいわば労働者階級の独裁といえる。

しかしボリシェビキの単独政権が労働者階級の独裁という性格を持つとはいえ、革命直後のロシアの経済状況は労働者階級が中心を占める状況とはほど遠かった。広大な農村と多くの農民人口はそのままのこり、都市の労働者の生活は農村からの食料依存で成り立っていたからだ。いってみれば社会経済体制としての労農社会の上に、政治的には労働者政権が乗っかっている、という構造であった。

この政治的な労働者階級の独裁は、クロンシュタットの反乱などもあって食料徴発から食料税への転換を中心とするネップ（＝新経済政策）へ移行することで農民への大幅な譲歩を余儀なくされた。これを階級関係で評価すれば、労働者独裁権力のもとでの労農同盟への復帰といえるだろう。

そのネップの時代を経て1927年の第15回党大会では「急速な工業化」と「農業集団化」の計画を採用した。ここからいわゆる「一国社会主義」の時代にはいるわけだが、この段階ではすでにロシア国家の性格は労働者階級の独裁というよりも、スターリン体制が確立する過程で肥大化していた国家と党の官僚層による独裁体制に変質していたといってよいだろう。

いうまでもなく、アソシエーション社会というのは、個々の協同組合、さらには個々の労働者の徹底した自治＝当事者主権の実現のことである。この自治＝当事者主権のないアソシエーション社会というのは自己矛盾である。当事者主権が一定程度実現した革命当初のソヴェト・ロシアにおける意志決定システムは、実際には、次第に党の中央機関に集中して官僚独裁に変質していったのである。以下、その過程を振り返ることで、革命ロシアにおける当事者主権がいかに剥奪されていったかを振り返ることにしたい。キーワードは〝執行権の自立化〟である。

革命ロシアがプロレタリア独裁国家とか労働者独裁国家と評価されたり、あるいはその政権がプロレタリア政権とか労働者政権と評価されたのは、もちろん政権の根拠となったソヴェトにある。ソヴェトの言葉の意味は〝会議〟である。具体的には代議員による協議機関であり、いわば協議会方式による民主主義システムである。だから革命ロシアの当初の国名は〝ロシア社会主義連邦ソヴェト共和国〟だった。いわばソヴェト民主主義が、ロシア国家とその政権の正統性を担保したわけだ。しかし、そのソヴェト民主主義は革命ロシアを維持していく過程で次第に形骸化していくという経緯をたどることになる。

パリ・コミューンが勤労人口に比例した議員定数を割り振られた普通選挙制度を採用したのに対し、ロシアの権力機関になったソヴェトにおいては、当初は工場や農村や軍隊など、生活基盤ごとに代議員を選出するシステムが採用されていた。いわゆる普通選挙ではなかったわけだ。革命直後のレーニンはそうしたソヴェト政権の性格上、その正統性を憲法制定議会での承認に求めていた。10月革命翌日に人民委員会議を設置した布告でも、ソヴェト政府は憲法制定会議までの「臨時労農政府」と自己規定していた。しかし、憲法制定議会で多数派の確保に失敗したため、憲法制定議会そのものを解散させてしまった。これがソヴェト・ロシアでの民主主義不成立の根拠ともされたわけだが、革命局面での選挙制度としては様々な制度があり得るわけで、ソヴェトの選挙制度そのものが民主的ではないとはいえないだろう。

そのソヴェト制度というのは、個々のソヴェト大会が全ロシア・ソヴェト大会に代議員を送り、そこで中央執行委員会を選出し、その中央執行委員会が人民委員（会議）＝ソヴェト政府を選出するというシステムだった。その限りではソヴェトが立法府であって、その立法府が執行府たる人民委員会議＝政府を選出するというシステムである。とはいっても、ロシア革命初期においては、ソヴェトと人民委員会議は立法府と執行府として厳密に役割が分担されていたわけではなかった。現にソヴェトの中央組織の名称は「全ロシアソヴェト中央〝執行〟委員会」であった。その限りでマルクスがパリ・コミューンを評価したように、ソヴェトは単なる代議体ではなく立法府でもあり執行府でもあるという行動体といえたわけだ。

しかしそうしたソヴェト制度には二つの大きな特徴があった。

一つは立法府たるソヴェト大会だけでなく、執行機関であるとも位置づけられていた中央執行委員会や、政府である人民委員会議も立法権を行使できるし実際にも頻繁に行使した、ということである。中央執行委員会や人民委員会議は頻繁に〝布告〟や〝命令〟を発している。しかもその比重が次第に人民委員会議に移っていくという経緯をたどったのである。

（注）人民委員会議の１９１７年10月30日（11月12日）の布告では二つの条件（憲法制定議会の招集まで、全ロシア中央執行委員会の拒否権あり）があった。が、一週間もたたないうちに「全ロシア中央執行委員会による事前の討論を経ずに」緊急布告を発する権限を人民委員会議に認める、という一決議が（全ロシア中央執行委員会で29対23という）きわどい多数決によって通過した。（Ｅ・Ｈ・カー『ボリシェビキ革命』第一巻、一二五頁）

政府による立法権は１９１８年7月に承認された憲法にも反映した。そこでは人民委員会議による立法権が明記された。

（注）人民委員会議は、「ロシア社会主義連邦ソヴェト共和国の国務の一般的管轄権を持ち」、また「法令、命令、訓令を発し、且つ迅速な秩序ある行政を確保するに必要な一切の手段をとる」こととなった。（Ｅ・Ｈ・カー前掲書、一二五～一二六頁）

現実にも、たとえば１９１７年から21年までの間に、人民委員会議は１６１５の法令を発したが、全ロシア中央執行委員会が発したのは、わずか３７５だった。（Ｅ・Ｈ・カー前掲書、一七九頁注（1））

もちろん政府＝人民委員会議の布告発出権は無制限のものではなく、ソヴェト大会や中央執行委員会からの委任に基づくものだとされていた。が、実際には人民委員会議の裁量権が次第に大きくなっていったという経緯をたどる。これは実質的な意志決定権が、急速に執行機関および中央機関に集中・移行していったことを物語っている。

二つめはこれもよく指摘されることだが、ソヴェト・ロシアでは立法権は実質的にボリシェビキ党が保持し、ソヴェトや人民委員会議は執行機関にすぎなかった。というものである。

ボリシェビキ党は国民から直接選挙されたわけではない党員の投票によって党大会代議員を選出し、その代議員の選挙で中央委員会が選出される。そして後のスターリンの時代では、その中央委員会が政治局や書記局などの執行部を選挙することになる。そのボリシェビキ党がソヴェト大会で多数派となり、実質的にソヴェトの権力を行使していくことになる。実質的には選挙という国民の負託に基づかない意志決定制度になってしまう。これが人民の当事者主権の行使という原則からの逸脱だとみるのである。

ただこうした二重構造はソヴェト・ロシアに限ったことではない。普通の議会制民主主義国でも同じである。現代の日本でも、有権者は自民党や民主党が誰を国会議員の候補者とするか、関与できない。日本などの議会制民主主義が、有権者の当事者主権とは全くの別物であるのと同じである。

むしろ革命情勢という人民の闘いや世論が大きく沸騰している局面では、人民による広範な当事者主権が一挙に花開く。人民による頻繁な党派選択というダイナミズムを通して、人民による当事者主権は貫徹されると考えられるからである。実際、ソヴェト・ロシアでは、革命直後はソヴェトや党の双方で未曾有の世論の沸騰と民主主義の高揚が現実のものになった。ソヴェトや党のどのレベルの会議でも反対意見と論争のるつぼと化すほどであった。

ただし、ロシアにおいて当事者主権が実効性を持ったのは、ソヴェトにおいて反対派の存在が一定程度意味を持った時代に限られた。メンシェビキやエス・エルがソヴェトから実質的に排除されてボリシェビキ党の一党体制が確立・固定化していくにつれ(注)、ソヴェト民主主義や当事者主権の形骸化は進行せざるを得ない。これは人民による直接的な判断権を行使する場面が少なくなるからである。具体的には全ロシアソヴェト大会や党大会はその規模が大きすぎ、日常の出来事に対する判断権を行使するには小回りがきかないこと、次第にそうした判断権を内部に設置した代行機関に委任する傾向が避けられないからである。

(注)1918年7月の第5回全ロシア・ソヴェト大会で社会革命党の代議員が排除され、ソヴェトは実質的にボリシェビキの一党体制となった。また1920年12月の第8回全ロシア・ソヴェト大会は、2~3の少数グループと表決権がないメンシェビキと社会革命党の代表を認めた最後の大会となった。(E・H・カー前掲書、一四七頁)

実際、左翼エスエルとの連立からボリシェビキ党の単独政権になった頃から、権力は次第に党大会や党中央委員会へ、さらには1919年3月の第8回党大会で設置された政治局や組織局・書記局に集中するようになり、やがては1922年3~4月の第11回党大会で書記長になったスターリンに権力が集中していった、という経緯をたどることになる。たとえばボリシェビキ党が最高機関である党大会で多数決によって実質的に物事を決めた最後の大会は、ブレスト・リトウスク協定の批准を評決した1918年3月の第7回党大会が最後だった。(E・H・カー前掲書、一六〇頁)それ以降は党大会が開かれる以前に、党中央委員会や政治局などの段階で実質的な決定は終わっていて、党大会はそれを承認するだけのセレモニー機関化していくのである。ソヴェト大会が多数派であったボリシェビキ党の意志に反した決定を下したことがないのは、改めて言うまでもないだろう。

[6] 選挙制から任命制へ

次に、第4項でも言及したことだが、民主的原理と上意下達の集権的原理が抱き合わされたいわゆる民主集中制がどう変質していったのか、という観点から当事者主権の形骸化を振り返ることにする。実際、革命ロシアの権力機関であるソヴェトでもボリシェビキ党でも採用されていたこうした組織原理が、やがてはソヴェトや党役員の〝任命制〟という集権制に基づく官僚制に変質していくという過程をたどった。ここではその過程をふり返ることで、ソヴェト・ロシアの官僚体制への変質を浮き彫りにしたい。

民主主義的中央集権制というのは、一言で言えば意志決定局面の民主制と行動する局面での集中制を抱き合わせた組織原理のことである。

具体的には民主集中制は次のように規定されている。

(a) 最上級機関に至るまで、すべての指導機関に、選挙による原則を適用すること。

(b) 党諸機関は彼らのそれぞれの組織に対して定期的に説明する責任を有すること。

(c) 厳格な党規律と少数の多数への服従。

(d) 上級機関の決定は下級機関および全党員を絶対的に拘束する性格を有すること。(以上、1934年の党規約)

こうした組織原理は、革命をめざす党組織であっても、非合法化されているなどの特殊な状況下以外では弊害が大きい。多くのケースでは民主集中制は、指導部・支配者に権力が集中せざるを得ない組織原理だ。それが国家という権力機関の組織原則になればなおさらそうである。

革命ロシアの現実でも、公権力機関としてのソヴェトや党組織では、ピラミッド状の権力機構が整備された。そこでは下部の機関は上部の機関の下請け的役割を果たす位置に置かれた。民主集中制は、個々の構成員の主権の尊重、いわゆる当事者主権には不向きなもので、組織優先、全体優先の組織原理とならざるを得ない。

こうしたソヴェト・ロシアの意志決定システムは、マルクスがパリ・コミューンを評価したいわゆるコミューン原則から逸脱しているのは明らかである。パリ・コミューンでは権力機関に対する人民による直接選挙権、召還権が謳われていた。が、革命ロシアでは形式的な立法府たるソヴェトの選挙権や召還権はあるものの、実質的な立法府であり権力機関であるボリシェビキ党には、人民による直接の選挙権も召還権も存在しないからである。

ソヴェトという形式的な権力機関の代議員を選出する選挙で、人民による直接選挙を経ない党が準備した候補者への投票だけしかできないソヴェト・ロシアの当事者主権は、存在しないと言っても過言ではない。しかも当事者主権の不在は、1936年のスターリン憲法でいっそうあからさまになった。党は国家的団体の指導的核心だとして、党の指導権、党の権力をあらかじめ憲法条項に明記するという段階にまで行き着くことになったからである。

ソヴェト・ロシアで当事者主権が後退し、当初の牧歌的な国家死滅論議とはうらはらに、やがては国家の異常な肥大化と恐るべき民主主義の破壊が進行したことは周知の現実である。その要因の一つに、コミューン原則からの逸脱が明らかな〝任命制〟の拡大があった。この任命制は、当初は党やソヴェトの地方機関の役職から始まり、やがては党やソヴェトの中央機関にまで拡がっていった。いうまでもなく選挙制の形骸化と表裏の関係で進んだ民主主義のあからさまな後退である。

ソヴェトとボリシェビキ党内での任命制の拡がりは、すでに革命の初期段階から始まっていた。内戦や干渉戦争による「人的資源の枯渇」による「人員の再配置の必要性」が理由とされた。それがボリシェビキ党内で党機関の明確な機能として位置づけられたのは1919年3月の第8回党大会だった。

すでにその直前の1月の党中央委員会で、中央委員会の内部での「機能分化についての書記局提案」が討議されていた。スターリンの提案だった。内容は県レベル以下の党役員に対する書記局の任命権の承認、である。その決定を受けて設置された3人の中央委員による書記局のうち、一人の党書記が担当する「調査配給局」（ウチラスプレッド、1920年に設置された）が任命制の元締めになった。その「調査配給局」が「党員の動員、移転、任命」を管理し、21年3月の第10回党大会に報告した党員の移動と任命数は、一年間で42000人にものぼった（『ボリシェビキ革命』第一巻、一八九頁）。

任命制が党組織で意識的に採用されるようになった最初のきっかけは1921年12月の党協議会だった。その協議会では、県および郡の委員会の書記は「より上級の党当局によって確認」されるべき事を提案している。いわゆる〝人事の確認権・承認権〟の明記である。これは本来は構成員の自主的な選挙で選出されるはずの党の役職を、任命制に置き換える第一歩になった（E・H・カー『一国社会主義』第一巻、一六四頁）。上部機関による下部機関の役職人事の〝承認権〟から〝任命権〟への移行にはさほどの飛躍も不要だった。ソヴェトや党は、本来は地方からの代議員によって中央機関のメンバーが選出されるはずだったが、それはまったく逆転し、中央機関の指導部が下部機関のメンバーを任命するようになった。ソヴェト民主主義、党内民主主義は剥奪されたのである。

任命制が幹部などの「人手不足」という〝事情の要請〟から公式の規定に変質して以降、ソヴェト・ロシアの当事者主権の形骸化と官僚化は一気に進むことになった。当然だろう。それが行き着くところは、たとえば党の中央委員を選出する場合に政治局などから名簿が出され、それを承認することが党大会の主たる役割となる段階である。当事者主権の形骸化の完成である。

「社会からでてきながらも、社会の上に立ち、社会からますます疎外してゆくこの権力が、国家なのである。」こうしたエンゲルスの規定を待つまでもなく、〝国家の揚棄〟という理念は歴史の彼岸に追いやられ、ボリシェビキ政権は紛れもなく〝国家〟として再構築されたわけである。

[7] 労働者統制から国営経済へ

パリ・コミューンでは資本家・経営者が放棄した工場の管理と経営を、そこで働く労働者の団体、すなわち協同組合や労働組合にゆだねたのはすでに見てきた。一方、革命ロシアにおいても、当初は資本家が放棄した工場などを、そこの工場委員会などが管理した例はあった。

しかし革命当初のレーニンやボリシェビキ党が追求しようとしていた方策は、工場の接収とその労働者管理、あるいは国有化を促進することではなかった。そうではなくて、資本家や経営者の所有権・経営権を認めた上で、ソヴェト権力と労働者組織がそれを〝統制〟していく、という方策だった。いわゆる〝労働者統制〟である。

いまから見れば意外な感じが持たれるかもしれないが、なぜそうした方策がめざされていたのだろうか。それは、革命当初のロシアでは、工場の国有化や労働者管理など、社会主義的方策だとされていた方策は一気に実現することはできない、と見なされていたからである。労働者が工場などを管理する知識や経験がなかったからだった。

しかし労働者統制といった場合、それがソヴェト大会やその執行委員会、さらには人民委員会による統制を意味するのであれば、それは国家統制と変わらないものになる。そうではなくて、労働者統制が工場委員会や労働組合による統制を意味するのであれば、それは労働者主義、現地主義、あるいはサンジカリズム的性格を帯びることになる。

(E・H・カー『ボリシェビキ革命』第二巻、四七頁)

このことに関して、『4月テーゼ』などで〝労農国家〟による統制を打ち出していたレーニンは、革命直前では「プロレタリア国家の中央集権制と計画に賛成」すると言明し、また10月25日の革命直後の最初の演説では「労働者統制」は保障されている、とも言明している（『ボリシェビキは権力を維持できるか』、全集第26巻、一〇九〜一二四頁）。レーニンの労働者統制は労働者自身による企業の統制の意味合いもあるが、それ以上に労働者政権、すなわち国家による統制との二重写しになっていたのである。

実情はと言えば、革命当初は工場委員会が労働者階級の名において工場を簡単に接収してしまうケースも多かった。しかしその接収工場の経営を担う場面になると、工場経営に関する経験や技術的熟練や経理の能力などの知識が備わっておらず、立ち往生するケースも多かったというのが実情だった。

結局、文字通りの労働者統制が追求されたのは革命後数週間のことにすぎなかった。実際はその後、工場運営やその集権化などの推進を目的に設置された「最高国民経済会議」に経済運営がゆだねられる時期が2年ほど続くことになる。労働者統制はその目的を「国民経済の計画的規制」というように矮小化され、労働者の当事者主義は剥奪されていった。他方、最高国民経済会議の目的は「国民経済と国家財政を指揮すること」というように、経済活動全般を指揮する機関として格上げされていった。こうした規定が明記された布告が出されたのは、革命から一ヶ月ちょっとしか経過していない17年の12月5日だった。この段階で早くも工場経営に関する労働者統制の試みは後退し、それだけ企業活動に関する労働者による当事者主権は後退を余儀なくされたのである。

こうした後退は外部的な要因としては、官吏や経営技術者など旧体制勢力のサボタージュや逃亡、その後の内戦や干渉戦争による能力ある労働者の枯渇、それに食糧危機などをはじめとする経済危機があった。また内部的な要因としては、革命以前の急速なロシア経済の工業化に対して、経営を担っていけるだけの労働者の知識や熟練が形成されていなかったことがある。

結局は戦争や飢饉などを背景として崩壊の危機に直面したソヴェト経済が、労働者統制の拡大などによる生産現場での労働者主権の実現を追い求めるよりも、目先の経済危機からの脱却を優先せざるを得なかったということであろう。

労働者統制というスローガンから最高国民経済会議による統制という、いわば労働者統制から国家統制への転換が進められたのと平行して、工場経営のメカニズムも劇的に変化した。

革命当初の接収工場などでは、労働者によって選挙で選ばれた工場委員会や事務職員代表による経営管理が行われることも多かった。が、内戦と干渉戦争の拡大などもあって旧体制の専門家を登用し、ソヴェト経済のために働かせるケースがしだいに拡がってきた。こうした旧体制の経験者の登用は、赤軍などでも採用されたが企業でも同じであった。その場合の報酬は一般の労働者より格段に高いのがふつうだった。これも官吏の報酬を一般の労働者並みに抑えたパリ・コミューンの原則から逸脱したものであったが、ソヴェト経済崩壊の危機の前には否が応でもそうせざるを得なかったわけだ。やがて工場経営での労使共同責任制は、経営者による個人責任制に取って代わられた。企業経営の場面においても労働者主権はしだいに縮小・排除され、やがては実質的な経営から完全に排除されるに至る。

以上見てきたように、労働者による自己統制という本来の趣旨から後退したとはいえ、労働者統制そのものは国有化を意図したものではなかった。革命初期の〝懲罰的〟〝自然発生的〟な国有化は散発的にはあったものの、法令の上ですべての工業部門での国有化を打ち出したのは1918年6月28日の布告だった。そして所有権を国家に移転した上での工業と農業の実効ある全般的国家管理化は、もっとずっと後のことだった。しかし、労働者の自己統制を排除しての国家統制への一元化の延長線上では、もはや全般的国営化はすでに単なる経済政策の問題になっていたのである。

意志決定における当事者主権の形骸化は、なにも工業に限ったことではない。ソヴェト・ロシアで国有経済を補完するとされた農業におけるコルホーズ（協同組合的所有）でも事情は同じだった。

コルホーズではソフホーズなど国営農場とは違って、コルホーズ員による共同所有にもとづく共同経営と協同労働は、ほとんど内実を欠いていた。1935年に制定されて以来、30年以上にわたってコルホーズ活動を規制してきた『農業アルテリ模範定款』では、「アルテリは、労農政府機関の定めた農業生産計画と国家に対するアルテリの義務とを正確に遵守しつつ、計画にもとづいて、自己の集団経営を行う義務を負う。」と規定され、はじめから国家に従属したものとして位置づけられていた。（西村可明『現代社会主義における所有と意志決定』1986、岩波書店、一〇九頁）

具体的には生産計画においても国家によって行政的に割り当てを強制され、分配面でも生産物の7割は国家によって統制され、「3割自治」を余儀なくされていた。さらに人事面においてもコルホーズ議長人事は、党・国家機関に帰属していた。「したがってコルホーズ経営の基本問題における意志決定は、その大部分が党・国家の政治的・法律的・経済的強制力によって、……コルホーズ員から奪われ、党・国家に帰属しているといえよう。」（前掲書、一二二頁）個々の構成員による当事者主権は、農業でも奪われていたのが実態である。

〔8〕ロシアにおける客観的・主体的限界性

これまでマルクスによるパリ・コミューンの評価を基準に革命後のロシアを比較するという手法で、革命ロシアがいかに国家の揚棄とは対極の方向へと進んでいったかを見てきた。

なぜそうなってしまったのだろうか。こうした疑問への回答は、本来であればロシア革命とその後のロシアの歴史を全面的に総括した上でなければ引き出せない性格のものだろう。が、ここではこれまで見てきた範囲で、概括的な評価を示してみたい。

まず第一に、客観的な要因である。

もとより社会主義革命などという大変革は平穏な環境で起こることはまずないだろう。それは戦争や大規模な経済危機などを背景として起こるケースが大きいと考えられるからだ。それにしても革命ロシアを覆っていた障害はとてつもなく厳しいものだった。

その最大のものは、革命ロシアの建設という大きな課題を、帝国主義国に包囲された環境下で推し進めざるを得なかったことである。

ロシア革命は第一次世界大戦の末期に起こったものだったが、レーニンやボリシェビキが望んだような戦後のヨーロッパ革命は挫折し、革命ロシアの建設は結局はロシア単独で進めざるを得なかった。つい直前まで戦争を遂行していた帝国主義国に包囲されているという環境は、当然のことながら革命ロシアにとって大きな脅威だった。革命ロシアの政治的・経済的破綻は、即、帝国主義国と結びついた反革命の招来を意味するからだ。実際、帝国主義列強は革命政府を弱体化させるべく様々な干渉を繰り広げ、さらには軍事的な干渉の機もうかがっていた。そうした干渉は結局は戦争にいたるのだが、それも第一次世界大戦という戦時体制で、干渉戦争へのハードルが低かったからだ。

干渉戦争と、列強と結びついた反乱軍に対峙している限り、軍隊とそれを指揮する国家機能の縮小などは思いも及ばない。将来における〝国家の死滅〟（『国家と革命』）に言及していたレーニンも、内乱と干渉戦争の終結にいたるまで、軍隊と国家の強化に突き進む以外になかった。

同じようなことが国家主導の経済建設にも現れていた。いうまでもないことだが革命ロシアは戦争の中から生まれた。当然のこととして革命ロシアの建設は、戦争による直接的被害の他、労働力の多くを兵士として徴収せざるを得なかったことによる生産の落ち込みをはじめとする、破壊・疲弊した経済を土台として始めざるを得なかった。そうした破壊され疲弊した経済の立て直し、さらには列強に対抗していけるだけの経済力を早急に建設するためには、国家主導の経済復興方式をとらざるを得なかったといえるだろう。

第二は、主体的な要因である。

ロシア革命は西欧という当時の先進国ではなくて、その東方の辺境地で起こったものだった。革命前のロシアは、一方においては広大な農村が拡がる帝政下の農業国であり、他方では国土のヨーロッパ部で西欧資本を導入した近代的な労働集約型の巨大工場が集中していた。いまでいう後発工業国という段階にもあった。そうした社会で特徴的ともいえるものだが、国家官僚や経済官僚と農民という対極の階級関係が支配的だったこともあって、市民社会あるいは中間層が薄い社会構成になっており、識字率も高かった。こうした社会で生まれた革命ロシアの建設を担う人材には限りがあった。それが内戦や干渉戦争で多くの工業労働者やボリシェビキが戦死したりで、人材の枯渇は深刻だった。結局は赤軍の建設、あるいは経済再建のための経済官僚や企業の経営者に、旧社会の軍人・テクノクラート・企業経営者の登用を余儀なくされた。そうした人々はその特別待遇もあわせ、革命ロシアにおける新しい特権階級として増殖していった。

とはいっても主体的な要因は、革命ロシアの全般的な人材不足だけにあるのではない。革命ロシアの最先頭に立っていたボリシェビキや当のレーニン自身にもあったことは疑いない。

いうまでもなく、ソヴェト・ロシアで国家や官僚組織を肥大化させた最大の責任者はスターリンであるが、その遠因はレーニン自身にもある。ここではレーニン自身の関わりについてだけ考えてみたい。

ロシアにおける国家や官僚組織の肥大化につながるレーニンの関わりは、端的に言ってレーニン自身の集権的で国権的な社会主義理解、政治・国家指導者としてのプラグマチズム、それに自らの政治・国家リーダーとしての影響力の過信にある。

　レーニンの集権的社会主義理解についてはすでに本稿のあちこちで言及してきた。たとえばすでに引用した「ここでは、すべての市民が、武装した労働者である国家に雇われる勤務員に転化する。すべての市民が、一つの全人類的な国家的『シンジケート』の勤務員および労働者となる。」（『国家と革命』）という記述などである。この『国家と革命』などは、まだ理論的な領域での著作であり、たしかに「国家の死滅」についても言及している。理論家としてのレーニンにとっては、国家の死滅という公式的かつ長期的な課題については自明のことだったと思われる。そのレーニンにしてこうした集権的な社会主義理解である。レーニンが生きた時代には、未だマルクスの著作の全体が公表されていなかった事情もあり、当時のロシアの特殊実情を反映した限界性にとらわれざるを得なかったということだろう。

　しかし現実の革命ロシアのリーダーとしては、そうした理論以上に現実の危機からの脱出や革命ロシアの〝存続〟に軸足がおかれることになる。当然のこととして革命以後のレーニンにとって、革命ロシアの存続とそのためのボリシェビキ政権の強化という課題は最優先のものだった。たとえば階級や格差が存在する限りは、社会主義社会（生まれたばかりの共産主義）でも国家は存続する、という明らかにマルクスの思想とは違った主張を前面に出した記述も多くなる。現実の政治指導でも、分派を禁止した第10回党大会での態度や、農民に対する過酷な弾圧などにもその一端がかいま見える。

　こうした態度は単にレーニンの政治・国家指導者としてのプラグマチズムによるものとばかりいえない面がある。それはレーニン自身の、あるいはレーニンが生きたロシア社会の精神的土壌、具体的にはロシア法独特の法文化や思考様式にも遠因はある。

　その法文化については「レークス型（lex）」と「ユース型（jus）」に分類して区分けできるという説がある（注）。前者は支配者は法に拘束されない、後者は支配者も法に拘束されるというものだ。両者の違いは「人治主義」と「法治主義」の違いでもある。「独裁は、直接に暴力に立脚し、どんな法律にも拘束されない権力である」とするレーニンは、明らかに人治主義の「レックス型」だ。その人治主義がロシアでは人民に過酷な財産共同体を強要した。ゲルマン法の文化権ではないロシアにおいてなぜ財産共同体的な国有統制経済が成立したかという一つの要因がここにもあったということだろう。これがすべての原因ではないにしても、有力な要因の一つではあったと思われる。

（注）大江泰一郎『ロシア　社会主義・法文化』、志摩玲介

『共産主義運動年誌』「私的所有の揚棄とはなにか」一三三頁より重引。この小論は、レークス型とユース型、あるいはゲルマン法やローマ法の比較を含め、法文化の歴史的な推移をふまえた所有論を考察している。

最後に付け加える。

これも決して小さくない要因だと思われるが、レーニンによる自分自身の政治的影響力の過信である。

実際、ロシア革命の中で、レーニン自身が最終決定者として多くの判断を下してきた。他の指導者もそうしたレーニンの存在を見越して、あえて多少の極論を打ち上げたりした形跡もある。緊急避難的に変則的で強硬な方策を採用しても、状況が好転しさえすれば元の正常な状況に再転換できるという自信が、たぶんレーニン自身にもあったと思われる。たとえば１９２１年の第10回党大会での反対派の追放と分派の禁止などだ。

しかし、一つの決定が一人歩きをするケースはいくらでもある。自分自身の死後のような人治主義が通用しない時代に、そうした変則的で強硬な手段がどういう事態をもたらすかということについて、どれだけ配慮したかは推し量れない。が、レーニン晩年の官僚主義批判、スターリン批判の無力な実情が、その欠如を物語っているといえるのではないだろうか。

現代の私たちからみた場合、革命ロシアにおける過ちや逸脱はいくらでも指摘できる。しかしそうした指摘はたとえ正しくとも、それがそのまま私たちの教訓につながるともいえない。そうした過ちや逸脱が生じた客観的な背景や主体的な限界性をくみ取り、それらの克服策を内包した諸方策を発見することこそ、私たちの課題ではないだろうか。

第2章　アソシエーション社会は協同組合の連合社会

はじめに

数年前、「アソシエーション革命」の研究に取り組んでいた政治サークルの〈コム・ネット〉で、廣西元信の『左翼を説得する法』を取り上げた研究会が開催された。アソシエーション革命が注目されるのはもちろん理由がある。社会主義＝共産主義を巡る状況そのものが、既存の社会主義＝共産主義の見直しを求めているからである。

たとえば89年〜91年の東欧・ソ連の崩壊以後、雪崩を打つように「社会主義」の陣営が低迷・崩壊したのは歴史的事実である。社会党は社会民主党に衣替えし、その過程で国会では極少数勢力にまで後退した。共産党も規約や綱領改定などでも明らかなように、「正しい資本主義論」という社民化へ大きく梶を切った。大なり小なり「ソ連＝社会主義」という既成観念の影響下にあった日本で、ソ連の崩壊がそのまま日本の社会主義の思想や運動の崩壊につながった現実は真摯に受け止める必要がある。

「ソ連＝社会主義」の呪縛からある程度自由だった新左翼グループもこうした傾向から逃れることはできなかった。なかには「反帝国主義・反スターリニズム」「裏切られた労働者国家」「国家資本主義」等々、「ソ連＝社会主義」という、全般的な風潮に抵抗して独自の解釈を取ってきた勢力も無かったわけではない。しかし、そうした政治潮流にあっても、現実政治のなかで、自民党などの勢力と正面から対峙する状況はつくれなかった。それに止まらず、結局はソ連の崩壊が社会主義という思想や運動そのものの崩壊に波及する局面を打開することはできずに、ズルズルと退却戦を余儀なくされてきたのが実情だった。いま思い返してみれば、説得力のある未来社会像を提示し、それを見据えた戦略構想と運動を提起できなかったこと、このことが最大の弱点だったのではないだろうか。忸怩《じくじ》たる思いにとらわれずにはいられない。

こうした状況にあって社会主義を資本主義に取って代わりうる、あるいは必然的に行き着かざるをえないオルタナティヴとして現実政治の土俵に復権させようという試みや努力が、この10数年のあいだに台頭してきた。そうした努力や試みは、ささやかながら一部の研究者や政治グループによって一つの潮流として登場しつつあるのではないだろうか。ここで取り上げる廣西元信はその源流に位置する人である。

[1] 廣西元信説をヒントとして

ところで、「アソシエーション社会」とはどういう社会なのだろうか。

それを考えるために、ちょっとしたエピソードの紹介からはじめてみたい。

だいぶ昔の話になるが、私も関わっていたある政治グループの選挙があり、週刊誌が取材のためとして丸一日候補者に付き添って密着取材なるものをしていた。その時に記者による候補者へのインタビューがあった。たまたま(?)社会主義の話になり、次のような会話が交わされた。

記者「〇〇党の目標は何ですか」

候補者「もちろん社会主義を実現することです。」

記者「〇〇党の皆さんが考える社会主義とは具体的にはどういう社会なんですか」

候補者「それは…………、マルクスの本に書いてあるでしょ。」

このやりとりで候補者から発せられた最後の言葉は、いまでも鮮明に記憶している。自分たちが目標としている社会主義とはどういう社会かという、最も根本的な質問に、私自身も含めて自分自身の「言葉」で端的に説明できない現実、これが自分たちの現実であることを思い知らされた場面だった。

もう一つ。ある会合のなかでの討論の一コマだ。

私「失礼な質問だとは思うが、社会主義を一言で言えばどういう社会なのか、あくまで〝一言〟で聞かせてもらいたい」

参加者「階級のない社会」

同「搾取のない社会」

同「生産物が商品でなくなる社会」

同「労働力が商品にならない社会」

これらのやりとりはあくまで即興のものであって、だからどうこう言う問題ではない。返答も間違っているというものでもない。ただその質問の真意、はおしなべて社会主義というものを「現状の否定」として、すなわち「何々ではない」という「否定形」で考えられているのではないかという疑問から発したものだった。その時の私の発言は「資本家・経営者・労働者の役割をすべて労働者が担う社会」というものだったと記憶している。私の問題意識に繋がるこうした表現が的を得ているかどうかは、本章を読んでいただいて判断していただくしかない。が、少なくとも当時もいまも、社会主義＝共産主義についての「積極型」「肯定型」な規定がほとんど見あたらないのが実情ではなかっただろうか。その「積極型」「肯定型」な概念規定の重要さを教えてくれたのが廣西元信だった。

とはいえ、私が廣西を評価するのは、彼がアソシエーション革命の核心をついた重要なヒントを与えてくれたからであって、廣西になにかできあいの「解答」を見出したからではない。むしろ「解答」の発見は現代に生きる私たち自身の課題だと思う。確かに廣西によるマルクスの正当な解釈からの脱線をあげつらうことはできる。しかし運動圏にいる私たちにとって、特定の研究者の品定めをするのは本来の任務ではない。そうではなく、様々な論者から運動の発展に少しでも役立つヒントを見出し、それを実際の運動に生かすことこそ重要なのだと思う。こうしたスタンスから廣西説を一つの重要なヒントとしてアソシエーション革命について考えていきたい、というのがここでの私の基本的なスタンスである。

廣西説によるマルクス解釈の核心は、本人の言葉で言えば、次のようなものである。

マルクスの社会主義論は「太古のアジア的共同体では、共同体自身が所有主であって、共同体の成員は共同占有者であった。そこで、社会主義とは、この太古の共同体に逆転、復帰することです。」「（その）一歩手前の段階として、株主でない労働者が利潤取得の権利を持つようになること、いわゆる利潤分配制生産様式の一段階を設定したこと」（廣西元信『資本論の誤訳』1966年、青友社、「まえがき」、一七〜一八、二七三頁など）、このことがマルクスの真意なのだという。

こうしたマルクス理解は、数年後の著作では「資産家たちだけの平均利潤率の共通占有を、勤労者も含めての共通占有、つまり利潤分配制にする。そのことによって勤労者の個々人的所有を再建する。」（廣西元信『左翼を説得する法』1970年、全貌社、二頁など）と、若干視点が変わってくる。が、要するに廣西のマルクス説解釈の核心は、「社会主義＝利潤分配制」にある。

最初に廣西の社会主義論、革命論で、私が評価している観点をいくつか上げておきたい。

○「社会主義＝国有計画経済」論の全盛期に、国家所有とは連合生産者たちの共同所有の反対概念だと明言したこと。

○社会主義を政治革命からではなく、生産関係の変革から説明する立場を強調したこと。

○社会主義を分配原則からではなく、所有関係の変革の次元から説明したこと。

○「共同所有の三形態」（本章第3項参照）など、所有関係の内部に踏み込んで共産主義の具体像を浮かび上がらせたこと。

これらのことは本来は新しいことでも何でもなく、マルクス自身が言ってきたことであるとは、当の廣西の言葉である。しかし様々な要因によって、こうした発想からの社会主義像はこれまであまり語られてこなかったのではないだろうか。廣西説には些細なものとはいえない弱点もあるが、ただマルクス説の新しい解釈に――と言っても半世紀も前に――光を当てたことに対しては、評価しすぎることはないと思う。以下、これらの廣西説を検討することを通じて、アソシエーション革命の実相を考えていきたい。

〔2〕アソシエーション社会は「国有計画経済」ではない

これまでの社会主義のイメージといえば、おおむね生産手段の国家所有プラス計画経済だった。これに共産党による一党独裁体制を付け加える見解もある。ひとことで言えば国有計画経済、それが社会主義だと理解されてきた。こうした解釈は保守陣営のものだけではない。左翼党派も含めて、ほとんどの研究者、マスコミ、教科書でもそう解釈されてきた。

ここでは一例として、マルクス経済学事典としては権威があった大阪市立大学経済研究所編の『経済学事典』（1965年、岩波書店）を取り上げてみる。そこでは「社会主義」の項目の解説として「生産手段の社会的所有に立脚する社会」「生産手段は勤労者達の共同所有に属する」「国家的・全人民的所有」という記述がある。また「社会主義的国有化」の項目の説明では「社会主義的・国家的所有（全人民の財産）に移すこと」「国有化された企業・諸部門の範囲内では、社会主義的生産関係」になる、と記述されている。

これらを見れば明らかなように、生産手段の「全人民的所有」「労働者たちの共同所有」「国家的所有」が何の矛盾もなく同居している。結局は生産手段の社会的所有とは、現実のソ連がそうであったように、生産手段の国家的所有とイコールになってしまっている。

こうした理解の背景には、すでに見てきた『共産党宣言』での曖昧さや『反デューリング論』でのエンゲルスによる国有化論など複合的な要因があったと思われる。

廣西が強調するように、マルクスの社会主義論は生産手段の共同所有論であり、国家所有は共同所有の幻想形態、疎外された形態であって、実際には「共同形態的私的所有」でしかない。現実のソ連がそうであったように、国家所有、あるいは国有企業は、憲法でも建前上は全人民的所有とされている。が、実態は、個々の労働者の決定権が排除された排他的所有、すなわち国家・党官僚による排他的支配が貫かれたものでしかなかった。資本家による排他的所有が貫徹している資本制社会の変革によって生み出される社会が、別のかたちの、すなわち共同性の幻想形態であり疎外形態である国家所有だなどとはマルクスは言うはずもないし、事実としてそうした記述は一度もしていない、というのが廣西のマルクス解釈である。

しかも廣西のこうした見解は、ソ連崩壊後の最近の話ではなく、1960年代に示されたものであることも慧眼という以外にない。60年代といえばごく一部を除いてソ連が社会主義国であることに疑いを差し挟まず、しかもソ連の崩壊などは誰もが夢にも思わないという時代状況だった。そういう時点でソ連が社会主義でも何でもない、資本主義に到達さえしていない社会であり、いずれは資本主義に転換する、という洞察と見通しを語っていたのである。

その廣西は、マルクスの解釈として「利潤分配制社会」が完全な共産主義への通過点だとしているが、私は「協同組合型社会」こそがマルクスのいう「生まれたばかりの共産主義」だと思っている。以下そのあたりを考えてみたい。

先ほど『経済学事典』では、マルクスが言ってきた「生産手段の社会的所有」という意味が、共同所有とも全人民的所有とも国家的所有とも解釈され、それらを明確に概念づけされてこなかった事実を見てきた。とはいえ日本で社会主義とは生産手段の共同所有だとみなされてきたことも一面の事実である。ところが日本では生産手段の共同所有という理解が「社会実在説」を多用するエンゲルスや、その社会実在説を国家所有と同列に見なすレーニンの記述、あるいはソ連の現実を前提視する理解が制約になって、共同所有とはどういうものかということの理解を深める努力がおろそかにされてきた。

甲　機関所有

- 国家所有《ステートプロパティ》〔厳密には国有財産法により法定されたもの〕
- 公　　有
  - 国民的所有《ナショナルプロパティ》＝公社、公団
  - 市町村有
  - 社団、財団法人
- 共同所有
  - (1)**総　　有**〔共同体所有〕
  - (2)**合　　有**〔協同組合的所有〕
  - (3)民法上の**共　有**〔会社的所有〕

……→〔民法上の**共有**は、機関所有と個々人的所有とを矛盾的、弁証法的に連一したもの〕

乙　個人的所有 personlich

- 個々人的所有 individuell〔個々個人的な個人的所有〕
- 個別的所有 einzeln〔個別的な個人的所有〕

それ以前の問題として、廣西に言わせれば「社会」とは実在概念ではなく、関係概念、抽象概念である。「社会」は実態が無く、事務局もなく、だから所有の主体にはなりえない。所有の主体になれるのは個人か集団あるいは何らかの機関である。マルクスは「社会＝抽象物」（『経済学・哲学草稿』）説であることを思い起こしていただきたい。

こうした理解の前提になっているのは、次のような廣西の所有形態概念の把握である。

廣西は所有形態の区別として、機関所有と個人的所有を区別する。機関所有は国家所有（ステートプロパティ）、公有（国民的所有＝ナショナルプロパティ、市町村有、社団法人など）、共同所有に区別される。個人的所有（personlich）は個別的所有（einzeln）と個々人的所有（individuell）に区別される。その共同所有は総有（共同体的所有）、合有（協同組合的所有）、共有（会社的所有）に区別されるという。

これらについて廣西によれば次のような図表として表わしている（図表参照――注　廣西元信『マルクスを超克する法』1984年『季節』10号、六一頁より転載）。

すなわち逆から解釈すれば、個人的所有というのは個別的所有と個々人的所有の総称概念である。また機関所有は国家的所有と公有と共同所有の総称概念であり、共同所有とは総有、合有、共有の総称概念だということになる。廣西はその共同所有の一つの例証として民法の共同所有の三形態を取り上げているので、その土俵で共同所有の問題を考えてみたい。

[3] キーワードは「共同所有の三形態」

日本のマルクス研究家や左翼陣営のほとんどは、共同所有の内実について深く追求してきたとは思えない。たとえばそうした人たちが自分たちの目標を主張する場面で、あるいは現実政治の攻防戦でよく「社会主義の実現」を訴えてきた。ところが現実政治のなかでの攻防戦は、多くの場合もっと具体的な次元での攻防がおこなわれているのが普通である。たとえば最近の現実政治の争点で考えれば、住宅金融公庫や道路公団や郵政などの民営化問題もそうだ。そこで争われたのはどういう経営形態が望ましいかというレベルでの議論であり、その攻防戦に「主義」を対置しても、説得力のあるかみ合った論陣は張れない。現実政治のなかで社会主義の立場からの具体的な形態も含めた論陣を張ることなしに、社会主義が多くの人に受け入れられることはないだろうし、実際にそうだった。

廣西は民法上の共同所有に着目する。民法の規定を素材としてマルクスの共同所有論の内実に迫るという手法である。マルクスの共同所有論は言うまでもなく本質論的あるいは実態論的なものであって法的・権利概念ではない。が、こうした法的レベルでの整理という手法もその限界をふまえてさえいれば、共同所有概念をより現実的に把握するための有効な手法だと思う。

現行民法では所有権の前に「占有」に関する条文があるが、その前に「共同所有」から入っていきたい。

民法上では「一個のものを多人数が共同で所有する場合」これを共同所有という。この共同所有について、民法に法文として規定されているのは「共有」だけである。しかし現実の法律実務や訴訟の場面では法律解釈上「共同所有の三形態」が確立している。いわゆる「総有」「合有」「共有」である。

民法で唯一規定されている「共有」は、個人主義的な共同所有形態であり、多人数の主体には何ら団体的統制はない。各自は量的に分割された一個の所有権（持ち分）を有し、持ち分の処分も目的物の分割も自由であり、ただ客体が一個である点に制約されるのみである。現代の株式会社もこの「共有」の一形態といえる。「総有」は団体主義的性格が強く、目的物の管理・処分権は団体に属している。各人には自由に処分しうる「持ち分」がなく、ただ目的物の使用・収益をなしうるにすぎない。具体的には「入会地」やマンションの階段などが想定されている。「合有」は「共有」と「総有」の中間的な形態であって、共同所有者は一個の物に持ち分を有するが、ある程度共同目的のために団体的統制を受ける。共同の目的が終了するまでは、持ち分を自由に処分し得ず、また目的物の分割を請求することもできない。民法上の組合財産・共同相続財産、マンションの修理積立金などがこれに属する。

以上のように、共同所有の三形態は持ち分、分割請求権、持ち分の譲渡、脱退時の払い戻しなどで異なる性格を持っているわけだ。

現実の資本主義社会の中でも共同所有が存在し、またその共同所有も民法上で三形態に区別して運用されているという事実は、それだけ現実社会のなかでも共同所有が多様な形態で存在していることを教えているわけだ。ということは単に「共同所有」といっただけではそれが三形態のどれに当てはまるのか、あるいはそれらが社会主義の内実やその発展過程で持つ意味合いをどう受け止めればいいのか、という明確な観念は持ちようがない。現実社会と同じように、多くの場合、共同所有の三形態をごちゃ混ぜにして理解するぐらいが関の山だろう。

実はこうした共同所有の三形態は、アソシエーション革命とはなにかを考えるうえで中軸の位置を占めている。実際、マルクスもアジア的形態からギリシャ・ローマ的形態、ゲルマン的形態という共同体の三類型の分析を通じて、共同所有のより具体的な形態に言及し、晩年に至るまでこの問題に関心を払い続けた。なぜなら、そこに資本制社会から社会主義への変革の回路を見いだしていたからである。

[4] キーポイントは共産主義の段階的把握

上記のような廣西によるマルクス解釈をヒントとして、マルクスのいくつかの著作から、アソシエーション社会とはどういう社会か、について考えてみたい。

先にも触れたが、マルクスは三つに類型化された共同体の基本形態と、そこから生まれ出た二次的形態を区別している。それに対応するかのように、資本主義から「生まれたばかりの共産主義」と「それ自身の土台の上に発展した共産主義社会」を明確に区別している。いわば共産主義の発展を段階的に理解していたということである。

当初の廣西説では、マルクスは共同体が所有者でその成員は占有者だった、という共産主義社会を類推させるアジア的形態に到達する前段階として、すでに階級体制が生まれていた社会の基礎になっている矛盾的社会、制約社会としての古代的、ゲルマン的共同体を過渡的段階として想定されていた。そうしたマルクスの見通しを読み取れる記述が『経済学・哲学草稿』にある。

「自己疎外の揚棄は自己疎外と同一の道程をたどっていく。」(岩波文庫版、一二六頁)

これは『草稿』の第三草稿の[2]「私的所有と共産主義」のなかの言葉である。『経済学・哲学手稿』は、「疎外された労働」の分析で有名だが、実は共産主義の段階規定に関する重要な記述もなされている。この記述も段階規定に関する重要な示唆に富んだ記述だと受け止めるべきだと思う。ではこの記述はいったいどういう意味を持っているのだろうか。

それは、人類が生産手段から切り離され、そのことで生産物からも労働過程からも疎外されてきた過程は段階的な道程をたどってきた。それと同じように、人間が生産手段との本源的な結びつきを取り戻して再び人間的本質を回復する過程は、逆方向ではあるが段階的な道程をたどる、というものだと読み取れる。いわば人類史の段階的な発展観である。なぜそういうように読み取れるのか。それは次のような記述からも伺える。

上記の引用文の後にはプルードンやフーリエ、サン・シモンなどの主張が風刺的に取り上げられていて、マルクスは彼らの主張を主観的で一面的なものとして、すなわち「粗野な共産主義」として批判している。そして次のような記述が続く。

「共産主義は揚棄された私的所有の積極的表現であるが、さしあたりは普遍的な私的所有である。」

「……共産主義は、(1)その最初の形態においては、私的所有の普遍化と完成であるに過ぎず、」

「……この共産主義は、私的所有として万人に占有されえないあらゆるものを否定しようとする。それは暴力的なやり方で、才能等々を無視しようとする。」

「……労働者(の仕事)は揚棄されないで、万人の上に拡大される。私的所有の関係は、物的世界に対する共同体の関係としてそのまま残っている。」

「共同体はただ労働の共同体であるにすぎず、また共同体的資本、すなわち普遍的な資本家としての共同体が、支払う給料の平等に過ぎない。」(前掲書、一二七~一二八頁)

ここで引用した文章は義人同盟のヴァイトリングが唱えたような財貨共同体論など、いわゆる「粗野な共産主義」に対する痛烈な批判である。が、なぜこの引用文が一つの段階、一つの通過点を思い起こさせる文章として読み取れるのだろうか。それは、ほぼ30年後のマルクスの著作である『ゴータ綱領批判』のなかに「生まれたばかりの共産主義」、すなわち共産主義のいわゆる〝低次の段階〟を説明する場面でマルクスが次のように記述しているからである。そこでは1844年頃のこの研究ノートでマルクスが「粗野な共産主義」としてスケッチしているのとほとんど同じ趣旨の記述が、たとえそれが制約的なものとしてではあれ、そうしたものにならざるを得ないだろうと、肯定的に再現されているからである。

『ゴータ綱領批判』では次のような記述がある。

「(生まれたばかりの共産主義社会では)あらゆる点で、経済的にも道徳的にも精神的にも、それが生まれてきた母体たる旧社会の母斑をまだおびている。」

「平等な権利は、ここではまだやはり原則上、ブルジョア的権利である。」

「この不平等な権利は、不平等な労働にとっては、不平等な権利である。誰でも他の人々と同じく労働者であるに過ぎないから、この権利は何の階級差別をも認めない。」

「不平等な個人の天分と、したがってまた不平等な給付能力を、生まれながらの特権として暗黙のうちに承認している。」

「人はただ労働者としてだけ観察され、彼らのそれ以外の点はみとめられず、他のことは一切無視される。さらに、ある労働者は結婚しており、他の労働者は結婚していないとか、ある者は他の者より子供が多い、等々。だから、労働者の出来高は平等であり、したがって社会的消費元本に対する持分は平等であっても、ある者は他の者より事実上多くうけとり、ある者は他の者より富んでいる、等々。すべてこういう欠陥を避けるためには、権利は平等ではなく、不平等でなければならないだろう。」

(国民文庫版、四三~四五頁)

ちょっと引用が続いたが、こうした記述をどう解釈すればいいのだろうか。

[5] 通過点としての協同組合の連合社会

マルクスは高度に発展した共産主義への通過点として「生まれたばかりの共産主義」あるいは「粗野な共産主義」という「過渡的社会」を想定しているのである。この「過渡的社会」は資本主義的矛盾を解決した社会であると同時に、まだ矛盾的・制約的社会である。

つまり資本主義的株式会社を協同組合的生産様式に変革することによって企業の内部的性格を共同占有にする、また社会の全体構成についてもそうした協同組合的団体の連合した社会とすることによって全生産諸手段を勤労者の共同占有にし、勤労者の個人的所有を再建する、これが「生まれたばかりの共産主義」、言い換えれば共産主義の低い段階のことだということである。

資本主義的生産では資本所有、経営、労働がそれぞれ分裂した階級によって担われていた。それを解決した社会もまだ矛盾を完全な解決した社会ではない。いわば矛盾をはらむ社会である。それは「所有を止揚しないで所有を普遍化する。」「所有を万人のうえに拡大する。」このことは収奪者が収奪されることによって資本家や地主がいなくなること、それらにかわって社会の全員が所有者となる社会である。言い換えれば、所有と経営と労働という機能を労働者（生産者）が一体的に体現するということでもある。

これらを一言で言えば、生まれたばかりの共産主義社会とは、協同組合原理[注1]、すなわち所有・経営・労働を一身に労働者（生産者）が、担う社会システムだといえるだろう[注2]。

（注1）協同組合原理とは、以下のようなものをいう。（イ）「所有」「経営」「労働」の一体化、（ロ）労働に応じた分配、（ハ）一人1票制による民主的運営、（ニ）協同原理の普及など。

国際協同組合同盟（ICA）、スペインのモンドラゴン協同組合複合体、産業共同所有運動（ICOM）、日本労働者協同組合連合会の規約、設立宣言などから抽出）。

（注2）マルクスは内部性格としては資本と労働の対立を「積極的に」揚棄している協同組合を高く評価していた。ただし評価したのは協同組合の内部性格であって、その拡大を通じた社会変革については「社会の全般的変化」、あるいは「労働者の政治権力の獲得」を不可欠の契機としている（マルクス『個々の問題についての暫定中央評議会代議員への指示』全集第16巻、一九四頁）。

これまでみてきたように、マルクスは資本制社会に取って代わる社会について、資本制社会の母班を帯びた未だ制約的な協同組合型社会と、それ自体から成長した制約的要素を克服したより高度の共産主義を、原理的・概念的に区別していたわけである。なぜマルクスはこうした共産主義の段階的な理解にこだわってきたのだろうか。その理由は単なるユートピアではない共産主義の現実性、実現可能性を訴えたかったからである。そしてその実現可能な協同組合型社会で残らざるを得ない制約の根拠として、マルクスは次のように言っている。

「物的な所有の支配があまりに大きく……立ちはだかっ

ているので、」(『経済学・哲学草稿』岩波文庫版、一二七頁)「権利は、社会の経済的構成及びそれによって制約される文化の発展よりも高度であることは、決してできない。」(『ゴータ綱領批判』国民文庫版、四五頁)。

こうした記述からも、マルクスにとって共産主義の段階的発展観は、社会システムの大変革という事実だけでは飛び越えることが出来ない、必然的な経路だと認識されていたことが分かる。

ここで先ほどのマルクスの記述を思い起こしてみたい。「自己疎外の揚棄は自己疎外と同一の道程をたどっていく。」

これまで検討してきたことから明らかなとおり、こうした記述はマルクスによる人類史の発展過程の認識に由来していることが理解できるだろう。それは太古の共同体の解体過程をはじめとして、幾重にも重なった歴史段階を経て現在の資本制社会に到達したのと同じように、資本制社会が変革されてより高度な形態での協同社会が生まれ出る過程でも、それぞれ段階を踏んで発展していく以外にない、という歴史認識である。

とはいっても、様々な制約を免れない協同組合型社会として生まれ出ざるを得ないとしても、その「生まれたばかりの共産主義」は、資本制社会に対しては天地の差にも勝る人類史の大発展として位置づけられるだろう。一言でいえば、そのことで数千年にわたった人類の諸階級への分裂と抗争の歴史に幕を閉じ、高度に発展した経済力と地球規模の人類のつながりという基盤の上で、再び協同原理に基づく人々の営為が始められる、ということである。このことの意義はどれだけ強調してもし過ぎることはないだろう。

しかも私たちが生きる21世紀の現代は、マルクスが生きた19世紀という資本制社会の勃興期に比べて、経済力や人々の交流ははるかに発展し、また拡がっている。だからマルクスが想定せざるを得なかった「生まれたばかりの共産主義」社会が余儀なくされる諸制約は、いまでは当時と比べてかなり限られたものになり、そこから抜け出すのもまた容易になると思われる。

以下、このことの確認に上に立って先に進むことにしたい。

[6] 実現可能なアソシエーション社会

マルクスは、未来社会で打ち立てられるであろう共産主義社会を、かつての共同体社会がより高次元のものとして復活するものだと理解していた。その復活すべき共同体というのは、様々な制約のなかにあっても「人間形成が生産の目的」だった古代的観念のほうが、「富が生産の目的」である近代世界に比べて遙かに高尚であるという洞察に基づいている。(注)

（注）「そこで、いかに偏狭な民族的、宗教的、政治的規定を受けていようとも、人間がつねに生産の目的として現れている古代の考え方は、生産が人間の目的として現れ、富が生産の目的として現れている近代世界に対比すれば、はるかに高尚なものであるように思われるのである。……だからこそ、一方では、幼稚な古代世界がより高いものとして現れるのである。」『資本制に先行する諸形態』資本論草稿集Ⅱ、一三七頁）

これは資本制社会に代表される階級社会に対する、太古の協同社会の優位性を承認する歴史観に由来したものといえる。そうした太古の共同体がいくつかの社会構成体を経過することによって、やがては狭い種族的共同体の制約を突破して、類的人間としての本性を実現した社会を生み出す、という人類の発展観に繋がっているわけだ。(注)

（注）マルクスは経済的社会構成体の発展過程として「アジア的、古代的、封建的、及び近代ブルジョア的生産様式」をあげている（『経済学批判』岩波文庫版、一四頁）。

それによれば、人類史の長い黎明期の後、遊牧・移動生活を営む自然発生的種族共同体がはじめて定住生活に入って形成された太古のアジア的共同体では、共同体が所有者であり個々の構成員は無所有の占有者で、共同体内部は相互互恵・相互扶助の実質的平等社会であった。しかしそれはあくまで共同体内部の原理であり、それは地域的に限定された閉ざされたものでしかなかった。しかもその相互互恵で相互扶助的な社会は、反面では宗教的風習など様々な制約に縛られた社会でもあった。そうした制約を突破した普遍的かつ全人類的な共同性の確立した社会としてのアソシエーション社会は、こうした個々の共同体から直接生まれることはできず、一旦は共同体の諸階級への分裂、商品生産社会、資本による生産力の発展や世界的市場の形成を経過しなければならなかった。その資本主義はアソシエーション社会の物質的な基盤を形成したが、資本主義社会のなかで深く組み込まれた弱肉強食の〝競争原理〟や〝利己的精神〟は、革命が実現しただけではすぐには克服できない。それは無階級ではあるが〝形式平等社会〟、〝矛盾的・制約社会〟を通過点として、「それ自体の成長から生まれた社会」に発展することではじめて実現するものだと理解されていたといえる。

こうしたマルクスの人類史の発展観、言い換えれば共同体の高次復活の道筋を記述したものが、先ほどの「自己疎外の揚棄は」というマルクスの記述の意味だと考えることが出来るだろう。

さて、ここで話を『経済学・哲学草稿』に戻すことにする。

この『草稿』とそれから30年ほど後に書かれた『ゴータ綱領批判』の記述がほぼ同じ記述になっていることをどう理解したらいいのだろうか、という問題である。

それは『草稿』での「粗野な共産主義」批判の部分は、二重の意味を持っていると読み取れるということである。すなわち、「粗野な共産主義」は思想としても「粗野」である。が、その思想は「生まれたばかりの共産主義」そのものが社会システムとしても人々の仕事が「労働」という性格から脱することのできないという限界を抱えた不完全な社会であることから免れないことを反映したものだ、という理解である。別の見方をすれば、マルクス以前の「粗野な共産主義論」は、マルクスの「完成された共産主義論」からみれば一端はくぐり抜けなければならない通過点だった、という見立てでもある。だから「粗野な共産主義」という規定は、思想の領域でも社会制度としても、完成された共産主義が生まれるための不可欠の通過点としての意義を持っている、ということである。

といっても、社会システムとしての「生まれたばかりの共産主義」が、「粗野な共産主義論」が主張している特徴をそのまま内包しているというものではない。その点については マルクスが厳しく批判しているとおりである。ただしそうした社会は一定の制約を受けたものとしてしか生まれようがない、ということを言っているだけである。

「自己疎外の揚棄は……」という上記の引用文は、廣西をして社会主義とは古ゲルマン人の共同体への復帰だとする根拠にもなっているわけだが、実際そう読み取れる記述もある。『ゴータ綱領批判』で消費原本に対する「持分」や「形式平等」について言及している部分などだ（『ゴータ綱領批判』国民文庫版、四三〜四四頁）。これはマルクスが『先行する諸形態』で語っている古ゲルマン人の共同体の編成原理と通底するものだからである。

ところで、マルクス研究者の間でさえ、マルクスには社会主義のポジティブな説明がないとされてきた。社会主義とはこういう社会ですよ、というまとまった記述は確かにない。なぜそうしなかったのだろうか。

マルクス以前のいわゆる空想的社会主義者たちは、まだどこにも存在したことのないユートピアを詳細に描いて見せたのにとどまらず、イギリス本土やアメリカ大陸などに理想郷を出現させることで、自分たちの思想の現実性をアピールしようとした。

これに対してマルクスの採用したスタイルは、あの『資本論』が〝経済学批判〟として書かれたように、既存の社会や学説への批判として提出されたものだった。だからマルクスの共産主義論というのは、確かに多くの場合否定形の形で記述されたものが多いのはやむを得ない。

そうしたマルクスにとって、なにかまとまったプランや構想を提起することには最初から関心がなかったのは当然だった。というのは、マルクスが生きてきた時代の社会主義者にとって、目標としての何らかのアソシエーション社会は常識だった。(注) だからそうしたアソシエーション社会像にまた一つ付け加えるだけの手法からの決別そのものが、マルクスの独自性の発露でもあったわけだ。

(注) たとえばアンファンタン——普遍的アソシアシオン(個別アソシエーションの拡大)、ビュッシェ——労働者アソシアシオン(カトリック＝協同組織)、ルイ・ブラン——社会作業場、プルードン——漸進的アソシアシオン・労働者アソシエーション等々である(『資料　フランス初期社会主義』平凡社——二月革命とその思想)。

そのマルクスの関心は、歴史の発展のまっただ中に新たな社会とその変革の諸契機を探る、というところに向けられていた。だからマルクスにとって、アソシエーション社会の具体像を詳細に示すことよりも、その必然性を歴史のなかから検証することに関心があった。

しかしだからといってマルクスの社会主義論でポジティブな記述がまったく無いわけではない。上記の著作などの記述でも、それは充分ポジティブものとして語られている。しかもこの二つの文献が書かれた時期を考えれば、初期の頃から晩年に至るまで、トータルな把握では驚くほど一貫した認識を持っていたといえる。「生まれたばかりの共産主義」社会の編成原理やその制約的な面も含めてである。

ここまでマルクスによる共産主義の段階的把握についてみてきた。私がなぜ段階的認識にこだわるのかと言えば、そうした理解こそが協同組合の連合社会としてのアソシエーション社会——生まれたばかりの共産主義社会——の実現可能性、あるいはそうした社会の歴史的成果や諸課題を鮮明に提起するものになっていると思われるからである。他面ではこうした段階的把握は、協同組合の連合社会が、果たして本当に私的所有や商品生産社会を克服できるかどうかという疑念にも応えるものになっていると思われるからである。

たとえばソ連崩壊の際にも多く語られた疑問だ。いまではソ連などいわゆる現存社会主義といわれた国有・計画経済において階級の揚棄はいうに及ばず、商品生産もなくせず、結局は市場資本主義の復活に至ったのははっきりしている。それらの経緯などから、私的所有や商品経済の揚棄など不可能だ、という認識が広く浸透している状況にある。またこれらの疑念は、今なお社会主義の立場を捨てていない多くの論者にも見られることである。いわゆる市場社会主義論である。

私としては、それらの見解に対して、協同組合の連合社会では商品も市場も、あるいは貨幣経済そのものを揚棄できると考えている。もちろんその場合にはその可能性・現実性をどこに求めるかが問われてくる。この課題については、第3章で検討してみたい。

[7] 〝占有補助者〟が占有者になる

3項の「共同所有の三形態」のところで『占有』の問題についてては後まわしにしてきた。ここでこの問題に立ち返りたい。それは所有概念と占有概念を明確に区別すること、そして所有概念より占有概念を上位概念として重視することと、これが未来のアソシエーション社会を考える上で重要なキーワードになっていると考えるからである。

廣西は占有概念を重視する。所有権優位の社会から占有権優位の社会に変革すること、廣西はこれが社会主義だという。さらに廣西は占有補助者という概念の重要性に着目する。この両方を含めて占有概念のない社会主義論は支配階級にとって「無害」だ——ということは労働者階級にとっても無益である——とさえいう。

廣西は、マルクスはゲルマン法の影響が強く、それに対してマルクスの論敵のプルードンは一貫してローマ法の観点に立っていた、と見立てる。ゲルマン法は、土地などの対象物件に対して多重的な所有権を設定するなど所有関係では重層的な考え方に立っている。それに対してローマ法は「一物一権」という「所有権」がより明確なものだといわれる。日本の民法は一般的にはローマ法を中心として、一部ゲルマン法の考え方を組み入れてできあがったとされているが、その民法上の概念として占有、あるいは占有補助という概念がある。

民法上の占有権は「われわれが外界の物質を支配しているという事実（占有）は事実上の社会秩序をなすもの（注1）」であり、また「占有権は、人がものに対して有する現実の支配を基礎とする事実上の関係にもとづいて生ずる権利である。(注2)」とされ、条文では「自己のためにする意志を持って物を所持する」こと（第180条）とされている。もっと具体的にいうと、「占有は、所持という客観的要素と占有意志すなわち自己のためにする意志という主観的要素との二つの要素から成立する。」ついでに付け加えれば、他人の手代として占有を補助するに過ぎないときは、その人は占有補助者といい、これは占有者ではない。

（注1）明石三郎『増訂民法要説』、八六頁。
（注2）若原紀代子『民法概説』、九七頁。

これを資本主義的企業内の関係で見ると、企業の所有者は株主で、実際に企業内で占有権を持っているのは株主の代理権を持っている経営者ということになり、また実際に仕事をする労働者は占有補助者ということになるだろう。マルクス流に言えば、潜在的占有者のことである。

廣西が占有権優位の社会が社会主義だとしている事はすでに触れた。このことはマルクスが生きた当時のフランスなどの社会主義者にとって、「資本のアソシエーション」「お金のアソシエーション」に対置するものとして、他の何らかのアソシエーション、たとえば「人間のアソシエーション」「労働者のアソシエーション」を対置することが当然視されていたことを背景としている。ここで占有権優位の社会をめざすという観点がマルクスの著作にも伺えることを示すために、関連するマルクスの文章から一つだけ取り上げてみたい。

（ホ）協同組合がふつうの中間的株式会社（**societes par actions**）に堕落するのを防ぐため、協同組合に働くすべての労働者は、株主であってもなくても、平等の分けまえを受け取らなければならない。たんに一時的な便法として、低い率の利子を株主に支払うことには、われわれも同意する（『個々の問題についての暫定中央評議会代議員への指示』、全集第16巻、一九四頁）。

この文章からマルクスが協同組合型社会でも、労働者ではない株主や、株主に対する利子・配当を容認していると解釈をする論者もいるが、そうした解釈は間違っている。そうではなく、一部は協同組合員以外からの出資金も想定しているかもしれないが、主要には協同組合のなかの出資に加わっている組合員に対する配当のことをいっているのである。というのは、協同組合の原則は組合員は出資者でもありまた労働者でもあるのが原則だからだ。実際、文章上もそうなっている。

また利子について「一時的な便法」とか「低い」とかいっ

ているのは、「利子や配当を容認している」ことに真意があるのではなくて、「所有権に基づく見返りとしての利子」を縮小あるいは否定する、というのが真意なのである。なぜならマルクスも所有権を否定あるいは縮小するとの立場に立っていて、それに変わる原理として協同組合員は占有者として、すなわち協同組合員としての地位に基づいて「労働の対価」を受け取れるようにする、との立場に立っているからである。このことはたとえば『ゴータ綱領批判』の記述を見ても明らかだろう。

付け加えれば、利子については協同組合型社会が実現される前の、資本主義企業の間で部分的に存在している場合であっても、この原理は同じ性格を持っている。資本主義時代の協同組合であっても、また協同組合型社会が実現された社会であっても、所有権に対する配当としての利子は制限、あるいは縮小し、やがては無くさなければならないという原理は同じだからである。協同組合原理そのものが、資本制原理とは取得様式が違うわけだから、マルクスはそれを念頭に「指示」を出しているだけの話なのだ。

話をさらに進めたい。

すでに触れたことでもあるが、「他人の手代として占有を補助する」に過ぎない占有補助者を、「自己のためにする意志を持って物を所持する」占有者に格上げする、このことがアソシエーション革命である。別の言い方をすれば、賃金奴隷として命令労働に服する労働者が、その工場・職場の占有者となり、その工場・職場を運営する主体になることがアソシエーション革命なのである。

そしてこの占有補助者という概念はプルードンにはあるが、ローマ法をよく知らないマルクスにはない、労働者はマルクスにあっては労働力の占有者だから、というのが廣西の理解である。しかしそれは廣西の誤解である。マルクスにも産業と商業の発展につれてローマ法の諸原則が取り入れられていったという、私法（民法）が私的所有の発展と歩調を合わせていった経緯について記述もしているとおり、ローマ法の概念を知らないということはない（『ドイツ・イデオロギー』、岩波文庫、九四～九五頁）。

また「労働者の活動は、彼の自己活動ではないのである。労働者の労働は他人に属しており、それは労働者自身の喪失なのである。」という記述からも読み取れるように実質的にはプルードンと変わらない（『経済学・哲学草稿』、岩波文庫、九二頁）。

それはともかく、廣西が「所有」という土俵上だけではなくて、占有概念や占有補助概念から社会主義を展望したことも、当時としてはきわめて斬新な視点だといえるのではないだろうか。占有補助者を占有者に格上げする、これがアソシエーション革命の中心的な内容であるという廣西の説明は、だいぶ古い話になるが、かつての向坂社会主義協会の「職場の主人公」論以上に、課題を鮮明に提起するものになっている。私たちの戦略形成に結びつく視点として生かしていくべきだろう。

〔8〕所有権の社会から占有権・労働権の社会へ

占有概念や占有補助概念を取り入れたこととあわせ、廣西説のキーワードとして「個々人的（Individuum）所有を満開にする」というものがある。これは資本主義社会での株式会社が、株主の間では個々人的共同所有形態の所有を発展させてきたことの上に立って、その個々人的所有を労働者まで拡大することが社会主義である、とするものだ。これは有名な『資本論』の「個々人的所有の再建」に関連するものであり、廣西にとっては〝利潤分配制〟の社会にするということでもある。

では「個々人的所有」とはどういうものか。これは現在の高度に発展した資本制社会のなかで個々人的所有はいかにして可能になるかという、重要な問いにもかかわっている。

現在の資本制社会は、大規模な装置産業にしてもコンピューター・ネットワークにしても、生産者が個々人で生産手段を所有するというのは、イメージしがたいものがある。あるいはそれらを生産者個々人が所有するというのは所有形態上はあり得ない。だから本来は形態を示す言葉である個々人的所有というのは、それにとどまらない性格規定としての意味も含んでいると理解すべきだろう。

たとえば「個々人（Individuum）」というのは社会に対比した、社会の中の個人という意味で、平田清明はこの言葉だけで共同体とその構成員を連想させる言葉だという。平たく言えば「長男」という呼称が、もうその言葉だけで「家族」を連想させる、「家族」の中の位置を示す言葉になっているのと同じ意味合いである。いわば「共同体を構成する個々の構成員」という意味を表す言葉である（平田清明『市民社会と社会主義』、一三五頁）。

少し哲学めいた記述だが、マルクスはこのあたりの事情について次のように記述している。「あらゆる従来の占有の場合には一群の諸個人がただ一つだけの生産用具のもとへ隷属させられたままであったが、プロレタリアートの占有の場合には一群の生産用具が各個人のもとへ隷属させられ、そして所有は万人のもとへ隷属させられねばならない。現在的普遍的交通は万人のもとへ隷属させられることによってしか諸個人のもとへ隷属させられることはできない。……団結した諸個人による全生産手段の占有とともに私的所有は止む。」(『ドイツ・イデオロギー』全集第3巻、六四頁)。これらの記述を読み取れば、「個々人的所有」という概念は、構成員全体による占有を実現することで生まれる、生産手段と個々人の直接的結合関係を言いあらわしていると理解できるだろう。

廣西に言わせれば、こうした個々人的所有を実現した社会が社会主義であり、それは「〝利潤〟分配制社会」ともいえる社会であり、労働者を含む全員が生産果実を取得している社会だという。

しかし私としてはマルクスが言う「全生産手段の共同占有にもとづく個々人的所有の再建」とは、「労働者全体が生産手段を占有しているという事実上の関係を土台とした、個々人による〝生産果実〟分配制社会」だと理解している。〝利潤〟は不変資本(工場や原料など)プラス可変資本(労賃)に対する資本家の取り分に該当するもので、〝生産果実〟は不変資本に対する労賃プラス利潤である。〝利潤〟と〝生産果実〟は、概念上も似て非なるものなのだ。

分かりやすく言えば、労働者階級が資本家や経営者を「収奪」して協同組合型社会を創り上げ、労働者にとって個々の協同組合や労働者会社は自分たちのものだ、という占有状態を創り上げることである。そこでは労働者は自分が協同組合型社会のメンバーだという資格を得て、その権利関係のなかで仕事をしたり職場を移ったり、分配を受けたりできる、そういう社会でもある。

ここで4項で見てきたマルクスの共産主義の段階規定を思い起こしてみよう。

『経済学・哲学草稿』での「私的所有の関係は、物的世界に対する共同体の関係としてそのまま残っている。」という記述、あるいは『ゴータ綱領批判』での「人はただ労働者としてだけ観察され、彼らのそれ以外の点はみとめられず、他のことは一切無視される。」という記述だ。

マルクスにとって共産主義のいわゆる高度な段階では、人々はすでに労働や生産手段から自由になっている。が、まだ〝生まれたばかりの共産主義〟では、人々はいまだ労働や生産手段から自由ではあり得ない。そこでは確かに物的世界、すなわち生産手段や労働に縛られてはいるものの、すでに階級差別や搾取はなくなり、人々は協同組合の成員として労働時間に応じて同等の配分を受ける権利を獲得しているのである。かつての古ゲルマン人の共同体での「持分」という権利関係は、ここでは「資格」という権利関係に変質しているともいえる。

これらのことも占有概念を重視すること、アソシエーションが所有優位の社会から占有優位の社会への転換であるという廣西説と共通するものである。同時にそれはマルクスが共同体の研究のなかから探ってきた、生産者と生産手段との結びつきのあり方や生産果実の取得のあり方などの様式とも共通のものであろう。


これを別の観点から見てみる。

所有権の効力を押さえて占有権の比重を拡大するという考え方は、現行の民法のなかにもある。たとえば「用益物権」がそれにあたる。これは「自己の所有に属さないものを直接・排他的に使用・就役することのできる制限物権」のことで、民法上は地上権・永小作権・地役権・入会権などをさす。これを建築物や動産にも拡大すれば所有権を眠り込ませて占有権の支配を確立する道筋も開ける。だから資本家や経営者の所有権、占有権に対して、労働者の用益物権を対置する、こうした対抗戦略は「収奪者を収奪する」過渡的方策の一つになり得るだろう。

このことを具体的なイメージで考えてみれば、次のようなことになるだろう。わかりやすい例で小作権のことを考えてみたい。


小作人は、地代として地主に年貢や借地料を納めている。これを永年にわたる耕作者の権利の主張として年貢や借地料を次第に値切り、やがては無料にしてしまう。所有者は地主ではあるが、地主の所有権からは幾ばくかの地代も発生しなくなる。そうなれば地主の所有権は有名無実になり、全く形式的なものになってしまう。この過程は小作人の団結による交渉によってか、地主の土地を問答無用に剥奪してしまうか、様々なケースがあり得る。

この場合でも重要なことは、小作人はあくまで耕作者としての地位と権利、いわば占有権によって耕作の成果を我がものにする、というところにある。土地の所有権を主張するのでも、その所有権からの成果として作物を手にするのではない。所有権は縮小され、後景に退くわけである。

こういうケースを、労働者に適用して考えてみるとどうなるだろうか。

永年にわたる工場などでの労働の権利を主張することで、経営者の報酬や株主の配当の権利を縮小し、労働者の賃金を引き上げていく、あるいは賃金とは別に経営者の報酬や株主の配当の一部、あるいは全部を労働者に分配させる。これも団結した労働者の力によってか、あるいは革命情勢のなかでの〝収奪者に収奪〟によってかは、様々なケースがありうる。そうなれば、労働の成果たる生産物、あるいは企業の収益は、永年にわたる労働の権利の成果として労働者が手にすることになる。潜在的な占有者である労働者は、労働の成果を我がものとすることによって、名実ともに企業や工場の占有者になるわけである。言ってみれば、これが廣西の言うところの社会主義だということである。

この「用益物権」に直接もとづくものではないが、同じような考え方から発した要求として参考になる試みがある。スウェーデンの「労働者基金」の取り組みだ。スウェーデンで１９７０年代から政治上の争点となった労働者基金の基本的な考え方は、概要で次のようなものである。

それは、各企業に利潤の一部を分担金として労働者基金に提供させ、組合がその基金で企業の株を購入するようにし、企業内での組合の影響力を拡大する、というものである。提案者であるメイドネルの案では、従業員１００名以上の株式会社から利潤の20％を労働者基金に分担金として提供させることで、20年から40年で労働者基金が企業の株の50％を所有することになるとされた。１９７６年の労働組合全国組織（ＬＯ）の年次総会で「労働者基金を通じた集合的資本蓄積」という報告書が提出され、満場一致で決議された。その中では従業員50人以上の全企業に適用範囲が拡大された。この「労働者基金」は、１９７７年に発効した「労働者の経営参加法（職場における共同決定に関する法）」が、完成度の高い法であったにもかかわらず、株の所有を背景にしない無力さを味わった反省から構想されたものだった。

その労働者基金は、「株主の委託を背景にした経営者と平等の資格を持つことが共同決定法を内実化し、直接的効力を獲得する最善の方策である。労働者基金は労働組合を企業の共同所有者にし、共同決定を有効な民主化手段にしようとする方策である。」（岡沢憲芙『スウェーデンの挑戦』岩波新書、一七二頁）

１９８２年の総選挙で、スウェーデンの社会民主党は、この労働者基金を選挙戦の争点として押し出して勝利し、政権の座に着いた。翌83年の秋議会の当日、労働者基金反対を叫ぶ「紳士と淑女」の大規模デモも繰り広げられた。いわゆるブルジョア陣営のデモである。この議会に提出された労働者基金法案は、実際には選挙後の世論の動向も見据えた大幅に穏健化したものだった。それでも参考になると思うので、以下再掲してみる。

（１）全国で五つの労働者基金を設置する。
（２）政府は９人の運営委員を任命する。そのうち最低5人は労働者側から任命する。
（３）略

(4)各基金は毎年最高4億クローネを獲得する（合計20億クローネ）。
(5)各基金運営委員会はその基金で企業の株を自由に買うことができる。
(6)基金は協同組合や中小企業にも金を貸すことができる。
(7)労働者基金の財源は、企業が支払う利潤分担金と一般国民年金の増額分（0・2%）となる。
(8)利潤分担金は、株式会社などにとっては特別税となる。
(9)略
(10)利潤分担金つまり利益税は控除額を除いた利益の20%になる。
(12)それぞれの基金は上場企業の株を最高8%まで買うことができる。合計で40%（前掲書、一八〇〜一八一頁）。

この労働者基金法は1983年12月に164票対158票で成立した。ブルジョア諸党は、翌日に共同記者会見をして、次回選挙で勝利すれば即時廃止すると言明したという。実際にも世論の分裂もあって90年には予定どおり「実験」は終了し、それ以降は基金への組み込みは行われていない。

みてのとおり、このスウェーデンでの「労働者基金」の実験は、その積極面においても消極面においても貴重な経験となっていることが見て取れるだろう。私が前段で取り上げた、労働者の占有権に基づく生産果実の取得という社会革命の土俵とは違って、あくまで所有権上の挑戦という土俵の上での取り組みであったこと、それは他面ではオルタナティヴの追求という視点より、経営者との利益配分の争奪という土俵上での取り組みに止まったという点で弱点はあった。しかし、「利潤」という企業社会における聖域に切り込んでいこうとする労働者側の積極果敢な攻勢的意欲、反面、選挙とか世論に依拠した法律による所有権の奪還に向けた闘いの中途半端さ。それらの両面ともアソシエーション革命をめざす私たちからすれば、たいへん貴重な教訓でもあり反面教師でもある。「企業あっての労働者」「労使運営共同体」など、企業利益に依存した日本の労働組合の実情からすれば、隔絶した実験でさえある。それも工業労働者の労働者のほぼ90%を組織していた労働組合の全国組織LOと社民党の結合を基礎とした組織力だからこそ挑戦できたといえるだろう。

このスウェーデンの「労働者基金」の実験は、生産関係の変革という課題につながる方策の一つであり、その具体的なイメージをつかみ取る実験でもある。安易な適用や自己目的化は避けなければならないにしても、労働者階級としての歴史的な課題の様相を具体的にイメージできる一つの方途にはなるのではないだろうか。

以上、本章ではアソシエーション社会とはどういう社会なのか、またそうした社会への転換はどういう性格を持っているのか、についていくつかの角度からみてきた。それらをあえて一言でいえばどういうことになるのだろうか。

それは所有権至上主義の社会から労働権至上主義の社会への転換、といえるものだろう。あるいは所有権の社会から占有権の社会への転換だといってもよい。マルクスが思い描いてきた社会主義とは、所有が万能の力を発揮する社会なのではなく、労働権、占有権が原動力となる社会なのだ。

社会主義をあくまで所有関係、所有権の土俵で理解しようとすれば、それは簡単に反対物にひっくり返ってしまう。かつてのソ連がそうであったように、直接的な生産者としての労働者の占有——工場や設備などに対する事実上の支配——が剥奪されたなかでの全人民的所有や国家的所有は、もはや共同所有の反対物でしかないのである。すでに触れたが（七五頁）、マルクスが『ドイツ・イデオロギー』で記述したように、「……一群の生産用具が各個人のもとへ隷属させられ」ることで「所有は万人のもとへ隷属」するのである。これは『資本論』の「協同占有——を基礎とする個々人的所有」でも同じである。直接的生産者＝労働者の占有を確立することで、その社会の所有関係は共同所有性という内実を獲得するのである。

思い起こせば、資本制社会に先行する封建制社会は、貴族や領主など〝身分〟を根拠とする権力が支配した社会だった。とって代わった資本制社会では所有権が支配した。その資本制社会にとって代わる社会は、労働権を土台として生まれる社会なのである。

その労働権がすべてを決める社会は、それ自身の一時代にわたる成長のなかで、いわゆる〝共産主義の高度の段階〟に至る。そこではすでに労働権の持つ意味は後景化し、同じ人間である限りは働いていてもいなくても、対等・平等に暮らせる社会に到達する、というのが、マルクスの共産主義なのである。

こうした理解からすれば、アソシエーション革命の主体として労働者や労働組合、あるいは協同組合、それらに関連した人々の歴史的役割が重要になる。もちろん、現在の労働者運動ではそれは不可能だろう。新しい労働者運動の構築こそが大きな課題として浮かび上がる。

第3章　アソシエーション社会は協議・調整型の社会

はじめに

たしかに多くの人が指摘するように、マルクスは社会主義の具体的なイメージについては体系的には語っていない。むしろ将来の社会について具体的にスケッチすることを意図的に避けてきたともいえる。だから個々の生産単位、個々の協同組合の相互関係についても具体的に言及しているわけではない。と言ってもこれは不親切というわけではない。マルクスの一貫した立場の反映だと受け取るべきであって、その理由はすでに触れた。繰り返すことになるが、それは彼に先行する社会主義の多くが、資本主義の悲惨な現状を変革するために、それに変わるべき社会の具体的なプランを提示し、その実現可能性を実験によって示すというものだった。プルードンにしても、思想的にはかなりマルクスと重なるところもあったが、結局は〝概念の世界〟を決定的に超えることは出来なかった。それに対して、実際の歴史発展のただ中に商品生産の揚棄の歴史的根拠とその必然性を求める、というのがマルクスの基本的スタンスだったからだ。

付け加えれば、マルクス自身の共同体に関わる研究がすでに完成したものではなく、晩年に至るまで研究を続けていたテーマだったことにもよるだろう。当時の共同体研究にとって、材料となる実証研究が少なかったし、それだけにマルクスも晩年まで模索を繰り返していたというのが実情だ。それは『ザスーリッチへの手紙』の「下書き」が何回も書き直され、最終的には簡潔な返事しか返せなかったことからも読み取れる。明確になっていないことはマルクスといえども書き残せなかった、ということではなかっただろうか。

だから将来社会のスケッチがないことについて、マルクスに責任を押しつけることは出来ないのだ。しかしそうであっても、マルクスの著作の中からある程度の具体像は推察できる。それ以上に、新しい実証研究も参照できるようになった現代の私たちこそ、そうした具体的なスケッチを描き、そうすることでアソシエーション革命の前進に寄与することも必要だと思う。

それはともかくとして、そのマルクスが描いた協同組合的社会すなわち「生まれたばかりの共産主義社会」は、商品生産を根幹で克服した社会であって、「労働時間を基準」とした「協議経済」システムの社会として生まれるものと理解することができる。ソ連の崩壊以降、従来の見解を捨てていわゆる〝市場社会主義〟に転向したマルクス主義者やマルクス学者も多い。だが自己矛盾そのものである〝市場社会主義〟などに逃げ込まなくても未来社会を洞察することは十分可能なのである。


前の章では、少し理念や概念の土俵上での検討に偏りすぎていた。マルクスは理論や世界観の創造者としてあえて意図的に未来社会のスケッチを描くことを避けてきたが、運動圏にいる私たちにとって未来社会を具体的なイメージとして把握し、その目標の実現に至る道筋を示すことは、むしろ必要不可欠なことであるように思われる。本章では、以下、マルクスがあえて避けてきた未来社会のスケッチに、漫画チックにならない範囲を考慮しながら取り組んでみたい。

[1]〝商品〟も〝お金〟もなくなる

〝協同組合の連合社会では商品もお金もなくなる〟というスケッチから始めてみたい。

こういうと、なにか突飛な空想話を聞かされるのではないかと受け止める読者もいると思う。あるいは戦時下での配給制や物々交換などを思い浮かべる人もいるかもしれない。確かにそうした社会はいまの〝お金中心の社会〟から見れば様変わりした社会である。

しかし、内容は様変わりした世界ではあるにしても、具体的な暮らしぶりは、いまの社会とそう違いはない、と考えられるのだ。少しおつきあいしていただきたい。

私としては、アソシエーション社会とは、社会の様々なレベルで形成される協同組合の連合社会として出発する以外にないと考えている。商品の生産と流通を揚棄するためには、そうした協同組合が何も全国単一の協同組合になったり、あるいは国家と融合するとか国家そのものにならなければならない必然性はない。協同組合的社会とは、個々の協同組合が他の協同組合から自立しながら連携した社会だからだ。アソシエーションとは、連合とか提携を意味する言葉であり、相互尊重が貫かれた「契約社会」でもある。

自立、連帯した関係と、独立、排他的な関係は違うのである。

協同組合の連合社会を批判する人は、相互に自立した協同組合とかそれが連合した社会というと、それを相互に排他的な関係にある資本主義的企業と同一視してしまう。協同組合の連合社会とは、労働の生産果実を資本家と労働者が奪い合う関係ではなくて、それを連合した生産者が共通に占有しているから連合社会なのだ。生産果実を奪い合うことが無くなれば、相互に自立した協同組合の関係も排他的なものではなくなり、連携・提携した関係性を確保できるのである。

いうまでもないが、マルクスにとって商品とは、交換価値と使用価値の統一物である。生産物がそうしたものとして現れるのは、相互に排他的な所有と労働に基づいて生産されるからだ。協同組合的社会の生産物は、共同の生産手段と様々なレベルの協議を基礎とする直接の社会的労働によって作られる。その生産物は交換価値の性格はすでに無くなり、従って交換価値を体現する「お金」＝貨幣も必要としない。

では生産物はどういう姿になるのか。

それは投入された労働時間を単位とする個々の使用価値を持つ単なる個々の製品になる。「お金」＝貨幣は「労働証明書」、すなわち社会的に生産された消費財やサービスの中から個々人の受け取り分を引き出す「引き出し券」になる。個々人は一ヶ月の労働時間が160時間なら「160アワー（労働時間の意味＝どんな呼称でもいいが）」、120時間なら「120アワー」という単位の「労働証明書」＝「引き出し券」を受け取る（社会的なプール部分などを控除してから）。貨幣＝お金はあらゆるものと交換可能だが、「アワー」という「労働証明書」＝「引き出し券」は、個々人の消費にまわされる製品やサービスを引き出すことのみに使用される。

一方、個々の使用価値を持つ製品やサービスは、商品と違って価格（交換価値が市場に登場するときの形態）を持たない。その代わりにどれくらいの労働時間が投入されたものかを表す単位が付いているだろう。たとえば製造に10時間必要だった製品は、どういう呼称でも良いがたとえば「10アワー（時間の意味）」という単位の製品となる。

この「アワー」は、協同組合間で製品やサービスのやりとりをする際に簿記の単位として用いられるし、機械や設備といった生産財の調達場面、全体的には社会的労働の支出を調整する単位にもなる。また個々の労働者が支出した直接的な社会的労働の生産果実という消費財製品のプールからの、個々の労働者の取り分を計算する単位にもなる。

こうした労働時間を単位とした生産や流通は、直接に社会的に支出された労働を同等に評価するために機能するだろう。

こうした製品の使用価値的部面だけを原理とした生産や分配が果たして可能なのだろうか。この点に関して参考となる所論がある。廣松渉の所論だ。それを参考に、お金や商品が無くなっている「労働時間制社会」について考えてみたい。

廣松は、使用価値部面だけでの生産財部門や消費財部面での生産・流通調整は難しいと指摘しながらも、結論的には「若干の無駄があっても事を進めることができます。」（廣松渉『今こそマルクスを読み返す』、講談社現代新書、二五六〜二六二頁）としている。この結論部分については同感である。ここでは廣松が「簡単にできるものではない」としている、商品や貨幣を製品と労働証書に置き換えることの実現可能性について考えてみたい。

廣松は次のように言う。「そもそも、それぞれの消費財を何時間労働分の証券と引き替えにするべきかを示すために、財貨のそれぞれに何時間分の生産物という〝ラベルを貼る〟とすれば、全物品に出荷時点で〝労働価額〟（労働時間で尺度された価格）がつけられることになります。もしそれが可能なら、それも〝よい〟でしょう。がしかし、各生産物の所用労働時間というのは、あの『抽象的人間労働』時間でなければなりません。同じ製品でも熟練労働者と未熟者では所要時間が違うのですから。実際問題としては、原料に何時間分、生産設備類の消耗分に何時間分、……といった所要時間は直接にはかることはできないわけでして、市場メカニズムを介する以前の出荷時に、所要時間価額をつけることは不可能な道理なのです。」（前掲書、二五九頁）

確かに消費者の立場に立って、同じ製品の労働価額は全国あらゆるところで同一になっていなければならないと前提し、それをあらかじめ〝ラベル〟に貼っておかなければならない、と考えるとすれば、それはおそらく困難である以上に不可能なことだろう。

実際、個別製品の労働価額ラベル数値の「抽象的人間労働」からの乖離は、労働者の熟練度の相違からも発生するし、また全国の工場や流通施設の生産性の相違からも発生しうる。むしろその方が大きな影響を与えるだろう。しかし未来の〝労働時間制社会〟（以下、しばらくの間、協同組合型社会を〝労働時間制社会〟という言葉で表すことにする）では、個々の製品に「抽象的人間労働」、あるいは全体の平均値から乖離した労働価額のラベルを付けてもよいのである。

それに、資本制社会の市場経済での所用労働時間が『抽象的人間労働』時間に基づいているとしても、個々の企業の商品が直接『抽象的人間労働』時間を基準として価格付けされているわけではない。個々の企業は市場の荒波にもまれながら、生産コストや利益などを考慮して商品に価格付けをする。だからどの水準に『抽象的人間労働』時間に適合した価格がつけられるのかは、一定の期間の平均値としてしか現れることは出来ない性格のものである。だから未来の〝労働時間制社会〟でも、〝一物一価〟はあり得ず、ある時点で見れば同じ製品の労働時間価額はそれぞれ違いが出てくる。しかしそれで〝よい〟のである。

乖離は二つの形をとりうる。

一つは熟練度や生産性が高い工場の製品と低い工場の労働価額が同一に設定されるケースだ。その場合には、仮にそれぞれの工場が一定数の製品を供給する前提で考えてみれば、熟練度や生産性が高い工場の労働時間はより少なくてすみ、低い工場ではより長くなる。あるいは同じ労働時間を決められていれば、高い工場ではより多くの製品を供給できることで社会に対する貢献度はそれだけ高くなり、低い工場ではより少ない製品しか供給できず、貢献度は低くなる。これは確かに「抽象的人間労働」からの乖離であり、平均値からの乖離である。

二つめは熟練度や生産性の高い工場ではより少ない労働価額のラベルが貼られ、低い工場から出荷される製品のラベルはより高いラベルが貼られるケースである。この場合には同じ製品であっても二つの労働価額の製品が同時に存在することになる。その場合、生産高が全体として消費に見合ったものであれば、消費者は熟練度や生産性の高い工場から出荷された製品を優先的に選択することになり、低い工場からのものは最後の方に消費者に回ることになる。あるいは生産量が消費量より多ければ、低い工場の製品は消費されないまま残ってしまう。これも個々の労働価額が平均値から乖離することによるによるギャップである。

資本制市場経済と〝労働時間制社会〟の違いが出るのはそこから先である。

資本制社会であれば、そうした生産性の低い工場は倒産することになり、労働者は失業に追いやられる。いわば市場の競争で淘汰されることになる。が、それらと違って〝労働時間制社会〟では、淘汰された工場は別の製品を作る工場に再編される。あるいは製品総体が充足しているとすれば、そこの労働者は他の工場に配転されるなりして、その産業、やがては全産業で労働時間が短縮される。いわば資本制社会での不均衡が倒産・失業をもたらすのに対し、労働時間制社会での不均衡は労働時間の短縮をもたらすのである。

〔2〕ビルトインされている均衡原理

現実の生産と流通局面では、資本制社会のなかでの商品価格にしても未来の〝労働時間制社会〟のなかでの労働価額にしても、こうした〝平均値からの乖離〟は避けられない。それを避けるためには旧ソ連のゴスプランやかつての日本のような戦時統制経済など、何らかの国家的中央機関による統制的な価格を設定する以外にはない。しかしそれは中央機関の肥大化と膨大な無駄をもたらしたことはあらためて指摘するまでもない。

たしかに〝平均値からの乖離〟を認めるかぎり、現実の資本制社会と未来の〝労働時間制社会〟は同じではないかという疑問がわくこともあり得る。しかし、一見同じようでも両者の間には天地とも言うべき違いがある。

そもそも、労働時間の長短や生産性の違いによる価格の違いや利潤の違いは、現在の資本制社会でもふつうのことである。全く同じ製品でも、ネット販売や大型店、小規模店では価格は違っているし、同じ隣り合わせの販売店でも同一商品が同一価格で売られているケースはほとんどない。商品によってはかなりの乖離もある。インターネットの「価格.com」などをみれば全く同一の商品が様々な価格で販売されているのが一目瞭然だ。消費者はそうした事実を百も承知で、より安い商品を探して購入店を決めたり、様々な理由で若干高い商店から買ったりするのは、むしろふつうのことである。だからある時点だけを見れば、労働価額の平均値からの乖離、ひいては生産と流通のギャップはあって当然なのである。未来の〝労働時間制社会〟にあっても、そうした乖離は当然すぐには解消されないばかりでなく、それを完璧に解消することなど不可能なことであろう。

反面では、そうした不可避な乖離ではあっても、資本制社会の中にあってはその限界内ではあれ、それを限りなく縮小させる技術は徐々に整備されてきているのも事実である。生産と消費を結びつける技術やシステムが、すでに資本制社会の中でかなり獲得されてきているからである。今でも一つの工場、一つの会社内では、消費動向の分析をふまえた生産・出荷計画は平常時であればかなりの正確性を持つに至っている。あるいはコンビニのＰＯＳシステムに象徴されるように、消費動向の分析を土台として、近未来の消費動向を予測しながら生産・販売計画を立てる技術も開発されてきた。

ただし資本制社会における需要動向の予測と生産計画は、根本的な限界がある。それは資本制社会の中での予測と計画は、基本的には個々の営利企業によって行わざるを得ないからだ。需要予測や供給量の予測などは政府や業界団体も行ってはいるが、それらは結局は個々の企業によるそれらの数字の合算にすぎない。現実には、個々の企業は生き残りや超過利潤の獲得という一人勝ちのもくろみを賭けて独自の需要予測と生産計画、あるいは技術開発を進める。それらの経営戦略の多くは企業秘密のベールで覆われ、外部にはうかがい知れない領域も多い。だから資本制社会での需要予測や生産計画は根本的、原理的な限界の中にとどまらざるを得ないのである。

これに対して〝労働時間制社会〟では、それらの消費動向予測と生産・流通計画は、様々なレベルの協同組合が協議しながら作っていく社会である。しかも資本制社会における調整システムを到達点として引き継いでいる。当然ながらその精度も高くなっている。しかしそうした〝労働時間制社会〟でも、ある時点で見れば生産財の生産量と消費財の生産量の乖離、あるいは実際の需要と供給量の乖離は生じうる。

しかし〝労働時間制社会〟が資本制社会と決定的に異なっているのは、そうした乖離を修正する場面でも、倒産や失業などの利害対立という原理的な障害がないことにある。そうした乖離は、現象としては製品が消費されないで余ってしまう、あるいは製品が足らなくなる、という形で現れる。そうした乖離を修正するためには、生産資源を過剰な部門から不足する部門に移動する必要があるが、〝労働時間制社会〟では、そうした移動には原理的な障害はない。

繰り返すことになるが、資本制社会での均衡は、常に過剰生産と過少生産が入れ替わる場面で瞬間的に訪れるものでしかない。むしろ特別剰余価値の取得をめざして常にそうした均衡から乖離する傾向が内在的な原理としてビルトインされている。しかし〝労働時間制社会〟は、常に消費に対して必要なだけの生産が追求される社会なので、一時的な不均衡は避けられないとしても、常に均衡を追い求めて調整する原理がビルトインされている社会なのである。

こうした原理的な相違は、生産財部門と消費財部門、あるいは実際の需要と供給量の乖離を修正していく場面では原理的かつ決定的な相違である。廣松は、そうした均衡の実現は非貨幣経済では難しいとして、それを自覚していたマルクスも具体的な調整メカニズムについては何も語っていないとして、そして〝それでいいのだ〟といっている。が、かりに理論の創設者としてのマルクスが語らなかったことでも、運動圏に立つ私たちの立場にあっては、そうした具体的な調整システムは語らなくてはならないし、それは一定のレベルでは可能なのである。

[3] 倒産・失業に変わって労働時間が短縮される

資本主義社会での需要と供給の均衡は、基本的には市場に左右される。しかし協同組合的社会での均衡は、個々の協同組合が立てる計画とそれを持ち寄ってなされる協議・調整の積み重ねによって確保される。とはいっても、そうした協議・調整の過程で、そうした機能を果たす機関が個々の協同組合から自立し固定化するのは避けられない、というこという見方も可能だ。たしかにマルクスも国家が経済機関に解消されるとか、簿記の重要性について語っている。何らかの協議・調整機関を想定していたと受け取れるのは確かだ。しかしそれらの協議・調整機関が自立化、固定化することはない。

第一は、協同組合的社会は個々の協同組合、個々の労働者=生産者による所有・管理・労働という「当事者主権」が打ち立てられることによって協同組合的社会になるからだ。当然のこととして協議・調整機関が設置されると仮定すれば、その調整は基本的には個々の協同組合によって発議され、それらの協同組合から派遣された代理人によっておこなわれ、それらの代理人の「受け取り分」=「労働証明書」は、国家から支給されるのではなくて個々の協同組合、あるいは協同組合社会の共同のプールから支給されるからだ。

これとは逆に、ソ連の計画経済を受け持ったゴスプランでは、議長は最高会議幹部会に任命された高級公務員であり、計画そのものも国家機関による上意下達方式のものだった。工場などでの労働者の経営権が徐々に剥奪されていったことは、第1章7項ですでに見てきたとおりだ。

それに、協議・調整というのは何も一つの場に集まらなくては出来ないことでも、また恒常的な機関の設置が不可欠なわけでもない。インターネットなどのシステム上でも多くの部分が可能になっているだろう。しかもそれらの協議・調整の場では、企業秘密など無くなっているわけだから当然のこととして公開されたものになる。何も特定の専門家でなくては出来ないことはない。

第二は、社会的な生産果実を共通に占有する社会では、個々の協同組合の目的は利潤追求ではなく、共同的な社会の成員の同等な豊かな生活を目的に行われるようになるからだ。自立化、固定化は、生産果実の多くの部分を株主や経営者など一部の特権的な人が独占しており、個々人は自分自身の取り分を最大にしようとの動機の下で行われている、という土台の上で初めて起こる現象だからだ。マルクスの「この対立は、たとえば労働時間の短縮を、全員が6時間労働するようになる、というように表わすのではなく、6人が15時間労働すれば20人を養うのに足りるようになる、というように表わすのである。」(『資本論草稿集』第9巻、三八九頁)という記述は、生産の目的や成り立ちが転換していることを端的に示している。

次に、個々の協同組合の競争や、その中の一部の倒産・失業という可能性を考えてみたい。

すでに触れたように、協同組合的社会での社会的な生産は、相互に利害が対立するような独立した、排他的な関係ではなくなっている。競争ということについても、最大利潤を求める競争関係はなくなり、生産性の向上が超過利潤を得ることもない。それは産業構造の再編成や労働時間の短縮をもたらすだけだ。だから個々の協同組合とその構成員の意に反した倒産・失業というのは原理的にはなくなっている。

たとえば工場や機械の性能などの違いによって労働生産性が低い協同組合工場の場合は、社会的な再生産基金の中から順番に応じて新しい工場設備に置き換えられるだろう。特定の産業分野が過剰であったり過小であるのが分かれば、それは市場を通じた価格変動や恐慌によって調整されるのではない。それは日常的な協議・調整の中で、直接的に新たな産業分野に転換するか、あるいは他から転換させるかのいずれかになる。

そういう社会であれば、倒産や失業などは基本的になくなることは以上のことでも明らかだと思う。が、たとえばある人が別の地域に移住したいと考えた場合はどうなるのだろうか。その場合は、協同組合に対する「持ち分」を引き出し、それを携えて新しい協同組合に移動する、ということになるのだろうか。実際にはそうはならないだろう。

すでに触れたように、協同組合的社会では個々の共同組合員は、自分が所属する協同組合の設備などだけを共同で占有しているということではない。協同組合的社会全体の生産果実を共通に占有していることによって、社会全体の共同占有を実現しているのである。だから原理的には社会全体の協同組合に対する社会的な占有者の一員として、協同組合的社会のすべての工場・職場の共同占有者として関わっているのである。そうした社会では、個々の協同組合員は、そうした共同占有の法的表現、権利関係の概念である共同占有権を持っていることになる。だから組合員が移転するときは、個々の「持ち分」を持参する必要などはなく、ただ協同組合の共同占有者としての当然の権利を根拠として、新しい地域の協同組合で働くことが出来るようになるだろう。

[4] 姿かたちを変えて引き継がれる〝競争〟

つぎは〝競争〟についても考えてみたい。

いうまでもなく、資本制社会では最大利潤を求める競争が生産力の発展のための原動力となっている。その競争がなくなれば、技術革新も含めた生産力を高めていくための原動力がなくなり、そうした社会は衰退する、という資本主義擁護者を中心とした根強い批判がある。

しかし、そうした批判は、資本制社会という土台の上で競争だけなくすという観点から批判しているにすぎない。そうではなく、アソシエーション社会では、所有や労働や分配のあり方の転換と併せて、社会の活性化の原動力も姿かたちを変えて存続するのである。いわば〝競争〟も廃止されるのではなく、〝揚棄〟されるのである。

こうした競争について、たとえばプルードンなども競争自体については否定していないが、マルクスも全く否定しているわけではない。それは姿を変えてアソシエーション社会に引き継がれると考えられていたと思われる。

二つの根拠をあげたい。

一つは社会原理の問題であり、もう一つは特定の社会体制のなかでの道徳感情や精神的美徳の問題である。

ここで思い起こしたいのは『資本制に先行する諸形態』でマルクスが言っている「人間がつねに生産の目的として現れている古代の考え方は、生産が人間の目的として現れ、富が生産の目的として現れている近大世界に対比すれば、はるかに高尚なものであるように思われるのである。」(『資本論草稿集』第2巻、一三七頁)という記述である。

ここでマルクスが言っているのは、利潤のための生産に比べ、より良い共同体成員になることがその社会の原理として埋め込まれている社会の優越性である。このことは、アソシエーション社会では、資本制社会とは異なった精神的美徳感情が育まれ、社会的道徳として人々の意識を規定するようになる。たとえばマルクスも言うように「貴族が支配していた時代には名誉や忠誠、あるいはブルジョアジーの支配のときには自由、平等などの概念が支配した」(『ドイツ・イデオロギー』、岩波文庫、六七～六八頁)。それと同じようにアソシエーション社会では、利他的精神や社会貢献などの道徳感情がその社会の精神的美徳として働くようになる。近年、資本制社会でも企業による社会貢献が言われるようになっている。しかしそれはその企業が市場からの信頼を受けるような、露骨な営利活動のカモフラージュ、もしくはその微修正に止まっている。それに対して協同組合型社会では、それらが直接的な社会的美徳としてビルトインされる社会なのである。

たとえば太古の狩猟制社会のことを思い起こしてみよう。そうした社会での共同集団は互酬制で成り立っていて、収穫した獲物は最終的には大家族や友人などの協同集団に平等に配分される。しかしそれは最初から単純な平等原理で配分されるのではない。獲物の配分権（一次配分権）は最初に獲物を仕留めた矢の所有者に与えられる。いわば配分権が与えられるわけだ（エルマン・R・サーヴィス『民族の世界』、講談社学術文庫、六六〜六八頁）。獲物を分けてもらった人は、もしその量が多ければ、さらに親族や友人などより広い範囲に二次配分する。そうして獲物は協同組織のより広い範囲に行き渡る。

狩猟というのは危険で効率の悪い経済活動だが、貴重な栄養源でもある獲物をもたらす。しかもより多くの肉をもたらす大きな獲物を仕留めるには、集団での狩猟の方が効率がよい。集団での猟は、獲物によっては欠かせない前提になっている。その集団での猟の成果である仕留めた獲物の最初の配分権が、最初に獲物を仕留めた矢の所有者が得るということ、このことは、狩猟という経済活動に個々のハンターを駆り立てる動機付けとなる。ハンターはそうした「配分権」という名誉を求めて狩猟技術を磨き、実際の狩猟にあたっては、我こそはと率先して獲物を仕留める共同行動に参加するわけだ。一次配分権という権利と名誉は、いわばその社会の活力の源泉にもなっているのである。

これと同じような社会的なメカニズムが未来のアソシエーション社会でも生まれ出るだろう。そこではたとえば技術革新を成し遂げた人や協同組合に、社会的な名誉が与えられることになる。その名誉は単なる報償などにとどまるのではなく、たとえばその成果をどうしていくのかという、いわば成果配分の提案権のようなものが与えられるかもしれない。いわば配分権という名誉を与えられるわけだ。

資本制社会での競争が、いいかえれば社会の活力を生み出す原動力が未来のアソシエーション社会でどう様式転換するのかというテーマについてはより立ち入って検討すべきテーマだが、ここではその一端に触れるのに止めておきたい。

［5］ホームセンター、食品スーパーも存続する

協同組合的社会になったからといって、現代での生活様式が全く変わるということはないだろう。一つの社会が維持されている限り、人々の生産活動と消費活動は継続する。ただしその意味内容は様変わりするだろう。

ここで協同組合的社会の消費生活を推察することが許されるとすれば、それはすでに現在の資本主義社会で生まれているスタイルとそう大差はないと思われる。人々の消費は、ソ連型の国家機関による計画的配分や日本の戦時中のような配給制とは違って、現在でもそうだが多くの選択肢から好みのものを選択できるだろう。マイホーム（そうした住宅形態がどのぐらい存続するかどうかは別として）や、車など高額な製品は（車社会の変容も別に考えるとして）、今でもそうだが注文生産として、また身の回りの日用品は生活・食品スーパーなどで手に入れることもできるだろう。また現在でも増えているが、インターネットを活用した注文販売も増えるだろう。コンビニのPOSシステムなど、人々の消費動向は現時点でもかなり正確に把握できている。公開され、日々更新される生産、消費動向をふまえた生産活動も可能になる。利潤最大化原理で生産活動がおこなわれるギャンブル経済ではない協同組合的社会では、生産は「結果的」にではなく、「直接的」に消費を満たすために行われるようになるからだ。

ただしそうした形だけは現在の社会とさほど違わない社会も、その内実は激変しているだろう。「所得」の違いを背景としてつくられる高級店や大衆店などの区別もなくなり、人々の消費生活は、ただ個々人の個性や好みによる違いだけが残ることになる。本来の個性はアソシエーション社会でこそ、花開くのである。

かつての一時期、社会主義、共産主義と言えば個人の財産は取り上げられ、すべて国有財産にされる等という議論があった。これも形と内実を混同する見解から言われたことだった。しかし、次項で触れているように、実は協同組合的社会での社会的な生産についても、その組織、機関の形としては、現在とそれほどの違いはないと思われる。ただしその性格や内実は様変わりしているだろう。こうしたことについて、マルクスは言っている。「だから、資本が共有の財産（所有）、社会のすべての成員に属する財産（所有）にかえられるとしても、個人の財産が社会の財産にかわるわけではない。かわるのは所有の社会的な性格だけである。つまり、所有はその階級的性格を失うのである。」（『共産党宣言』国民文庫版、四六頁）

〔6〕重層的なアソシエーション社会の構造

次に、アソシエーション社会の構造についても少し考えてみたい。

アソシエーション社会とは「協同組合の連合社会」である。それは所有・運営・労働を一身に担う労働者による、個々の協同組合を基礎単位として、それらが産業別にも地域的にも重層的に連合して構成される社会だと考えられる。こうしたアソシエーション社会の基本構造を、現在の社会に存在する組織になぞらえて考えれば、おおよそ以下のようなものになるだろう。

まず企業サイドでみれば、個々の企業があり経営者がいる。その企業・経営者は全国的な業界団体を形成し、それらは経団連や商工会議所などに加入している。また他方では個々の企業には労働組合があり、そうした単組は全国的な産業別組織を形成するとともにナショナルセンターをも形成している。

しかし、未来社会での「企業」社会では、資本家・経営者は一掃されて存在しない。それらに変わって所有・運営・労働を担う自由で自立した労働者の連合としての協同組合が存在する。それらは全国的なレベルで産業別協同組合の連合体を形成し、同時に県レベルでの経営者団体と県評とか地方連合の機能をあわせたような地域的な連合も形成するかもしれない。それらで成り立つアソシエーション社会の基本構造は、産業別にも地域別にも重層的に形成された協同組合の連合社会だということになる。

ここではアソシエーション社会の3つの類型について考えてみたい。

なぜ三つの類型なのか。それはアソシエーション社会の機能に関わって生まれる。具体的に言えば、アソシエーション社会での消費生活という側面からみれば地区的アソシエーション、労働という側面からみれば地域的アソシエーション、全国的な生産の統御の観点からみれば産業別のアソシエーションが深く関わってくるからである。以下、私なりに三つの類型とその相互関係について考えてみたい。

衣食住などの生活レベルの観点から地区的アソシエーションの必然性がでてくる。

まず個々人の身近な衣食住のレベルで考える。この場合、地域的な、というよりも地区的なアソシエーションが生まれているだろう。そこでは炊事や洗濯その他の日常の雑事は、個別家庭で担われるものと共同事業化が併存するものと思われる。そうした場合、共同事業の範囲は日常の生活圏でのいわば「生活共同体」あるいは「消費協同組合」とも言うべき地区的・自治会的範囲のアソシエーションで行われることになるだろう。共同の食堂が全国一ヶ所というのはありえない。あるいは夕食を終えて帰宅するのに電車や車で数時間というのも日常のこととしてはありえないだろう。それらは現在の地区的な範囲、せいぜい数十軒から数千軒を単位とするものだろう。

労働のあり方の観点からは地域的アソシエーションの必然性がでてくる。

アソシエーション社会では個々人は固定的な分業から解放され、また労働時間も大幅に短縮され、一日4〜6時間労働ぐらいが基本的な労働時間となっているだろう。そこでは人々は日替わりや1週間単位、あるいは一ヵ月単位や1年単位で機械労働や農業労働、あるいは教育施設で児童を教えたり、また共同食堂で炊事労働等にたずさわる。

こうした日常の労働にあたっては、「通勤時間」＝「労働エリア」の要素が大きな比重をしめる。たとえ4時間労働になっていてもおのずと限界というものがある。転職の都度転居するということを考えなければ、その範囲は現在の県、あるいはそれの半分か3分の1ぐらいになるだろう。

こうした「地域アソシエーション」は「労働アソシエーション」とも考えられるだろう。といってもそれらがひとつのアソシエーションと考える必要もない。個々の工場や農場を基礎的アソシエーションとしてそれらを構成単位とする中間的なアソシエーションであることもあるだろう。

全国的な生産の統御、という観点から産業別のアソシエーションの必然性がでてくる。

アソシエーション社会では、階級社会に不可欠の軍隊・警察・奢侈品などの産業は解体・縮小され、産業の大規模な再編がなされる。さらに工場やその他の生産施設も全国的に調和のとれた再配置がおこなわれる。その再配置はそれぞれの産業の技術的要請と働く人々の要請とのバランスを考慮して再配置される。すなわち、大規模な装置産業は全国で数ヶ所、また日持ちが悪く、輸送に不向きな食料品などの工場は全国に細かく配置される。たとえば製鉄所や自動車工場などは全国に数ヶ所、また豆腐工場などは数個の市町村に一ケ所、というように。

これらの大中小、あるいはさまざまな工場は原材料や部品の供給など、さまざまな連関を必要としている。また需要動向の変動や新たな技術革新などにより、産業連関は常に再編の必要がある。これらの計画・調整にあたっては、全国的また地方的なものも含め、なんらかの調整システム、調整機関、あるいは調整の「場」が必要になる。そうした計画・調整の基礎単位となるのは、大中小を問わずやはり個々の（生産・消費）協同組合である。マルクスが協同組合の全国的調整といったのはそうした意味合いにおいてだろう。

具体的には個々の協同組合を基礎として、現在の業界団体、たとえば鉄鋼連盟や電気事業連合会と、鉄鋼労連や電力総連などの労働組合組織の機能を一体化した、たとえば鉄鋼生産協同組合や電力生産協同組合などという産業別の協同組合がそれぞれの産業内の計画・調整を行ない、さらには産業を超えた全産業レベルで計画・調整に参加する、ということになるだろう。

以上、アソシエーションのいくつかの類型やそうした諸アソシエーションが重層的に存在するアソシエーション社会の一端を思い浮かべてきた。これ以上細部にわたって想像するのは適当ではないと思われるのでこの辺でやめることにする。しかし、そうしたアソシエーション社会の主役は、あくまでそうした社会を構成する個々人にある、ということだけははっきりさせておきたい。

[7] アソシエーション社会の段階的発展

さて、この章の締めくくりにあたって、保留してきた課題についての検討を行っておきたい。第2章の6項でも検討してきたアソシエーション社会の可能性、現実性の問題である。

これまで検討してきた協同組合の連合社会、あるいは〝労働時間制社会〟、言い換えればアソシエーション社会の現実性という問題である。確かにこれまで検討してきた大まかなスケッチも、見方によればある種の楽観主義、あるいは牧歌的な印象を与えたかもしれない。何しろそうした社会は未だ現実のものになっていない、いわば仮想社会のスケッチでもあるからだ。

しかしそれは実現可能なのである。キーワードは共産主義社会の段階的発展観、言い換えれば共産主義社会の段階的理解にあると思われる。

アソシエーション社会が文字どおり商品生産や市場経済

を揚棄した社会であり、しかもそれが実現可能かどうかは、共産主義社会の段階的把握、あるいは〝生まれたばかりの共産主義〟の歴史的課題をどう理解するかにかかっていると思われる。その一つの大きな課題は、資本主義社会のなかで深く組み込まれた弱肉強食の競争原理や利己的精神の克服だろう。仮に協同組合の連合社会が一端は実現したとしても、これまでも多くの論者が、その過程で競争原理や利己的振る舞いが生き延びて、結局は商品生産や市場が復活するだろうと予測してきた。たぶん、マルクスもそうした可能性を考慮に入れてきたと思われる。たからこそ、そうした可能性を克服して発展するアソシエーション像の確立を模索してきたと思われる。それが共産主義の段階的把握の中にまさに示されていると理解できるのである。

いうまでもなく革命とは社会体制の変革であり、また諸制度の変革でもある。が、それだけではなくて革命には当然のことながら意識革命、文化革命も付随する。革命のまっただ中で人々の意識は大きく変わり得るし、実際これまでの革命の歴史をふり返れば、そうした意識革命の進展は多く見られた。それが伴わなくては本来の革命とはいえないだろう。当然のことながら、未来のアソシエーション革命では、人々の競争意識や利己的精神も克服されていくことになる。

もとより競争意識や利己的精神というものは超歴史的なものではない。それは長い階級社会の歴史の中で、なかでも競争原理をビルトインさせた資本制社会の中ではぐくまれ、強固になっていった観念である。マルクスも、たとえば封建社会の中での精神的美徳として名誉や忠誠心をあげている。資本制社会はそのメカニズム自体が利潤目的の競争社会であって、当然人々の意識の中にもそれが反映することは避けがたい。悪くすれば他人を踏み台にしても自分だけの利益を追い求めるような意識も拡がる。

こうした特定の社会システムを基盤とした意識は、革命の結果として変わるのである。この変化はもちろん社会システムの変化による部分が大きいわけだが、それだけではなくて人々の自覚的な取り組みも必要だろう。それらについて一例を挙げて検討していきたいと思う。

取り上げるのは労働時間の問題である。

現実の日本社会は、いわゆる〝日本的な労使関係〟のなかで長労働時間が蔓延している。残業時間は多いし、サービス残業も日常茶飯事だ。相対的に見て欧米の労働者は残業はそれほどない、というよりそもそも残業をしない。あるいは自分の本来の仕事以外はしない。残業したり自分に割り振られた仕事以外の仕事をするということは、本来であれば別の労働者がする仕事を奪うことに繋がるからだ。

そうした労働観は、同じ労働者どうしの共通利益が暗黙のうちか自覚的かは別にして当の労働者の習慣として血肉化しているともいえる。

一方、日本ではとりわけホワイトカラーを中心に、職場の雰囲気として勤務時間が終わっても仕事を終わりにできないとか、仲間に迷惑をかけられないからと仕事を続けるケースも多い。

これらの比較は相対的なものであり、それぞれの職場の特殊性で実際には千差万別だろう。が、労働慣行としては、日本と欧米では労働時間に対する習慣は大きく異なっている。仮に日本でも欧米のような労働観を広めようとする場合、どうすべきなのか、このことを考えながらこの項で設定した競争意識や利己的精神の克服の問題について考えていきたい。

私も経験したことであるが、たとえば労働組合あるいはその役員が、組合の課題として労働時間の短縮を実現しようとしたとする。そうした取り組みの一環として、労働時間を守る、就業時間が終われば仕事を終わりにする、あるいは就業時間が来る前には仕事を始めない、という取り組みを始める場面を考えてみる。

これがなかなか難しいのである。組合役員や活動家などは比較的に割り切って仕事を区切ることができる。しかし多くの労働者は、ある程度仕事の区切りがつかないと、あるいは自分に割り当てられた仕事をこなしてからでないと仕事を終わりにしないケースが多い。まじめで仕事熱心で人がよい労働者ほどその傾向が強くなる。他の同僚などに迷惑をかけたくないという意識もあるし、あるいは〝使えない労働者だ〟と思われたくない意識も働く。

こうしたことは本来は仲間意識の発現として労働者としての美徳でもある。が、反面では労働時間にルーズとなり、長労働時間となりやすく、廻りまわって他の労働者の雇用を奪っていることになりかねない。

こうした実態を改善する場合には、結局は目的が達成されてそれが定着するまでの間は一律で線引きする以外になくなってくる。仕事が終わっても終わらなくても、就業時間が終われば仕事も終わりにする、という線引きだ。それ以上のことは経営者や管理者に考えさせる、措置させる、ということだ。こうした手法は、言ってみれば勤務時間を自己統制することでもある。それは組合の方針として、あるいは組合員の合意に基づく共同行動として統制するということでもある。そうした場合、多くのケースで労働者どうしの間で軋轢が生じる。そこまで統制しなくても良いのではないか、というわけである。実際、一律の区切りは無理がある場合も多い。結局そうした声が大きくなれば、労働時間の厳守、長労働時間の改善は労働者の自主的な取り組みとしては結局は頓挫することになり、そうした軋轢を克服していければ成功することになる。

これと同じようなことが協同組合の連合社会でもたぶん起こるだろう、というのが、ここでの見立てである。当然、課題はより大規模なものになるだろう。

ここまでくれば、なぜこの場面で共産主義の段階把握と関連してくるかがはっきりする。そこでマルクスが述べていることを再度思い起こしたい。次のような記述だ。

「……この共産主義は、私的所有として万人に占有されえないあらゆるものを否定しようとする。それは暴力的なやり方で、才能等々を無視しようとする。」(『経済学・哲学草稿』、一二七頁)

「人はただ労働者としてだけ観察され、彼らのそれ以外の点はみとめられず、他のことは一切無視される。」(『ゴータ綱領批判』、四五頁)

単純化して言えば、協同組合型社会が実現しても、すべてが自動的にうまくいくわけではない、ということだろう。〝生まれたばかりの共産主義〟、あるいは協同組合の連合社会では、〝自由で自立した諸個人の協同社会〟の第一歩として、矛盾を内包した社会、いわば制約社会を通過点としてくぐり抜けなければならない、ということである。この場合の〝矛盾〟〝制約〟とは、あえて悪く表現すれば〝一律的な規制〟、あるいは〝悪平等〟というものだろう。〝一律的な規制〟や〝悪平等〟は資本制社会では排除すべき観念として否定されているものである。だが協同組合型の社会が定着するためには、そうした制約は避けて通ることが出来ない通過点となる。

この〝一律的な規制〟、あるいは〝悪平等〟というのは、具体的に言えば、協同組合の連合社会のルールであり一種の〝掟〟のようなものだろう。より正確に言えば、協同組合の連合社会の〝自治〟の問題である。〝自治〟とは予定調和の世界ではない。内部では軋轢もある。しかしその軋轢を集団内で、当事者どうし相互間で克服することである。それはアソシエーション革命によって確保されるべき原理としての協同原理、相互扶助の原理を協同集団のすべてに行き渡らせ、習慣として定着させることである。

こうした制約は、生産活動だけでなくあらゆる人間生活を律する、協同社会の掟のようなものとして集団的な縛りの役割を果たすことになる。そこでは〝スト破りを許さない〟というのと同じように、〝抜け駆けを許さない〟という縛りが徹底されるだろう。それは確かに協同集団にとっては自分たちの共通利益になるものでもあるし、反面ではいまだ協同集団としての強制、より正確には協同集団の自治、自己統治のテーマとして残る課題でもある。

こうした観念が、自分たちの共通利益であると同時に協同集団による自治の課題であるという時期をくぐり抜けた段階、それがいわゆる〝それ自身の土台の上に発展した共産主義社会〟だということになる。それがいつの時点で現実のものになるかどうかは、もとより獲得された協同社会としての社会システム、それにそうした社会を実現した当事者による協同原理を定着させるための自覚的な営為の所産以外にはあり得ない。

おわりに

以上、アソシエーション革命とはどういうものか、あるいはその社会はどんな社会なのだろうか、ということについて、私なりの理解と解釈を綴ってきた。もとよりこれでアソシエーション革命の必然性や必要性を語り尽くせたわけではない。紙数の関係もあって本稿には組み込めなかったが、マルクスがその中からアソシエーション革命の必然性を導き出すはずだった共同体研究についても取り上げなかった。またこれもマルクスが当然視していた世界革命、すなわち地球規模での労働者による共同行動としてのアソシエーション革命の可能性・現実性についても同じである。

とりわけマルクスが生きていた時代と比較した場合、近年の科学技術の進歩やグローバリゼーションの進展は目を見張るものがある。資本制社会が推し進めた収奪と貧困を伴った資本のグローバリゼーション。それがどんなに醜悪で残酷なものであったにしても、ことの一面では世界を一つに結びつけつつあるのは確かな事実である。それは間違いなく世界の労働階級をも結びつけ、太古の共同体の残酷さや閉鎖性を克服した次元で、いま再び、人々による協同性を土台としたアソシエーション社会の基盤を形成しつつあることも、また、確かな現実である。

とはいっても、資本のグローバリゼーションに対して、人々の国境を越えた連携は周回遅れという厳しい現実も直視しなければならない。それらの克服の道筋を検討することも不可欠である。

これらの残された検討課題も多岐にわたる。願わくば、多くの人との共同作業も含めて、他日を期したい。

【引用・参考文献】

マルクス『マルクス・エンゲルス全集』(大月書店)など

エンゲルス『マルクス・エンゲルス全集』（大月書店）など
レーニン『レーニン全集』（大月書店）など
E・H・カー『ボリシェビキ革命』第一、二巻（みすず書房）1967年
E・H・カー『一国社会主義〈1924―1926〉政治―ソヴェト・ロシア史』（みすず書房）1974年、同、経済編、1976年
大阪市立大学経済研究所編『経済学事典』（岩波書店）1965年
廣西元信『資本論の誤訳』（青友社）1966年
『左翼を説得する法』（全貌社）1970年
「マルクスを超克する法」『季節』10号　1984年
『マルクス主義の破綻』1984年
平舘利雄『パリ・コミューンと10月革命』（民衆社）1971年
河野健二『資料　フランス初期社会主義』（平凡社）1979年
後藤茂編　世界の名著第42巻『オーエン　サン・シモン　フーリエ』1980年
明石三郎『増訂民法要説』（法律文化社）1982年
西村可明『現代社会主義における所有と意志決定』（岩波書店）1986年
廣松渉『今こそマルクスを読み返す』（講談社現代新書）1990年
エルマン・R・サーヴィス『民族の世界』（講談社学術文庫）1991年
岡沢憲芙『スウェーデンの挑戦』（岩波新書）1991年
西村豁通編『現代の協同組合とその基本問題』（啓文社）1992年
若原紀代子『民法概説』（成文堂）1996年
志摩玲介「私的所有の揚棄とはなにか」『共産主義運動年誌』2003年
岡田英弘『日本史の誕生』（ちくま文庫）2008年
L・H・モルガン『古代社会』（岩波文庫）1958年
平田清明『市民社会と社会主義』（岩波書店）1969年
福富正実『共同体論争と所有の原理』（未来社）1970年
リサガレー『パリ・コミューン』（現代思潮社）1971年
プルードン『所有とはなにか』プルードンⅢ（三一書房）1971年
佐藤茂行『プルードン研究』（木鐸社）1975年
熊野聰『共同体と国家の歴史理論』（青木書店）1976年
森川喜美雄『プルードンとマルクス』（未来社）1979年
福富正実・田口幸一『社会主義と共同占有』（創樹社）1984年
布村一夫『マルクスと共同体』（世界書院）1986年
松尾太郎『経済史と資本論』（論創社）1986年
西野勉『経済学と所有』（世界書院）1989年
岡田裕之『ソヴェト的生産様式の成立』（法政大学出版局）

1991年
藤田勝次郎『プルードンと現代』（世界書院）1993年
田畑稔『マルクスとアソシエーション』（新泉社）1994年
大谷禎之助編『ソ連の社会主義とは何だったのか』（大月書店）1996年
大藪龍介『マルクス社会主義像の転換』（お茶の水書房）1996年
編集委員会『マルクス・カテゴリー辞典』（青木書店）1998年
武藤一羊『ヴィジョンと現実』（イザラ書房）1998年
国分幸『デスポティズムとアソシアシオン構想』（世界書院）1998年
社会主義理論学会『二〇世紀社会主義の意味を問う』（お茶の水書房）1998年
柄谷行人編『可能なるコミュニズム』（太田出版）2000年
田畑稔他『アソシエーション革命へ』（社会評論社）2003年
萱野稔人『国家とはなにか』（以文社）2005年
菱田哲朗『古代日本国家形成の考古学』（京都大学学術出版会）2007年

Ⅱ

われわれはどこから来てどこへ行くのか？
——協同社会の史的展開——

阿部文明

はじめに

アソシエーション論は「共産主義」の看板を「アソシエーション」に単に置き換えたものではありません。私の考えでは最近のアソシエーション論の最大の功績は、未来の労働形態がアソシエイト（連合）した労働であることを再確認したことでしょう。資本が労働者を雇い入れてその指揮の下にコンバインド（結合）させるのとは違う、自由に連合した人々がとる労働形態です。マルクスにとってこの根本的相違は近代市民社会とアソシエーション社会の相違に対応する決定的に重要な問題であったでしょう。と同時に、現代のわれわれはさらなる意義をその点に見いださざるをえないのです。

旧ソ連などの「社会主義」国の国有経済が、じつは資本主義社会とこの点では少しも違っていないことを社会経済の基底において示しているのです。いわゆる「現存社会主義」において、労働者は資本の下に「コンバインド」されてきたのと同様に国家官僚や経営者のもとで自発性や主体性を奪われた働く道具として集団労働に動員されてきたにすぎなかったのです。したがってアソシエイトした労働は、これらの社会との分岐を象徴するものとなっています。

同時に、私にとってアソシエーション論は、マルクスの学説のなかで隠されてきた――隠したのはもちろんマルクスではなく「マルクス主義者」なのですが――人間論の理解の深化へと遡及するものでもありました。というのも未来の社会関係であるアソシエーションが、資本主義が生み出す諸成果――たとえば労働者階級の台頭とか大工業の興隆とか世界市場の形成等々――に基づいて新しい平等・対等な人々の共同体を立ち上げると主張するのであれば、あらためて人間存在を問いたださなくてはならないからなのです。そしてこれもまた「人間労働」の把握と深く結びついているのです。

このような人間の本性あるいは人間のもつ社会的本性については、マルクスの初期の時代に断片的な考察と論及があります。しかしながらこうした問題にかかわる当時の科学的知見の制限はもとより、マルクスの記述は自己了解の域をでるものではなく、未整理で難解なものにとどまっていることも事実でしょう。

人間というものがそもそも協同的で相互扶助的な存在であることについては、過去にもいくつかの研究が存在しました。たとえばクロポトキンは19世紀末、ダーウィンの進化論に基づき『相互扶助論』を著しています。生物社会での自然淘汰は何も個体間競争ばかりではないのです。集団間の淘汰には、集団内部での協力関係が大きな力となり、したがってそうした点に淘汰圧が作用し、社会的動物が多数現存すると考えられるのです。これはダーウィンの進化論の重要な側面なのです。そして人間はその最たる存在のひとつであると考えられるのです。

しかし、人間がもし協力・共同的な本性があるとするならば、現実には一見その反対物である階級社会がなぜ生じたのかについての原理的な解明も欠かすことはできないはずです。こうした点についても、本論稿において最新の歴史学や文化人類学の研究を利用して挑戦しています。

10年以上も前のことですが、たまたま田畑稔氏のお誘いで『季報唯物論研究』61号に寄稿したことが、このような問題意識の発端となっています。その後このような問題意識をもちつつもなかなか進展をみなかったのですが、数名で細々と続けてきた「協同社会研究会」で出版の話がでて、それを母体として大幅に加筆したのが本稿なのです。

本稿第1章では、いくつかの視点からマルクスの「社会的人間」観やその洞察について解釈を施しながら確認的なまとめをおこなっています。第2章の第1節や第2節さらには第3章においては霊長類の生態研究、古人類学、進化論等現代的研究の知見を収集し、そこにあらわれてくる「人間の本性」について分析を試みています。さらにこのような人間の本性にそった社会であるはずの原始的共同体が、どのようにして変質し階級社会へと転化していったかの追求は、現代の文化人類学や最新の歴史学の成果を踏まえて第3章第1節から第4節においておこなっています。

第4章では、「人間の社会的本性」をより具体的に進化の過程からの生成として説明しています。第5章は、原始社会の所有問題の理論的解明を目指すと同時に、「原始共産制」の従来の誤った観念を検討しつつ本来の共産主義的取得や所有について論じます。終章は未来のアソシエーションと、新しい生産様式を担う「社会的個人」の登場を論じます。

第1章　マルクス・アソシエーションの基礎

[1]　労働、社会および人間についてのマルクスの見解

アソシエーション社会の基盤は資本主義社会のなかで形成されてきた、と把握するところにマルクスの思想と実践の重要なステップがあります。それと同時に、むしろそれらの前提としての人間理解、つまり徹底した社会的存在としての人間への深い確信がマルクスには横たわっていたことも見逃されてはならないのです。

「人間はひとつの類的存在である。」（マルクス『経済学・哲学草稿』）

この意味するところは、単にわれわれが生物学的分類上の「人類」であるという意味にとどまるものではありません。それは今から詳しく述べるように、人間が本来的に社会的な存在である、ということを語っているのです。このことは非常に重要な点だと考えています。こうした人間に対する洞察があるからこそ、マルクスは「共産主義」や「アソシエーション」という人類の未来を描き出すことができたと言っても過言ではないでしょう。そしてこのような人間的本質は、数百万年にわたる進化の過程とその後の人類史のなかで形成されてきたものなのです。

さて、人間が類的存在であることは、どのような形において見いだすことができるのでしょうか。そこからはじめましょう。マルクスは、それは労働である、労働のなかにこそ人間の類的本性があらわれていると考えました。

「ある対象的世界を実践的に生み出すこと、非有機的（客観的・対象的——引用者）な自然に労働をくわえることは、人間がひとつの意識的な類的存在であることの実を示すことである。」

「したがって人間は、まさしく対象的世界を加工する働きのなかではじめて現実的に、ひとつの類的存在であることの実を示す。……だから労働の対象は、人間の類的

生活の対象化されたものである。」

「産業の歴史と産業の生成しおわった対象的現存とは、人間の本質的諸力の開かれた書物であり、感性的（客観的・対象的――引用者）に提示されている人間的な心理学である。」（前掲書）

マルクスの表現はやや生硬な感じがしますが、たとえれば日本で作られたパソコンをとりあげても、それらは世界中の研究成果やパテントに基づき、各地域の幅広い工業的すそ野に支えられてなりたっているわけです。あるいはヨーロッパの衣料産業が原料の製造からファッションに至るまで、同様に幅広い文化的なあるいは工業的なすそ野において支えられている等々のことを思い起こしていただければとりあえず十分ではないかと思います。これらの製品はもちろん世界中で使用されています。これらのことは労働を媒介として人間が類的存在であることを現実的に日々証明しているということでしょう(注1)。

（注1）「生産力のこの普遍的な発展とともにはじめて人間の普遍的交通がなりたち、そして地方的な個人のかわりに世界史的なすなわち経験的に普遍的な個人を置き換えた。」（マルクス『ドイツ・イデオロギー』）

さらにマルクスは労働がどのような意味で人間の類的存在を開示するのかについて以下のような具体的な展開を示していきます。あとで述べるように、個々人の労働の行使が資本主義的「疎外」をこうむることなくそのままに類的な人間的本質の発現であれば、以下のようなものなのです。

「われわれはいずれも、自分の生産のなかで自分自身と相手とを、二重に肯定したことであろう。私は、（1）私の生産のなかで私の個性を、この個性の独自性を、対象化したことであろう。だからまた私は、活動の最中には、個人的な生命の発現を楽しみ、また対象をながめるときには、私の人格性が対象的な、感性的に直感できる、それゆえにまごうかたなき力であることを知るという、個人的なよろこびを味わったことであろう。（2）私の生産物を君が楽しんだり使ったりするとき、私は直接に、次のような楽しみを味わうであろう。すなわち、私は労働のなかで人間的な欲求を充足したいのだという、つまり人間的な本質を対象化し、だからまた他の人間的な本質のもつ欲求にそれに適合した対象物を供給したのだ、と意識する楽しみを、（3）君にとって私は、君と類をとりもつ仲介者の役割を果たしているという、つまり君自身が私を、君自身の本質の補完物、君自身の不可欠の一部として知りかつ感じてくれているという、つまり君の思考のなかでも君の愛のなかでも私を確証していることを知るという楽しみを、(4)私は私の個人的な生命発現のなかで直接に君の生命発現をつくりだしているのだという、つまり私の個人的な活動のなかで直接に私の真の本質を、私の共同的本質を、確証し実現したのだ、という楽しみを、こうした楽しみを私は直接に味わうことであろう。……労働において私の個人的な生命が肯定されるのだから、私の独自性が肯定されることになるだろう。だから労働は、真の、活動的な所有となるだろう。」(マルクス『ミル評注』)

労働生産物、それは工業的なあるいは農業的なものから手工芸品さらには芸術作品にいたるまで存在します。田畑を耕やすのも立派な労働ですし、ビルを造るのもそうです。しかし、それらにとどまらず、マルクスにおいては、人間的創造のすべてが「労働」として捉えられています。

やや抽象的な話になってきたので、「人間は類的存在」ということまでの理解についてまとめてみましょう。このように財を生み出しそれを交流する人間に固有な労働(注2)は、人間の協力・共同行動の中核にあって数百万年の人類史のなかで徐々に形成され発展してきたのです。初期人類やホモ・サピエンスさらには氏族や部族のなかで育まれ、また近代以降においては世界的な経済交流を土台として文字通り人類的な規模で幾多の精神的諸力や感性が鍛えられ形成されているのです。このように労働は類的な存在の実証であると同時にその形成の推進力でもあるのです。

(注2)「彼ら(人間)はただ一定の仕方で共働し、また彼らの活動を相互に交換しあうことによってのみ、生産する。」(マルクス『賃労働と資本』)

もし人間が類的な存在だとしたら、それら労働生産物は単独の個人によって生み出されたものではありえません。たとえば窓に掛かっているカーテン一枚をとりあげたとしてもそうなのです。生地が化学繊維なら原油が不可欠です。アラブ地域での原油の採掘からはじめたとしてもさらに日本までの輸送も必要です。精錬され繊維として加工されさらには様々な模様をあしらった布となります。染料も必要ですし裁断も裁縫も欠かせません。意匠も伝統や流行を踏まえたものであればデザイナー達の様々な試行錯誤が当然あったでしょう。このように生産物の本質にちょっとでも思いをめぐらせれば、まさにマルクスの語ったように生産および労働とは、社会的に行使されているものであり個々人の類的本性の対象化であり、集団的な共同労働の成果でありまた社会的分業に基づく協同労働の成果でありその実証なのです。

したがってまたそれら類的本性の対象物を「私のものだ」とか「あなたの所有物」だとかと考えるほうがよほどおかしな話なのです。ところが現実に目を向ければ、この「疎外」は、たとえばこの過程にたずさわってきた幾多の労働者の労働の成果物が、自分達のものとしてではなく、資本の生産物としてあらわれています。いろいろな過程を経て作られたカーテンは企業Aが所有する商品資本となります。これこそが資本主義的私的所有と言われるものです。それは全国に輸送され商品として店頭にならび、購入者の「私物」へと移行します。

マルクスは労働こそが「所有」の根本にあると考えています。ですから、一枚のカーテンの例でもあきらかなように現代世界では国際的な多数のかかわり、科学的な、文化的なあるいは工芸的な労働の集積の産物なのです。それにもかかわらず「このカーテンはA企業のものだ」というのであれば他のそれまでの過程でかかわった人たちの労働は――搾取も考慮に入れれば――二重に否定されたことにならないでしょうか。このようにして私的所有は、本来の労働を疎外したものとなっているでしょう。

だからマルクスはさらに続けます。

「私的所有はわれわれをひどく愚かにし、一面的にしてしまったので、われわれが対象をもつときにはじめて、したがって《対象が》資本としてわれわれにたいして存在するか（この場合は他人の所有物としてあい対する――引用者）、あるいはわれわれによって直接占有され、食べられ、飲まれ、われわれの身につけられ、われわれによって住まわれる等々、要するに使用されるときにはじめて、対象はわれわれのものである、というようになっている。」（マルクス『経済学・哲学草稿』）

このようにして本来、「人間の類的存在」の発現である共同労働・協働労働の連鎖のなかで生まれてくるのが労働生産物であり、したがって共同の所有物でしかありえないのに「われわれによって使用される」場合だけを「もつ」「所有する」という転倒した認識があたかも常識であるかになったのです。

「すべての肉体的ならびに精神的感覚（意志、愛等々）にかかわって、そうしたすべての感覚のまったくの疎外、すなわち《もつこと》の感覚があらわれてきた……私的所有の廃棄は、だから、すべての人間的な感覚や特性の完全な解放である。」（前掲書）

したがってマルクスは次のような結論に到達します。

「私的所有の積極的揚棄は、あらゆる疎外の積極的止揚であり、……その人間的な、すなわち社会的な定在への帰還である。」（前掲書）

そのことが「共産主義」だとマルクスは　述べています。マルクスは、人間が労働を媒介として社会的なあるいは類的な本性を発揮しかつそれらを豊かにすることを明示するとともに、私的所有がそうした人間の普遍性、労働の普遍性したがって所有の普遍性（共同性）を覆い隠し、さらにはこのような個々人の自由な展開を阻害していることを160年前にすでに見抜いていたのです。

もし私的所有が揚棄（注3）されれば、人間的な文化的富はすべてがあるがままの姿において共同労働と協働労働のたまものであり人間の類的な存在の証であり、共同の富なのです。そのような社会の実現に向けて歴史は前進しているというのがマルクスの歴史把握です。

（注3）ドイツ語の aufheben は廃棄する、保持するの両義があり、さらに哲学的用語として止揚・揚棄があります。マルクスの趣旨としては所有一般の廃止ではなく、その私的性格のみが廃棄されると言う意味で使用しています。その限りでは「止揚」「揚棄」の訳語がより適切と考えます。

私的所有、つまり「○○氏の所有」あるいは「○○株式会社の所有」というのは分業と階級的支配に基づく特殊歴史段階の一種の擬制だと言うことになります。土地を含むあらゆる生産手段の細分化という事態は、その生産物を商品として現出させることによって、本来は類的協同性に基づくはずの労働行為のあり方を覆い隠しているのです。だから私的所有の揚棄が「共産主義」ということになります。共産主義――より生き生きとした表現としては「自由なアソシエーション」――とはマルクスが述べたように、新社会プランの恣意的な設計や創造ではなく、この現代社会に内在する協同性を解放し、それによって人間が本来の姿としての「社会的定在へ帰還」するということなのです。つまり私的所有というものを取り外したときにあらわれる社会関係の承認であり、それらの育成なのです。

しかし、このような客観的実在性は、現代社会での法関係によって巧みに覆い隠されています。そればかりでなく、資本主義経済の運動のなかから生み出される「物象化」によって本来的な人間の社会性と結びついた個性が損なわれている、とマルクスは考えました。

「現在の時代には、諸個人に対する物象的諸関係の支配、偶然性による個性の圧殺は、そのもっとも先鋭でもっとも普遍的な形態をもっており、したがってまた現存の諸個人に、ひとつのまったく明確な任務を課している。それが彼らに課したのは、諸個人に対する［物象的］諸関係および偶然性の支配のかわりに、偶然性および（物象的——引用者）諸関係に対する（連合した——引用者）諸個人の支配をうち立てるという任務である。」（マルクス『ドイツ・イデオロギー』）

労働が直接には私的労働として行使される近代市民社会のもとにあっては、労働者・生産者の関係は商品・貨幣関係へと転倒されます。それが「物象的諸関係」ということなのです。そして同時に物象化とは、このような商品・資本関係が諸個人に対してあたかも個人の人格であるかのようにそれに覆い被さることを意味します。(注4) さらに現実に即して語ることが許されるならば、資本主義的諸関係が、人間的個性へ外在的に（偶然的に）付着した「仮面」のようなものだと言えるでしょう。現代の社会で、経営者は冷徹で利益追求の権化として、はたまた拝金主義者としてその個人の性格を規定されています。また、一部の労働者は「企業戦士」として、その仮面を「人格」にまで高める努力をさせられています。あるいは無気力で従順な「下僕」として労働してゆくことを強いられています。このような資本主義的諸関係による本来の人間性の抑圧として「物象的諸関係」あるいは「偶然性による個人の支配・圧殺」がマルクスによって語られているわけです。人間の本性にとってこれらの「性格」は、固有なものでは決してなく、資本主義下の経済的関係が個々人に押しつけたものなのです。したがってそれらは、資本主義経済の克服にともなって漸次消え去ってゆくものと考えられるのです。

（注4）「諸個人の労働が私的労働として営まれる限り、彼らの労働における諸連関は、必然的に物象の連関、すなわち商品および貨幣の関連としてあらわれる彼らの労働は、一方では具体的労働として、他方は他人の欲求を充たす他人のための使用価値を生産し、他方では抽象的一般的な性格において価値という商品の、物象の社会属性に対象化するのであって、彼らの諸連関は彼らの所持する商品の連関として、さらに商品と貨幣との連関としてあらわれるのである。これが「人格の物象化」である。この「商品世界」では、主体は自立化した労働である商品および貨幣である。諸個人は、この世界では、主体である商品および貨幣を代表する人格としてのみ相互に対しあうのであってこれが「物象の人格化」である。」（大谷禎之助『経済誌林』法政大学 V0l.63, No.3）

さて、共産主義が私的所有の揚棄であり、同時にまさにそのことによって「社会的定在への帰還」であるのは、マルクスにとって一体のものとして把握されていたことはあきらかでしょう。帰還とは遠い場所からもといた場所にもどる、あるいは本来の場所に帰るといった意味でしょう。資本主義的生産関係によって分断され否定されてきた人間が、それを脱して社会的存在あるいは類としての協同的存在のもとへと復帰するといった意味でしょう。(注5)

(注5)「帰還」という表現とともにマルクスは「解放」という言葉も使っていますが、だいたい同じことです。「私的所有の廃棄がこうした解放であるのは、これらの感覚や特性(肉体的・精神的な諸力——引用者)が主体的にも客体的にも人間的(類的——引用者)になっているという、まさにそのことによってなのである」(『経済学・哲学草稿』)。「解放」というのは、何らかのくびきによって拘束されているものを除去し、すでに能力として獲得しているものを自由に飛び立たせることです。私的所有の揚棄によって、個々の人間がすでに獲得してきた社会的な本性、類としての本性を自由に発揮させるということでしょう。

現代社会は、国家や階級や民族、あるいは企業や個々人に分断され相争うという一面とともに、他方では人々が否応なしに地球的規模で関係をもつ、もたざるをえないという時代でもあります。経済問題・環境問題・資源問題等々をあげることができます。また商品経済は国境をはるかに越えて相互に浸透しています。つまり資本主義の歴史的発展は、資本主義固有の矛盾を拡大させてきたのですが、他方では人々をひとつの経済的運動のなかに投げ入れ密接に関連づけ、それらを克服しうる新たな社会の実現の条件をも成長させてきたと言えるのです。私的所有の揚棄は、ですから類的存在として成長した人間の解放でもあるのです。

マルクスの若い時代のやや哲学的で難解な言葉もありましたが、「人間、社会および労働」についてのマルクスの趣旨は、おおよそこのようなものだと思います。したがってなぜ「私的所有の揚棄」を根本的な解決として掲げたのかもあわせて論じました。(マルクス疎外論のなかの類的疎外を中心に論じてきましたが、他にもたとえば労働の疎外もあります。密接にそれらは関連していますがここでは余裕がないのでふれませんでした。)

「類的存在」といった表現は上記の引用論文を中心に初期のマルクスに多くみられますがその後は少なくなります。しかし、マルクスが決して見解を変えたということではありません。むしろより精緻で科学的な分析に置き換わっていったということだと思います。用語としても抽象的であり、当時の哲学者フォイエルバッハの「人間学」との区別も必要であったことなどの事情も考えられます。さらに大切と思われることは、マルクスにとって人間の「社会的定在」「類的存在」の把握が、基本的に確立したこと、同時にこうした人間存在への「帰還」が「共産主義」であることの把握が完結したことでしょう。こうしてマルクスの次なる課題が、その実現の条件である「私的所有の揚棄」がいかにして果たされるのかの問題追求に移動していったと大雑把には言えるでしょう。つまり、『資本論』に代表されるように資本主義的生産様式の揚棄の条件がいかにして歴史的あるいは内在的必然性をもって形成されるか、の論証に移動したこと等の事情によって、もはや「類的存在」「社会的定在への帰還」への考察に直接に立ち戻ることが少なくなったと考えられます。

ですから、『資本論』だけを研究してマルクスの全体が理解できるわけではありません。「共産主義」や「アソシエーション」を的確に理解するためにはその土台も研究されなければならないのです。あえて言えば『資本論』もマルクスの体系の一部にすぎないのです。多岐にわたる実証的論考を押し進めたマルクスですが、「人間学」というようなまとまった完成度の高い著作も学問もありません。記述はすでに引用がなされたとおり、深い思索の結果であろうとは言えしばしば直感的なものに止まっています。しかしながら、マルクスの人間理解として、人間は「類的存在である」「共産主義とは社会的定在への帰還である」という把握を欠かすことはできないと思います。

旧ソ連のいわゆる「スターリニスト」がこのマルクスの人間理解をこばみまたは無視してきたのは、単なる集団労働や統合された労働、つまり国家によるありふれた集産主義や戦時体制を「社会主義」「共産主義」としてカムフラージュするためのひとつの意図的方策と言えたでしょう。(注6)彼らの下でゆがめられ骨抜きにされたマルクスの思想は、社会主義国＝ソ連の「権威」により世界の社会主義陣営に持ち込まれ、その影響は今でも引き継がれています。そのひとつの帰結が資本主義に対する批判の浅さであり、また「自由なアソシエーション」に対する理解不能ともなってきたことは大変残念なことです。

（注6）旧ソ連において典型的に形成された社会は、労農革命後の国家主導による急速な資本形成の体制が、内外の政治的・軍事的情勢のなかで極端な国有経済・軍事体制として変貌した社会にすぎないと考えられます。詳しくは拙著『どこへゆくロシア』、オリオン参照。

[2] 社会的諸個人の「完全な自由な発展」

さて、「共産主義」あるいはマルクスによって多用された別の表現である「諸個人の自由なアソシエーション」がどのような社会であるのか、その基礎について検討をすすめたいと思います。ここでもマルクスの言葉をとりあげることからはじめたいと思います。

「階級と階級対立をともなった旧来のブルジョア社会にかわって、各人の自由な発展が万人の自由な発展の条件であるようなアソシエーションがあらわれるであろう。」(『共産党宣言(共産主義者宣言)』)

「各人の完全な自由な発展を根本的原理とするより高い社会形態。」(『資本論』第1巻第24章)

ここでは個人と社会は対立するどころか根本的に一致している、いや支えあっているということがすくなくとも読みとれると思います。これがマルクスの資本主義を土台として生まれる社会に関する根本的な把握です。しかし、われわれの日常生活経験から「ほんとかな?」「これでは社会の秩序がなりたつはずがない!」という意見・感想がはね返って来るに違いないでしょう。というのも「個人」というのはそもそも私利私欲の固まりであり、「完全な自由な発展」などをさせればどんな反社会的な行動をとるかわからないと。いずれ無政府的な混乱に帰着する、法やそれを守らせるためにある程度の強制力(たとえば警察等)によって「個人の自由」を制限すべきである、それが現実的対応というものである等々。しかし、こうした意見は「現実の社会」を前提とする場合においては「もっとも」であっても、すでに述べてきたところの「物象的諸関係」、つまり個々人の個性に外的に付着した資本主義的諸関係の反映にすぎないのです。

そこで、このような見解、すなわち個々の人間が本来「社会的である」あるいは「社会的に生きる」という人間理解を、実証的にあるいは臨床的に確認してきた研究を紹介したいと思います。

アメリカの臨床心理学者であり、非指示的カウンセリングの創始者であるロージァズは、「反社会的問題児」や悩みを抱える人たちの、何十年にもわたるカウンセリングのひとつの結論として、その人間観を以下のように語ります。

「まず第一に人間は矯正できないほど社会的である。私の経験からみると、人間は他人と安全で親密に話し合える関係をもとうとする基本的な欲求をもっており、そして、そのような関係がないと非常に孤独な、切り離された、満たされない気持ちを感ずるのである。」

「私の経験では、人間は、基本的には、人類の信頼に足る一員なのであり、そのもっとも深いところにおける特質は、発達、分化、協力関係というものに向かう傾向をもっており、その生活は、基本的には、依存から独立に向かってすすむものであり、その衝動は、自然に、複雑にして変化のある自己規制のなかに調和を遂げていくものであり、そしてその全体的特質は、自己および種族を保存し発展させるというような傾向をもつものであ（る）。」

「私は、人間の多くの行動が野獣性、残忍さ、欺瞞性、防衛性、異常性、愚劣などを示していることに決して目をつぶっているわけではない。しかしながら、私の経験からすれば、こうした行動の特徴を人間性のもっとも基本的な要素とみなさなければならない理由は何ら存在しないのである。事実、人間がたとえ不完全であっても、成長し、発展し、可能性を実現する機会を与えられるならば、人間が捨て去ってゆくのはまさにこうした行動特徴であるということを見いだしている。」（ロージァズ『人間論』ロージァズ全集第12巻、岩崎学術出版社）

しかしこうした積極的で建設的な人間特徴は、いかにして見いだされるのでしょうか。このきわめて興味ある問題についてロージァズは、明確に以下のように述べています。


「私は、あるひとつの関係――それは、安全感を与え、脅威をまったく取り除き、どうあっても何を選んでもよいという完全な自由を与える、という特色をもつものであるが――のなかで、人間というものを非常に深く知るようになった。」

「人間というものは、ひどくゆがんでしまうこともできる、まことに複雑な生き物であるように思われるが、そのもっとも深いところにおける傾向は、彼自身、および同種族の他の成員を高めるのに役立つものなのである。私の経験では、人間というものは、たとえ短時間であろうとも、いかなる方向でも自由に選択できることができるという、脅威のない雰囲気を経験するときには、この建設的な方向にすすんでゆくものであると信ずることができるのである。」（前掲書）

ロージァズのカウンセリングが「非指示的」であるということは、外部からああしろこうしろと押しつけるのではなく、人間に本来内在している社会的本性を呼び起こすこと、それに基づいて健全な社会関係を再構築することが彼のセラピイ（治療）の核心であるからです。そして彼は言います。脅威のない自由な状態こそ、人間のエゴや野蛮性を助長するものではなく、人間の調和的な社会関係の形成に不可欠の条件であると。

長い研究や経験に基づくこれらのロージァズの確信は、マルクスの「人間」に対する把握と一致しています。なるほどカウンセリングは、カウンセラーとクライエントの二人だけの関係です。「社会」と言うにはあまりに貧弱です。これはたとえてみれば研究室の試験管のなかでの実験に当たるものです。しかし、試験管のなかで確認されたことでも、ひとつの貴重な事実であることにかわりはありません。

ロージァズは、マルクスのように「労働」の普遍的性格やそれが類的本性の発現であること、個々人にとっては労働が個性の発揮であり、それらの対象物の社会的有効性はこの個性の肯定であることについては何も述べてはいません。しかし人間は本来的に「社会的に生きる」こと、調和と協力のもとで「種族を保存し発展させる傾向」をもつことを指摘しました。これらの観点はマルクスと矛盾するどころか、相互補完的にアソシエーション社会の存立を肯定するものと言えるでしょう。

ロージァズは、このような観点からフロイトを批判します。

「フロイト主義者が、私に、人間は本来悪であるとか、あるいはもっと厳密には、本来破壊的なものである、と述べるとき私はただ頭を振って驚いてしまうのである。人間の本性におけるもっとも深い要素が解放されるならば、無統制の破壊的イド（id）が世の中に解き放たれるであろうということを信ずべき何の根拠も、私の経験からはあたえられない。」（前掲書）

フロイト主義者によれば、文化文明とは抑圧と強制のひとつのあり方です。なぜなら、人間が本来反社会的で破壊的なものであるのならば、社会を守るためには、これを統制してゆく精神的および肉体的な抑制機構が必要であり文化（の歴史）とはまさにそれなのだ、と。(注1)

（注1）「いっさいの文化は、強制の上にそして衝動の放棄の上に築かれなければならないように思われる。強制がなければ、大部分の人間が、その新しい生活手段を獲得するのに必要な労働を引き受けるかどうかすらはっきりしないであろう。人間は誰でも、破壊的な、そしてそれ故に反社会的な、反文化的な傾向を持っているものであり、またそういう人間が集まって多数になれば、それは、人間社会の行動を決定するほどの強い力をもつようになるという事実を考慮に入れなければならない。」（フロイト『The Future of Illusion』）

ロージァズによるフロイト批判は、もっとも根本的なものだと思います。また、ここで批判されている観念は、単にフロイト主義者のものだけではありません。自然界の自然淘汰を単純に社会原理に持ち込む誤った社会・人間観、すなわち「優勝劣敗」「生存競争」「エゴイズムは人間の本質」等々――これらの観念は現在流布されている多様な論調の土台となっています――への鋭い批判となっています。これらの諸「思想」は、要するに現存の資本主義社会の現象をそのまま肯定しただけです。つまり「物象的諸関係」をそのままになぞったものにしかすぎないのです。

資本主義的諸関係の物象をはぎ取り、そこでマルクスが把握した人間像は、フロイトなどとは対照的に、自由、抑圧のない状態を条件として、「独立」し同時に「社会化」された人間「社会的に生きようとする」本来的な人間としてあらわれ、類としての存在の実を開示することを示しています。そのためには私的所有が揚棄されること、それによって人間の社会的本性、類としての人間の本性があらわれる、解放されるのです。この本来的な人間特徴があるからこそ――この生成の歴史は本稿第2章および第3章に展開されます――、その「完全な自由な展開」として新しい社会関係、「アソシエーション」が形成されうるのです。

人間のこうした本性に注目したのは、ロージァズだけではありません。革命ロシア時代の心理学者で教育者であったヴィゴツキーもあげることができます。

人間は、集団的社会的に相互にかかわるなかでこそ、五感や感情や知性等々を形成し、要するに人間の大脳に淘汰圧を与え進化を遂げてきたのです。だからこそ人間はその本性上社会的でしかありえないし、彼らの獲得された諸力は、社会のなかでこそ発揮されるのです。つまり、自立した個人にとっての自由とはエゴイズムや社会に背を向けて得手勝手に生きることではなく、人間の本性や諸能力の展開それ自身のなかにあるのです。このような人間的自由が相互に前提しあい支えあう未来のアソシエーションでは、決して協同（共同）社会のために、個々人の欲求や意欲を押し殺したりするというものではないのです。これがマルクスの言う「自由なアソシエーション」なのです。

現在の社会で生活していると、個人と社会はたえず対立するかのように考えがちです。あるいは個人的なものは社会と無関係であると。社会は社会の、個人は個人の論理があるとか。しかし、物象化をはぎ取ったところでは、人間のもっとも個人的と思えることが、つまり、内面の深いところでは普遍的（社会的）だということです。マルクスは次のように記しています。

「個人は社会的存在なのである。だから彼の生命の顕現は……社会的生命の顕現であり、確認である。……人間の個人的生活と類的生活とはそれぞれ別個なものではないのである。」（『経済学・哲学手稿』）

同様にロージァズも次のように確認しています。

「もっとも個人的なものは、もっとも普遍的である。」（ロージァズ『ロージァズ全集』第18巻）

古来、人間の本性は「善」であるのか「悪」であるのかという議論があります。それぞれ「性善説」および「性悪説」と呼ばれるものです。抽象的で衒学的なテーマですが、もし、「善」というものが「社会的に生きようとする」あるいは「社会との調和のなかに生きようとする」ところの人間の本性である、と解釈するのであれば、人間の本性は「善」であると主張することができるでしょう。あとの第2章で検討するように、現代の諸科学は人間のこうした社会的な本性をいっそう具体的にあきらかにしつつあるのです。

[3] ルソーとマルクスのアソシエーション

ここでルソーをとりあげるのは、あらためてルソーの研究をするとか、現代的視点からルソーを見直すとかのためではありません。ルソーの社会理論（アソシエーション論）は、マルクスと似ているにもかかわらず決定的な点で違っています。これらの点について両者を対比検討することによって、マルクスの見解をより鮮明にすることができると思われるからです。

マルクス自身が若い時代にルソーの研究をしたことが知られています。これも、マルクスの思想形成の通過点であったでしょう。過去の優れた学説を咀嚼《そしゃく》しつつ、独自の理論を構築していったわけです。この過程を簡単に振り返ることにもなるでしょう。

ルソーは、彼の理想とする社会の根本的な性格を以下のように述べています。

「各構成員の身体と財産を、共同の力のすべてをあげて守り保護するような、結合（アソシアシオン）の一形式を見いだすこと。そしてそれによって各人が、すべての人々と結びつきながら、しかも自分自身にしか服従せず、以前と同じように自由であること。」（ルソー『社会契約論』岩波文庫）

ここでは徹底した民主制、あるいは社会主義・共産主義にも通じる思想が述べられていると思います。マルクスの思想とも共通するものと言えるでしょう。

ところがさらに読み進むと、両者の違いは徐々に感じられるでしょう。

「各構成員をそのすべての権利と共に、共同体の全体にたいして、全面的に譲渡することである。……この譲渡は留保なしにおこなわれるから、結合は最大限に完全であり、どの構成員も要求するものはもはや何一つない。……われわれの各々は、身体とすべての力を共同のものとして一般意志の最高の指導のもとにおく。そしてわれわれは各構成員を、全体の不可分の一部として、ひとまとめとしてうけとるのだ。」（前掲書）

さらに次のようにも語られます。

「彼らが国家に捧げた生命そのものも、国家によってたえず保護される。そして、彼らが国家を守るために生命を捧げる場合、彼らは、国家からもらったものを国家にかえすにすぎないのではないか？」（前掲書）

共同体＝国家というルソーの理解はさておいても、これでは個人の人格的自由というものは感じ取れません。確かに各構成員は、平等であるのだから特別の個人による支配や抑圧もないという意味では個々人は「自由」なのでしょう。しかし、ここで把握された「自由」は、抽象的でネガティブな印象しかうけとることができません。しかも、各共同体員は、なぜ国家や共同体に「命をささげ」たり「権利を譲渡」したりしなければならないのでしょうか。

疑問を解く鍵は、どうやらルソーの「個人」に対する理解にあるようです。彼にあっては、個人は、次のような形で述べられているのです。その本性においてマルクスのようにあるいは最近の科学的知見のように「社会的人間」「社会的個人」として把握されていないのです。

「実際、各個人は、人間として、ひとつの特殊意志をもち、それは彼が市民としてもっている一般意志に反する、あるいは、それと異なるものである。彼の特殊的利益は、公共の利益とはまったく違ったふうに彼に語りかけることもある。彼の絶対的な、そして本来独立した存在は、彼をして……臣民の義務を果たそうとはしな（くなることもありうること。）このような不正がすすめば、政治体の滅亡をまねくだろう。」（前掲書）

個人の自由についても別な根拠が付け加えられます。

「主権（一般意志）はいかに絶対的であり、いかに神聖であり、いかに犯すべからざるものであろうとも、一般的な約束の限界を超えないし、また、越えられないこと、そして、すべての人々は、これらの約束によって彼に残されている限りの彼の財産、自由を十分にもちいることができる。」（前掲書）

ルソーにはある種の二元論、ないしはすくなくともともと論理的な不整合があります。すべてを「一般意志の指導のもと」におく、あるいは「国家に命を捧げた」のに、ふたたび個人は独立の存在として、あるいは社会に開かれない存在として登場しています。こうした矛盾は、ルソーが、無産階級の立場から社会主義的思想を指向しているにもかかわらず、他方では、有産階級の立場にも理解を示していることが背景として指摘できます。

しかし、われわれの興味を引くことは次の点です。ルソーにおいて、個人は、社会（一般意志）に対して「絶対的な……本来独立した存在」として把握されます。個人が社会と次元の異なるものとして登場しています。ここにおいてマルクスとの相違が浮き彫りになっているでしょう。また一方では、「社会契約」によって、個人は、すべての権利を社会に譲渡する、そのうえで全面的に「結合」（アソシアシオン）すると言ってますが、人間が生来もっている社会からの「独立性」までもが解消されるわけではないということです。

マルクスにおいては、個人は、徹底的に社会的な存在として理解されているので、そのちがいはあきらかです。そうした個々人の自由な活動は、――私的所有と資本主義的諸関係を取り除けば――反社会的なものとしてではなく、本来建設的なもの社会的調和を導くものとして理解されます。ですから、個人的自由はつまり自らの本性や能力の展開は、ルソーのように「社会との契約」の枠外に「残されたもの」ではなく、社会のなかに、つまり個々人の調和的な社会生活のなかにあるというべきです。（注1）

（注1）「人間がその本性上社会的なものであるならば、人間はその真の本性を社会においてはじめて展開する。」（マルクス『聖家族』）

ルソーの結合社会（アソシアシオン）は、いわば、「個人」と「社会」の非和解性という亡霊につきまとわれ寄木細工のようなものであったと言えるでしょう。だからルソーは次のように付け加えざるをえなかったのです。

「この契約は、何人にせよ一般意志への服従をこばむものは、団体全体によって、それに服従するように強制されるという約束を、暗黙のうちに含んでいる。」（前掲書）

マルクスとルソーの人間把握の違いは、そもそも、人類史に対する理解の違いに帰着するとも言えます。ルソーの場合、彼の想定している太古の「自然状態」によれば、人間は本来独立した、その意味で「自由」な（バラバラの）存在として考えられています。支配、被支配関係がないという意味では平等でもあったわけです。このような誤った「仮定」に基づき「社会契約」によって社会を構成することに無理があり、言い換えれば太古の世界にも近代市民社会の社会関係を恣意的に投影させたとも言えるでしょう。

人間が社会的であるのは「社会契約」によるものではなく、次章で述べるような自然史的過程が創造したものなのです。

第2章　自然史としての人類史

[1] 位階制社会とその「ゆるみ」

人間が社会性をもっているということは、猿がそうであるという意味ではとりあげるまでもないことでしょう。問題は、他の猿集団や狼の集団と異なった「人間の社会」という独特の形態が、どのように自然史的進化の過程で生まれたのか、したがってこの社会はどのような特質を内部構造にビルト・インさせているのかを知ることなのです。現代の科学的知見に基づいてこれらの諸点を概括することは、第1章でマルクスが語ったところの、人間が「帰還」すべき「社会的定在」とはどんなものなのかをより具体的に把握することを意味します。同時に、アソシエーション社会、つまり「各人の完全な自由な発展を根本的原理とするより高い社会形態」（マルクス）の現実性を探るものでもあると考えます。

広い自然界には、多くの「社会的動物」が存在します。霊長類、とくに類人猿の社会は、人間の祖先の社会との共通性が指摘されています（ちなみに人間のDNAはチンパンジーと98％以上共通だと言われます）。霊長類に関する現代の科学的研究は、人間社会のなりたちについて多くの示唆を与え続けています。

多くの霊長類は防衛や繁殖のために集団を形成しています。そこでまず目につくことは、一般の猿達にとってはもとより、類人猿であるチンパンジーでさえも位階制社会あるいは——動物学者が言うところの——順位制社会は「不易の体制」であることです（テナガザル等の例外についてはここでは論じません）。つまりボスザルの支配というものが存在するのです。しかし、人間は必ずしもそうではありません。あとでふれるように、ホモ属の出現後（現在の知見によればはじめのホモ属はホモ・ハビルスとされ約240万年前に登場しました。）、人類史のほとんどが階級・階層のない「平等」な社会であったと想定されます。百万年単位の人類史のなかで、人と人との間に支配・隷属関係が確立したのは、すなわち階級社会があらわれたのは最古の文明を築いたメソポタミア地方であっても今からわずか5、6000年程度前（ウルク中期など）のできごとです。

ですから科学者達が想定している人間と類人猿の「共通祖先」――それらは現在の大方の猿やチンパンジー同様順位制社会を維持していたと推測されます――から人間の対等な社会への移行は、人類の生物的進化が到達した諸力に基づく新たな「社会原理」の創造であり、大きな転換であったのです。われわれにとって大いに注目すべき点でしょう。

猿達にあっては、ボスザルはかわり、個体の序列の変動があっても順位制は不変です。このことは猿達の進化段階の諸力に対応した社会「体制」ということになります。「存在するものは合理的である」（ヘーゲル）。というわけで、なるほどこうした体制が猿達にとって合理的な面があります。個体および集団の維持・繁殖にとって――対自然、対捕食者、対他の猿集団等々の脅威に対して――順位制社会はそれなりの有効性をもった適応であるのです。

それは次のようなことです。こうした順位制社会には「つつき順位」というものがあります。その頂点にはボスザル（アルファオス）がいます。この社会集団は順位が個々の個体に定まっており、餌や雌のための集団内部の闘争を日常的には「地位の確認」という儀式ですましているのです。つまり個々の個体はこの「順位」に従い、自制し譲り合うのです。いちいち、日常的に闘争することを避け、集団を安定させ分裂や消耗から救う役割を、順位制は担っているわけです。もちろん、一時期の「安定」のあとには、相互の猿達が順位を争い、またさらにはボスの座を狙う。そこには闘争があります。しかし、一旦決着すれば、その結果にしたがって位階順位が定まり平和が訪れるのです。その限りで順位制は、これら集団の抗争や分裂を軽減させる機能をもつものと考えられるのです。

複雄・複雌群であるチンパンジー社会は、生まれた雄が群れに残るという点からも雄同志の仲間意識や団結が強いとされています。とはいえチンパンジーも、順位制を不易の体制としていることにはかわりはありません。しかし、そこにはかなりの「ゆるみ」が指摘できるのです。この問題は人間の原始的共同体社会と比較することによっていろいろな示唆をわれわれに与えます。つまりチンパンジー社会は他の猿達と同じ順位制を基本としている一方で、人間社会にみられるが他の猿集団にはみられない新しい要素があらわれてくるのです。[注1] 人間社会を生み出す過渡的な性格をもっているのです。

（注1）ホモ属以前の初期人類がチンパンジーのような複雄・複雌群から生成したものと同定しているわけではありま

せん。初期人類の社会組織については異なった見解もあります。(たとえば山極寿一『ヒトはどのようにしてつくられたか』岩波書店)

位階体制あるいは順位制の「ゆるみ」は、巧みな駆け引きによる合従連衡や食料「分配」にみてとることができます。チンパンジー集団では、ボスが単純に雌と食料を優先支配するとは限らないのです。ボスは獲得した食料を巧みな個体選別のうえで「分配」したりもします。なぜならボスの支配は、この社会では単に一頭の腕力によってうち立てられるものではなく、他の雄や雌も含めた支持がなければボスの地位も安泰ではないからです。また、個体の「地位」(順位)が単純に「現実の」優位の保証ではなくなっており、誰と「組む」か、加勢をえられるかどうかも「勝負」の要因となります。ですから巧みな「支配テクニック」や「勝利に結びつく方程式」を上手に利用することが必要となるのです。つまり、支配者(上位者)も被支配者(下位者)も連合して対抗することが学ばれており、個々のケースのなかで力関係の判断が必要とされているのです。そのさい、血縁関係はもとより普段からのおつきあいや分配行動が意味をもってくるのです。

極端な順位制猿社会では、こんなことははるかに少ないようです。それでも連合は広くあるようですが、分配行動がまったくないものもあり、彼らの場合は腕力体力に優れている個体が一騎打ちのケンカの勝負に勝てばボスになれる、あるいは地位の上昇を約束されるという側面がはるかに大きいのです。しかし、チンパンジー社会はそうではなく、前にふれたように、その集団の少なくない部分、当面のライバル雄のライバル、またはボスの座を狙わない雄の応援さらには上位の雌の支持などが必要なのだそうです。ですから、チンパンジー達は相互の個体の上下関係(順位)のみでなく、ライバルにたいして連合を形成するために相手の気持ちを読み、機嫌をとり、買収よろしく食料までも渡したりするのです。チンパンジーのように連合(共闘)してボスの座に着き、「勲功」として食料の分配や雌への生殖的容認を「パートナー(同盟者)」に与えるという例は他の猿にはないようです。フランス・ドゥ・ヴァールの著書『チンパンジーの政治学』には彼らの権謀術数にかかわる詳細な観察記録がわかりやすく記述されています。ぜひご覧ください。

そのなかから印象的なエピソードをひとつあげておきましょう。

「少し前、私達は観察台の窓からオークの葉(チンパンジーの好物)を(放飼場に)投げ込んだ。威嚇しつつ、イエルーン（ボス）が全速力で近づいてくる。他のチンパンジーは、それをみていて、誰もあえて葉のそばに寄ろうとしない。イエルーンは、葉っぱの山を独り占めした。」（ドゥ・ヴァール『チンパンジーの政治学』産経新聞社）

そのあとにどんな展開があったと想像できるでしょうか？

「しかし、10分後、集団のメンバー達は、みんな、大人から子供まで、戦利品の分け前を得た。」（前掲書）

ドゥ・ヴァールはこのエピソードに以下の説明をくわえています。

「大人のオスにとって、自分自身が所有する量は重要ではない。かんじんなことは、集団のなかで、誰が分配するかと言うことである。」（前掲書）

このボスの戦略はあきらかです。分配者となって「恩恵」を与え、それによってボスの地位を揺るぎないものにすることです。まるで○○党の首領あるいはヤクザのボスを想起させませんか。逆に考えれば、それだけ集団個々の個体の支持に絶えざる「心配り」をし「求心力」の維持に努力を払わなければ自分の地位は脅かされる、――反主流派の連合が形成される――という意識があるに違いないでしょう。こうした戦略的分配は、厳格な順位体制をとる他の猿集団ではありえないことです。チンパンジーは貸し借りを正確に記憶する能力とともに、「恩にきる」「恩を売る」というものに近似した感性をもっていることを示しているでしょう。そうでなければボスザルによる分配のような行動様式が進化・定着することはなかったでしょうから。

しかし、チンパンジーでも継続的な共同支配というのはありません。「権力」に到達する過程での「連合」「共闘」はあっても安定した長期的なものではないようです。結局誰かがボスになり順位制社会はそのままなのです。そこに暗示されていることは、次のことです。個体同士の連合あるいは共同作業や共同行動が集団のなかでおこなわれれば、その分順位制は意味を失うであろう、ということです。なぜならこうした「協力・共同」のケースでは、相互の個体は、互いに認めあい対等な関係として譲歩すべきは譲歩せざるをえないのです。高順位者もその特権を振り回すのを止め――すくなくとも協力関係の維持のためには――、順位の上下にかかわらず同一歩調をとる必要があります。かくして協力・共同行動が常態化するためには順位制の否定が不可避なのです。もちろんそのためには、進化レベルでの必要な——とりわけ心的な——諸力の獲得が前提となりますが。

別の例をあげてみましょう。チンパンジーの得意な集団による狩のケース。タイ国立公園（コートジボワール）のチンパンジー集団では、オスの狩への参加と分配保証が結びついているが故に、高度な協力体制が実現していると言います。

「チンパンジーは、獲物が食べられるのは狩人のおかげだとわかっているようだ。ボッシュ夫妻は、（集団的）狩への参加が最終的な分け前の量に関係してくることを発見した。(注2) 獲物が捕まったあとに現場にやってきたオスは、地位や年齢に関係なくほとんど、あるいはまったく分け前に与れない。」（ドゥ・ヴァール『利己的な猿、他人を思いやるサル』草思社）

（注2）しかし、西田利貞はこのような解釈を疑問視しています（『人間性はどこから来たか』、京都大学学術出版会）。

これが事実であれば、協力・共同原理が順位制秩序を押しのけた一コマと言えるでしょう。しかも、類人猿のなかであらわれてきた意識的協力・共同行動の発達は、厳しい自然界のまっただ中にあって、集団の保存・繁殖のための大きな武器となりうるのです。それにより得られるものは大きいはずです。順位制社会を乗り越えられなかったにしてもチンパンジーは、その能力の範囲で協力・連合関係を部分的には作りだしているのです。そして、すでにダーウィンが論及していたように社会集団的能力もまた進化しうるのです。

「彼ら（原始人または類人猿的な祖先）は、仲間に対して何らかの愛情を感じ、仲間から引き離されると不安に陥っただろう。彼らは互いに危険を知らせあい、攻撃においても防御においても、互いに助け合ったことだろう。これらすべては、ある程度の共感、忠誠、そして勇気があったことを暗示するものである。このような社会的性質が、……人間の祖先においても……習性の遺伝に助けられた自然淘汰によって獲得されたことはあきらかである。」（ダーウィン『人間の進化と性淘汰』第五章）

すでにチンパンジーの集団生活のなかにあってさえ巧みな政治ワークが観察されており、個々の個体間の優劣にとらず連合の成否が個体にとって重要なものとなっています。個体のもつ腕力や牙の大きさではなく、協力関係の形成を得意とする協調性の高い個体が集団のなかで優位に立つことはありうることです。であるとすればこのような個体が子孫を多く残し、連合や協同性に適した個体を多く含む集団が自然淘汰のなかで生き残ってゆくことになるでしょう。このようにして新たな進化の道が切り開かれたと考えられます。

血縁関係の濃い集団に関しては、W・D・ハミルトンによる包括適応度と血縁淘汰の理論（1964年）によって、また、非血縁関係にある他人同士の協力関係についてはR・トリバースの互酬（互恵）的利他行動の理論（1971年）によって科学的解明の道が開かれました。両者ともダーウィンの協力（利他）行動に関する進化理論を遺伝しレベルから解明したものと言えるでしょう。

人の進化の過程においてチンパンジーとの共通祖先以来の順位制はさらに弛緩し、対等者の協同行動が集団の規制原理に置き換わったと考えられます。集団を支配し食料と繁殖への特別のアクセス権を所有していたアルファオス（ボス）のような存在はいっそう目立たなくなりやがて消滅し、それにかわって戦争、狩猟、祭礼などでの各リーダーが成長してきます。あるいは仲裁者、調停者、世話役、よき助言者等々の新しい社会リーダー（注3）が登場してきます。彼らは常に寛大であり自分のもっているものをいつでも差し出し、礼節を守り共同体の裏方に徹し忍耐強く集団をまとめてゆきます。このような社会リーダーの性格の転換にも類人猿集団と人間社会の違いが浮き彫りにされているでしょう。

（注3）狩猟・採集民は彼らを「考える男」「大きな男」等と呼んでいます。とはいえこれらの個人は何ら公職——たとえば酋長とか——にあることを意味するものではなく、周囲からの尊敬が集まっているにすぎません。

約1000万年以前のアフリカでの造山運動やそれにともなう気候の大変動があり、東部での乾燥化のために類人猿の一部が密林から離れ疎開林やサバンナに進出せざるをえなくなったと考えられています。そのさいこれらの類人猿（人類との共通祖先でもある）の一部は、社会集団における新たな可能性、すなわち協力・共同行動を純化し高める方向に進化の歩みをすすめたと想像しえます。個体において俊敏性に欠けていた彼らは、草原での捕食動物からの防衛や食料の確保等に関していっそうの社会的協力が不可欠であったでしょう。はじめはおずおずと、それから徐々に歩みを早めながらこのような環境適応＝進化戦略の道程をすすんだと考えられます。

位階制社会が協力・共同に基づく対等性社会に完全に転化するためには、類人猿をはるかに越えた新たな生物学的進化のスキームが求められます。それが達成されたのがいつの時代か特定することはできません。しかし、それはホモ属においてすでに基本的に到達していた、と科学的根拠に基づいて推論することは可能です。そのような研究者にたとえばリチャード・リーキーをあげることができます。

リチャード・リーキー『ヒトはいつから人間になったか』（草思社１９９６年）は、人類進化についての包括的な視点と啓蒙的なわかやすさとによって世界的に読まれた本でした。また、人の社会的な協力関係の進化にも着目したもので、上記のように私も多くの示唆をうけました。それにもかかわらず気になる点について指摘しておきたいと思います。リーキーは、ホモ属より古いアウストラロピテクス属がサバンナヒヒに類似した生態――協同的な生活スタイルではない――だと指摘しています。要するにアウストラロピテクス属は、二足歩行する類人猿にすぎないと考えています。他方、リーキーは、ホモ属においてはじめて「人間」の全体的な特色があらわれてきたとしています。大脳の増大が開始されたばかりでなく、性的二型(注4)が縮小し（霊長類の場合、雌をめぐる雄同士の闘いが弱まったことを意味します）、言語の使用が開始され、運動能力が飛躍的に向上し（狩猟が可能となり食料としてタンパク源が豊富になったと想定されます）、さらには子供の成育パターンも現代人と類似性があるとしています等々。

（注４）雌雄が分かれている動物において、主として外観が雌雄によって異なる現象を言います。

これに対してO・ラヴジョイやとくに山極寿一はホモ属以前の初期人類についても、直立二足歩行（両手の使用）、犬歯の縮小、歯の構造の変化などの知見に基づいて、現代人につながる身体的あるいは社会的特徴があらわれてきたことを指摘しています。(注5)

（注５）山極寿一『ヒトはどのようにしてつくられたか』岩波書店

ホモ属において、類人猿と区別された現代人に連なる諸特色が出そろうことについては多くの研究者の一致するところでしょう。ただし、それ以前の初期人類については、絶対的な資料不足によってあきらかでない部分も多いのが現実です。アウストラロピテクスが二足歩行する類人猿にすぎないかどうかは今後の研究の進展によって結論が変わりうることも否定できません。

さて、現代でも未開の地には、研究者達が「後期旧石器時代とかわらない社会(注6)」とする原始的なバンド社会(注7)があります。この社会は狩猟・採集を生計基盤とする小集団の移動性生活によりなりたっています。このような生活スタイルは財産の所有の抑制ばかりではなく獲得された肉や果実なども消費しつくすことが必要とされ、このような客観的な条件のなかで協力・共同関係を育んできたのです。人類の700万年の歩みは——とくにホモ属の登場とその進化は——猿的な社会とはまったく異なった相互対等性を基本とする共同体社会へと帰結したのです。(注8) このことだけは明白な現実であり、誰も否定することはできないでしょう。

(注6) たとえば「バンドは、旧石器時代の人類社会にもっとも普遍的な社会形式であった。」(増田義郎監サーヴィス著『民族の世界』の「バンド」の項の「まえがき」)

(注7) 狩猟・採集社会。数十人から百人程度の親族的な地域集団。父系制あるいは父方居住婚が一般的です。現存人類のもっとも原初的な社会組織と考えられています。

(注8) 現実のバンド社会は、伝統社会の諸側面を合わせ持っています。たとえば若者達に対しては年長者や老人が社会的に重きをなしているのも事実です。ですから実際には若者は若者同士のなかで、年長者はそれらのなかで対等だということになるでしょう。しかし、このような老と若の関係は位階制あるいは身分というものではなく、厳しい自然環境のなかで生き抜く力と知恵において優れている年長者が、自然に尊敬され重きをなしているということ以上のものではありません。

この節でとりあげた問題をまとめてみましょう。霊長類の進化のなかで類人猿が登場し、さらにチンパンジーの祖先と分岐し人類の祖先が登場しました。これを社会(集団)の進化・歴史としてみれば、厳格な順位制社会集団から「ゆるみ」のある順位制社会集団へ、そして平等・対等な社会集団の登場ということになります。その過程での重要なファクターは、新しい適応戦略としての「協力・共同」関係です。それが梃子《てこ》となって後期旧石器社会(狩猟・採集社会、バンド社会)にみられるような相互対等性社会(coordinate community)に到達したのです。この協力・共同関係の発展を保証すべく、生物学的な進化、大雑把に言えば類人猿との共通祖先にはじまりサヘラントロプス、オローリン、アウストラロピテクス、ホモ・ハビルス、ホモ・エレクトス、ホモ・サピエンス等々の進化、それにともなう諸力の獲得へと帰結していったのです。そのことが一般の猿社会、チンパンジーの社会等とは異なった人間社会を規定していると言えるでしょう。

次にその核心である心的能力の進化についてみてみましょう。

[2] 人間的諸力の発達

社会的・集団的動物には、通常「社会的本能」(ダーウィン)と呼ばれているひとつの自然的属性があるとされます。

この概念を展開したチャールズ・ダーウィンの著書『人間の進化と性淘汰』（1871年）は、現在のわれわれが読んでも学ぶところの多い本です。しかし、この著書が大筋において、現代でも有効であることを認めたとしても、「社会的本能」の概念が多義的、あるいは包括すぎてかえつて理解しにくいものになっているのではないかと感じます。たとえば、社会的動物がもつ集団への帰属願望は「本能」（追随本能とか、刷り込みとか、環礁魚の攻撃性とか）というような一定の無意識的行動をともなうものではなく、むしろ「欲求」と呼ばれるほうが適切に思われるものです。集団への帰属を欲する、あるいは集団との協調を欲する、それが果たされない場合は「不安」であり止みがたい渇望となると。本節はダーウィンやその継承者と言ってよいロバート・トリバースやドゥ・ヴァールに多くを学びつつ、このような私見による整理も含まれています。

集団を形成する類人猿や人類にとっても、まさにこの「社会（集団）への帰属欲求」というものが基本として存在していることはあきらかです。しかしそれだけで社会・集団が成立するわけではないのです。「愛着」といった感情が相互に定着することが不可欠のようなのです。もちろんこれらは相互補完的な関係で、集団が必要であるから「愛着」が進化適応として芽生えるし、「愛着」があるから集団のまとまりが円滑にゆくということでもあるでしょう。しかし、愛着というものにDNA的なある種の能力が不可欠であるとしても、集団にいる、所属しているということから生ずる、後天的な面も強いと考えられます。それは時間と労力を必要とするものなのです。猿達の「グルーミング（毛づくろい）」は典型的な「愛着」関係の形成行動だとみなしてよいでしょう。また、人間における社交や会話をあげることもできるでしょう。(注1)

（注1）人間の祖先において集団サイズの拡大のためにグルーミングでは対応できなくなり、社会を結びつけるためのより効率的なメカニズムを進化させる必要が生じた。それが音声言語の発生・進化に結びついたとR・ダンバーは述べています（松沢・長谷川編『心の進化』岩波書店）。

しかし、高度な社会性、つまり単なる「群れる」「集まる」のではなく何らかのより複雑なルールによって統制されている集団への移行に関しては「共感性（sympathy）」の能力が重要となってくることが指摘されています。つまり集団を構成する個々人の心理の相互把握の第一歩で、タコなどのおこなう「同一化」とは違います。これは感受性と知性の高度な段階に対応すると考えられます。「相手の心を感じる」能力は「社会・集団」をより高度で密接したもの、活性的なものへと高める役割を果たすでしょう。これもまた進化のなかで選択され獲得された能力と言えるでしょう。戦いのとき、あるいは狩猟における団結がそうなのです。共通の感情によって結束します。また、食料の分配や苦境における助け合い等、様々な生活のなかの協力や駆け引きなどには欠かせない新たな能力です。言語が存在しない場合でもある程度は可能です。人間の幼児やチンパンジーにおいても、相手の気持ちを読みとり慰めたり励ましたりすることができることが指摘されます。しかし、ダーウィンの指摘のように集団的な生活経験がこの共感を高め育てるのもあきらかでしょう。

それらを基礎として集団的やりとりのなかで相手の存在を的確に認識し、最大限に効果的な成果を考えるという類人猿（チンパンジー）ですでにみてきたような能力の発現、さらに人間において顕著に見いだされる能力の新しい道筋があらわれてきます。「相手の感情を理解する」「相手の考えを推し量る」「相手のおかれている立場を読みとる」という能力です。これは「共感性」とは同じではありません。他者を自分自身に当てはめ、自分自身を媒介項として他者の感情や思慮を読み解き、それに基づいて集団の諸関係を整理できるという能力です。こうした能力は従来より指摘されており、一般には「心の理論」と呼ばれています。ドゥ・ヴァールは「認知的感情移入」と表現しています。

しかし、私見では適当な表現ではないと思われるので、本稿では「自・他省察能力」と一応表現したいと考えます。ドゥ・ヴァールの「認知的感情移入」ではなぜ適当でないと思われるのかの理由については注釈をご覧ください。(注2)

（注2）ドゥ・ヴァールは「認知的感情移入（empathy）」のタームを使用していますが、そもそも感情移入とは自分の感情の他者への投射です。そのことによって対象との一体化・同一化を遂げることを言います。しかし、ここで問題となっていることは自己と他者の区別であり、それを当然の前提として相手の心理を読みとることです。集団のなかでの絶えざる交流と進化による心的能力の発達が、「他者というものは自分の似姿にすぎない」ということを感じさせ、意識させたと言うことでしょう。ですから「他者の心を読み解くこと」は、共感や感情移入といったレベルからの大きな前進を意味しているのです。

しかし、逆に言えば詐欺あるいはペテンにかけるということも可能になります。相手の弱い立場や感情の動き・欲求、知識の欠如等々を見越してはじめて意識的なペテンがなりたつからです。ただし、狭いよく知り合った集団（バンド）のなかではこのような偽計が続けてなりたつことはないと考えられます。というのは、このような詐欺師は小集団のなかで孤立し、もはや誰も手を貸そうとしなくなるからです。偽計が社会にはびこるのは、現代の大都会のような、両者が二度とふたたび遭遇することのないような無秩序な大集団を前提としてしか存在しえないのです。人間の進化のフィールドとなった旧石器時代はせいぜい百人程度の集団（バンド）と推測され、偽計がすくなくとも内部的には一般化することはないと思われます。もし集団に亀裂をもたらすような偽計が一般化して共同体的社会が混迷すれば、自然淘汰が作用してこうした集団の没落を促したとも考えられます。

とはいえ、小さな偽計つまり駆け引きの手段や相手にあからさまな損害を与えないもの、むしろ相手を配慮してのもの等については、いかなる人間社会のなかでも多様な形で存在していることも事実ですが。

この自・他省察能力は、他者がどう思いどのように行動するのかを察知する能力です。他者を自分に置き換える心理的作業です。「こんな場合私だったらこうする、だから彼もこうするだろう」と。自分自身の内省と他者への投影というシンクロナイズした作業能力が必要なのです。したがって、この自・他省察能力の発展は必然的に「自己」と「他者」の区分、さらには「自我」「自己意識」の生成へと向かうと考えられます。

少し脇道にそれるようですが、人間はこのように社会的な対象（他者）認識を、自分を認識対象に映し出すことによって開始し、その実績を積み上げてきました。もちろんこれは社会関係に限られるべきものでした。ところが、人間は自然認識にまでこの「認識方法」を拡大させたのです。だから、人間の進化した大きな脳がおこなった客観世界の解釈スタイルは、アニミズムという性格をもつことになったのです。森が、山が、風が、太陽等々が擬人化されます。人類にとって自然界の存在と運動の原理は「霊魂（アニマ）」であると。これらの諸客体の「心」を読みとることが自然の解釈・説明となったのです。これらのことは人間にとって（したがって大脳の進化にとって）社会の存在がいかに大きかったかを間接的に示しているでしょう。とはいえ、人間の知性の進化が社会的対応の能力として高められたとしても、自然界との交流たとえば狩猟や採集労働にかかわる生活技術の役割も軽視すべきではないでしょう。

この個体同士の相互認識の新しい発達も、人間集団の必要性――とりわけ互酬性の全面的な展開の必要性――から進化的選択を経て定着したものでしょう。系譜としては共感能力から発達したこの自・他省察能力は、相手の心を読み解くことで、駆け引きや、連合や取引や妥協などを通じて社会的行動を豊かにし拡大するものとなります。こうした能力は、すでにみたようにチンパンジーにも程度の差はあれ萌芽的には存在します。しかし、人だけが協力・共同行動を著しく発展させ、それにともなってこのような心的能力を異常に高め、集団的協力とぶつかり合いのなかで「自己」と「他者」の対等性を自覚し、相互に認めあい協同関係の土台を打ち固め、バンド社会（旧石器社会）にみられるように位階制を否定し相互対等を基本とする共同体、すなわち人間的社会に到達したと考えられます。

その詳しいプロセスを今提示することはできません。しかし、協力・共同行動の有効性が、自然淘汰圧の作用の結果としていっそう鮮明なものとなり、そのなかでよりすぐれたもの（集団）が生き残り、未熟なものが没落するという過程を経て、このような精神的諸力およびこのような社会行動の拡大強化に結果したのではないでしょうか。そしてこのような諸力に基づいて協力・共同関係は社会の隅々まで行き渡り、生活全体がこのような性格を与えられ、共同体という名にふさわしい集団として登場したのでしょう。進化のこうした社会的系譜のなかで、精神的諸力の獲得とともに大脳が著しく増大したことは、今や定説と言ってよいのです。これは一般に「社会脳仮説」[注3]と呼ばれています。

（注3）たとえば長谷川寿一・長谷川真理子『進化と人間行動』、東京大学出版会参照。

「社会脳仮説」は簡単に言えば次のようなことです。霊長類、とりわけ真猿類（ニホンザルやチンパンジーなど）においては固定的な小集団のもとで互いの競争と協調の関係が複雑となり、処理すべき社会的な情報が加速度的に増大し、それにともなって脳の増大が促された、その延長上に人間の脳の肥大化も理解できると。

その後、R・ダンバー等によって霊長類における新皮質のサイズは社会集団のサイズに関係していることが実証的に示されました。こうして「社会脳仮説」は単なる「仮説」ではなく裏付けをもった学説として認められるようになったと言えるでしょう。しかし、これで問題がすっかり解決したわけではありません。問題ははじまったばかりです。

バーンとホワイトゥンは霊長類における知能の発達理論を「マキャベリ的知性仮説」と呼びました。本人達は必ずしも「マキャベリズム＝権力を目指す権謀術数」を強調させているわけではありません。しかし確かに人類以外の霊長類の脳の増大や知能の獲得については、その社会性つまり順位制社会の進化にそったもの――地位の上昇のための確執や妥協や合従連衡、それにともなう策略等々――であり、チンパンジーにみられる高度な「政治的駆け引き」はその知能の到達点を示していると解釈できます。位階制や順位制をめぐる駆け引きや闘い、あるいは雌や食べ物をめぐる抜け駆けやだましあいや妥協や仲直り、つまりこのような種類の「権謀術数」が結果として集団全体の緊張の緩和につながり、雄の共存を実現し、ひとつの進化適応として大脳の増大を促したというのであれば、それは他の霊長類の進化史の説明としては一定妥当なものと考えられます。

しかしながらすぐあとで述べるように、それは古人類の大脳の進化プロセスを説明するものとしては物足りないと感じられます。大脳の革命的な進化は、バーンとホワイトゥンらが強調するような単なる知性や知能の問題ではなく、感情、情操、知性、言語等にわたる総体的な再編としても理解されるべきです。また、「マキャベリ的」という、科学的概念としてあいまいさが残る規定は、そもそも適切なものとはいえないでしょう。人の心の進化について、狭隘で誤った方向付けに陥る危惧をはらんでいると思います。(注４)

(注４)「マキャベリ的知性」についてはＥ・ハッチンズ他による次のような批判もあります。「『マキャベリ的』という形容詞に対する通常の見解や一番共通する言外の意味は、支配者が権力や権威を維持するために利用できる狡猾で無節操な戦術・戦略への手引きである。マキャベリ的知性という名称は誤りではないかと思う。そもそも、否定的な意味を言外に含むことによって、他個体を利用すること、優位に立つこと、欺くことを過度に強調してしまう。それとは対照的に、霊長類の社会的複雑性は、競争と協力、攻撃と和解、非攻撃的な社会的代替戦略、容易には二分できない行動と関係が複雑に入り組んだつづれ織りのようなものと思われる。」(バーン、ホワイトゥン編『マキャベリ的知性と心の理論の進化論Ⅱ』３章「なぜ、マキャベリ的知性はマキャベリ的ではないか」ナカニシヤ出版)

もっとも重要な点は、ホモ属以後の脳の急速な増大(注５)は協力・共同関係の進展と深く結びついているとの推測がなりたつことです。というのは、人間の脳が巨大化を開始したのは、むしろ人間の祖先が共同体的指向性を強めたと想定されるホモ属の誕生にパラレルなのです。ホモ属の前の時代の人類の祖先（猿人）であるアウストラロピテクス属においては、脳の増大はほとんどありません（チンパンジー並です）。人類が類人猿の祖先と７００万年前に分岐してから脳の増大が確認できるのは４００数十万年下ってからです。ホモ属の出現によらなければならないのです。それまでは二足歩行などの進化は認められても脳の増大はほとんど認められていません（この点については、すでに述べてきたＲ・リーキーの説に有利なものとなっています）。

(注５)類人猿と古人類および現世人類の脳容量の比較はおおよそ以下のとおりです。チンパンジー４００〜５００cc、アウストラロピテクス４００〜４５０cc、ホモ・ハビルス６５０cc、ホモ・エレクトス９００cc、ホモ・サピエンス

1400cc。

したがってその意味するところは、猿や類人猿の脳の到達点においてはマキャベリ的知能仮説が一定程度は当てはまるが、他方、協力・共同行動の発展にともなってこそ人固有の大脳の巨大化が促されたという推測がなりたちます。

私見では、「対等性社会」というものは決して平坦で緊張感のないものではありません。相互の均衡を維持するためにも共同体の円滑な運営のためにも幾多の駆け引きや心理的闘いがあり、集団的な様々な決まりや拘束の増大、それらの葛藤が内的にも外的にも繰り広げられているのです。

性に基づく分業や年齢層によるグループ化、あとでふれるところの家族の原型の登場、夫婦による長期の育児の実施等、社会それ自身の複雑化もあります。そのなかで社会的な対立や心的な葛藤を首尾よく処理し、ぶつかり合いと巧みな妥協や譲歩によって、社会としての団結を導ける「社会的な脳」の獲得がすすめられてきたと想定されます。具体的には人間的な諸感情、多くの情報を処理できる知性、あるいは言語能力の形成等々です。対等性と共通の意識、共通の規範の確立がこのようにして実体化されていったと思われます。ホモ属においてはじめて協力・共同行動――労働を含む――が集団の機軸となり、それにそって人間的諸力（心性）が形成され、それらを担保するために大脳の増大が爆発的に開始されたというのが真実に近いのではないでしょうか。そしてホモ属はさらにその進化の道を歩み続けたのです。

霊長類の「社会脳」の成長は、集団の拡大という理由ばかりではなく位階生社会から対等性社会への質的な転化にともない――単純化が許されるのならば――二段ロケットのように加速されてきたのではないでしょうか。

［3］協力・共同行動と互酬性

生存競争でいっそう有利な戦略として登場してきたこうした意識的協力・共同行動を成功裏に完遂させるためには、「互酬性（reciprocity）」というルールが定着していなくてはなりません。ルールと言っても決して恣意的に定められたものではなく、協力・共同行動を支えるひとつの重要な土台として客観的な性格をもつものなのです[注1]。互酬性は「私の背中を掻いておくれ、そうしたらあなたの背中も掻いてやる」というように表示されます。その逆もあります。ある利他行動（自分の犠牲や負担のうえで他者のためにする行動）が「ただのり」された場合、つまり何の見返りもなかった場合、「報復」「懲罰」による決済ということもあります。あるいは「ただのり屋」が新たに支援を求めても「不作為」によって否定的に応じられることも含みます。人は対等である限り、助け合いにおいても食料の分配においてもその他の協力・共同の関係行為においても同等のもの・行為によって決済されなければならないのです。(注2)

（注1）原始・未開社会に普遍的にみられる人間の互酬行動は、トリバース理論に基づけば、自然界に数多ある互酬的利他行動が発展した一形態にすぎないと考えられます。

（注2）しかし、対等であることによって互酬的関係が活性化し社会のなかに浸透すると考えることはできますが、あとで述べる予定の「支配のための贈与」のように、互酬的関係は「対等」な関係のみで成立するということではありません。

次のことも付け加えておきましょう。互酬性はある種の協力行動であることは当然です。しかし、協力・共同行動のすべてが互酬的ではありません。たとえば掃除魚がホストの魚の口に入り、寄生虫を食べる（退治する）共生と言われる関係は、互いに利益を得ますが厳密には互酬的ではありません。また、ペリカンが輪のようにならんで魚を追いつめる猟は、共同行動ですがやはり互酬的ではありません。このように人間における協力・共同行為も、すべてが互酬的に（あるいは互恵的利他行動として）説明できるわけではありません。あらかじめそのような区別を確認しておく必要があります。人間の協力・共同行動の多くは互酬性に基づいて説明できますが、それにとどまるものではなく互酬性を包含しつつ多様な進化を遂げたのではないかと考えます。今回は割愛していますが、このことは人間社会について考察する際には重要だと思います。（現代社会においても、対価を前提としない「弱者」や「被災者」に対する支援が存在します。）互酬性は、人間的協力・共同行動のあくまで土台にしかすぎないのです。

互酬性の円滑な履行には、個体識別に基づき貸し借りを相互に的確に認識する能力が求められます。大なる恩には大なる返報を、小なる恩には小なる返報を、あるいはだましや裏切りにはそれに応じた「仕返し」がなされなければなりません。一方ではさかんに損得の駆け引きが行われます。ですから、協同性とともに「自己意識」の自立化が促されるでしょう。さらに、肉をもらったお返しにケンカの際に肩をもつ、といったきわめて高い抽象的思考能力をともなっているのです。いや、思考能力ばかりではなく日本人が言うところの「恩・義理」に近似した感情がチンパンジーにおいてすら幾分かは存在すると想定せざるをえません。このような感情（情操）――一定の状況下で一定の行動を促すための高度知性体特有の、（本能に基づかない）行動機制――の発達や育成が互酬性の活性化のなかで促されてきたと考えられます。

さて互酬性の概念は、行動生態学者R・トリバースによって提唱（1971年）され広く知られるようになったものです。動物の世界は伝統的に「動物的個体主義」と言われるように、一方では「自己中心的」「利己的」とみなされてきました。他方では盲目的な自己犠牲により「種の保存」を図るかの誤った観念が支配してきました。それゆえ血縁関係に基づかない「互酬的利他行動」「相互扶助」とみられるような行動様式が広く生物界に存在するという認識は、画期的なものと言えます。しかし、以前にもダーウィンの「集団への奉仕」論（1871年）やクロポトキンの「相互扶助」論（1898年）があり、また、おそらくこれらの系譜と別個に、文化人類学者、たとえばB・マリノウスキー（1926年）やE・R・サーヴィスが原始・未開社会での「互酬性」について論じています（1966年）。現在では多くの社会科学がこの「互酬性」について研究を深めています。チンパンジーの生態研究者として名高く本論文でも再三引き合いに出しているドゥ・ヴァールは次のようなコメントをしています。


「ようするに科学者達は、その思想がどんな色彩をもっていようと、またどんな学派に属していようと、彼らは『ギブ・アンド・テイク』の取り合わせに魅了されているわけである。これはつまり、ギブ・アンド・テイクの機構がひじょうに基本的なものであることを意味しているのに違いない。かかわってくるのが、恩恵のお返しであろうと、復讐であろうと、原理は交換の原理である。」（『チンパンジーの政治学』）

互酬的行動が実効力をもち、そうした行動が社会のなかで少しでも安定するためには、個体相互がより緊密で親近感があり良く知り合っていることが前提となり、そのうえですでにふれたように知性が相互の「貸し借り」を明確に把握していることが必要です。それらの細かな分析は次の節で述べる予定です。が、次の点だけとりあえず確認しておきましょう。

「ギブ・アンド・テイク」だからと言って、商品交換（物々交換）などを連想することはまったく間違ったことなのです。その点トリバースは、互酬性におけるギブ・アンド・テイクは時間的なズレが必要であることを定義としてとりあげています。これは当然のことです。互酬的利他行動とは他人に利益を図るために一旦は自分が犠牲を払うことを意味します。ですから商品交換が異なった使用価値同士の交換を当然のものとしますが、互酬性の交換は先日もらった肉のお返しとして今日獲れた肉でお返しをする、という同じ使用価値同士の交換も普通に存在することになります。

また「互酬」における交換は、社会的なあるもの、たとえば「好意」とか「恩」とか精神的・社会的「貸し借り」の決済も含みます。いやむしろ原始社会での互酬性は、それが大きな意味をもちます。物々交換として弓と矢を直接に交換するのではなく、弓をもらったので今度は矢を贈与してお返しをした、ということは「好意」「恩」の交流であり、そうしたものの決済としての意味をたえず含んでいるのです。

したがって原始・未開社会での互酬関係はあくまで「仲間的な社会集団」内部、あるいは親交のある集団間で、必要なもの、望まれたものを善意をもって提供するということであり、それに見合ったお返しがなされるというものです。サーヴィスは以下のように述べています。

「現代での商売は、商品は、あきらかに、直接的利潤を生み、「安く買い、高く売る」ために交換されるのに反して、未開の交換は互恵（互酬）主義と社会的義務とに重きをおく。その理想とするところは、うけとる以上にあたえることなのである。」（サーヴィス『民族の世界』講談社）

しかし、今までの文化人類学者による互酬性に関する研究は、――サーヴィスの言にもかかわらず――コラムでもふれるように「商品交換」との区別が十分になされておらず、互酬性の概念規定が不十分なものにとどまっていることは否定できません。

他方、商品交換は、このような仲間的人間関係を前提とするものではありません。たとえば、旅人が「このナイフと交換に水をください」というものです。はじめて出逢った相手であり、二度と出逢うこともないでしょう。ものとものとの交換（商品交換）とは、このような信頼関係の薄い両者の間でなりたつものです。だからこそ決済はものとものでその場での交換が原則となります。ここには両者の「仲間的信頼」という社会関係が排除されているとは言わないまでも、不可欠の前提とはされていないのがわかるでしょう。部族間での商品交換の際は、両者は武装されていたと言われます。つまり交渉次第では略奪に発展することもあったわけです。

一般的に言えば原始・未開社会において、その内部ではものとものは「贈与」（与える義務、もらう権利）として差し出されます。ところがまったく外部のあるいは敵対的な集団に対しては「略奪」も経済的な行為としてなされます。やや図式的に言えばそれらの中間の関係、つまり普段からの親交や信頼関係は十分ではないが敵対的でもない、そのような社会関係でものははじめて商品として交換されるのです。だからものの移動・流通という経済行為においてものがどのようなふるまいをするかは、じつは、その前提としての両者の社会関係によって定まるものです。「もの」は社会関係の反射物でしかないのです。「もの」がAからBにわたるとしても、それが商品であるのか贈与物であるのか戦利品であるのかは、前提となっている社会関係が決定するものなのです。

■コラム――互酬性と商品交換

さて、互酬性と商品交換の違いを簡単にみてきましたが、実はこの両者はより深いところで重要な共通性をもっているのです。この同一性のうえに立って両者の歴史的な特性を整理することがここで必要なことだと考えます。

互酬性にしても商品交換にしても、人間労働の対象物の相互交流として、つまり何らかの生産物の相互交流として共通性をもつものであることは容易に理解できるでしょう。（略奪ですら、相互にやり合うのであれば同じような結果になるでしょう。）一方の労働生産物が他方の労働生産物やその労働行為に等置され、交換され、また消費されたり享受されるということは、人間社会の普遍的な特性です。(注1) いや、労働とその生産物の交流こそが人間社会を形作ってきた根元的原動力とみなされるべきもので、人間のこれまでの歴史は、その社会形態の一連の転換にすぎないのです。(注2)

(注1) マルクス『ドイツ・イデオロギー』参照

(注2) マルクス『経済学批判』序説参照

たとえば、相互交流のなかで得られた弓と矢をもって動物をしとめ、また別の交流のなかで得られたナイフで肉を切り、さらに同様の事情で保持していた鍋で肉を料理しみんなに分配したとします。ここに示されている原始社会のありふれた日常生活は、労働の対象化された財の交流です。同時にそれは社会的分業に基づく労働の連鎖を意味します（本稿ではこれを協働あるいは協同労働と表現しています。）。これこそが、「社会」というものの普遍的なあり方だと言えるでしょう。

商品交換の例はすでに本稿第1章第1節でとりあげていますのでここで重複することは避けますが、まったく同様のことが言えるのです。人間はこのようにして互いの本性を労働生産物（あるいは労働）を通じて交流しあい、互いに精神的にも肉体的にも普遍的人間として作りあい——第1章第1節でみたように——類としての存在へと成長してきたのです。このように互酬性も商品交換も、労働生産物の交流の一形態であり、いずれの形においても人間社会の形成には不可欠の経済行為として存在するとともに、普遍的人間、類としての人間を構築する原動力だったのです。

とはいえ、すでにふれたように互酬性と商品交換には根本的な相違があります。互酬性について言えば、この交換様式はすでに述べてきたように、１００万年単位の歴史のなかで労働生産物（収穫物、獲物等）を交流し、たとえばバンド社会のような独特の労働対象物の相互分配や労働の連鎖（第4章参照）のなかで人間そのものを創りだし人間社会そのものを生み出してきたのでした。互酬性は、単に経済的な交流にとどまらずに、共同体員の対等性を確立し保証する土台であり、集団としての融和と結束をもたらすと同時に、このような仲間的関係を前提として機能するものです。このような人間的な信頼関係を前提とする限り、この互酬性に基づく生産物や労働そのものの交流はある程度地域的な、あるいは血族的なつまり限定的な範囲にとどまらざるをえないことは自明なところでしょう。このように互酬性は、類人猿との共通祖先から分岐したあと、原始・未開の共同体的社会の形成と再生産を図る社会的行為として発展してきたのです。

それに対して商品交換は、このような共同体社会で相互に成立していた人間関係を一面化するものです。それは商品所持者としての対等性だけを問題とし、相互に異なった使用価値をもつ者同士の関係となります。そこでは「友情」とか「仲間」とか「親戚」とか「互恵」といった多様な人間関係は脱落していると言えるでしょう。安く買って高く売るのが売買の原則となっています。逆にそれゆえ幅広く交流関係を成立させうるものでした。したがって歴史的にも、互酬性は主に共同体内部で、商品交換はこのような共同体的関係の外部に——補助的に——存在していました。しかし、商品・貨幣関係の広範な成立にともなって、その関係は単なる「棲《す》み分け」から互いに対立しあう局面があらわれてきたのです。

とくに近世のヨーロッパで資本主義的生産が開始されると、商品・貨幣関係はむしろ共同体内部に深く浸透しその狭い枠を突破するものとして作用し、互酬性およびあらゆる種類の共同体的関係の解体と掃討を促進しました。商品・貨幣関係は領主や自立的農民に商品・貨幣の所持者として相対することを要求し、家族的・個人的な労働をますます市場向けの商品生産へといざない、私的労働の発展へと帰結させていったのです。

〔4〕人間的社会の形成

人間的な協力・共同行動は「社会的動物」達の集団への帰属願望・欲求、そして親近感・愛着、さらに「共感性」や「自・他省察能力」等々の進化によって獲得された心的能力を土台として成長してきたものと考えられます。他方では協力・共同関係の増大・深化により、個々人相互の対等性がいっそう自覚され、個体として対等性が相互に認められ、このような新たな社会原理が立ち現れると同時に、集団内部のその相互関係を律する基本ルールとして互酬性もまた大きく成長したものと考えられます。これらの関係は単純にパラレルなものではありませんが、深い連関性をもった過程において展開されてきたと推定してよいと思います。

すくなくとも240万年前頃に登場したホモ属であるホモ・ハビルス、さらに180万年前頃に登場したホモ・エレクトスは、前記したように新たに発展してきた共感能力や自・他省察という能力にともなって社会関係を変革し、新しい進化の道にいよいよ本格的に踏み出していったと考えられます。

協力・共同行動の円滑な実現のために、内部融和を図ることが不可欠の課題となります。そのためには集団内部の抗争の大きな原因を取り除くか、それとも制御する必要があったでしょう。かくして以下の社会変革が進化をともないつつ静かに進行していったと考えられます。

（1）相互対等性を認めあうこと。すなわちボス（アルファオス）をはじめとする順位制を廃止すること。個体同士による暴力的決着などの内部闘争を止めてしまうこと。

（2）食料は分けあうこと。さらに積極的に共食の慣習の確立。食料が足りないから分けあうばかりでなく、もっているものを相互に交換しあいふるまうやり方。さらに男達が一緒に食事をとる。つまりもともとは集団内部の対立の火種であったものを友好の手段に転化すること。

（3）性的には男女ペア・ボンド（注1）を創設し、雄による雌をめぐる闘争を避けたこと。つまり持続的な男女ペア関係が形成され、同時に集団によって承認されること。姦通を禁止することなどが合意されるようになったこと。さらにインセスト・タブーにより外部集団に姻戚関係を求めざるをえず、「婚姻」を積極的な各集団間の融和手段として活用するようになったこと。

（注1）原始的なペア・ボンドは、L・H・モルガンの対偶婚家族（syndyasmian familiy）とは区別される必要があります。同時に現代のような形の一夫一婦制が成立したと言うことでももちろんありません。性的に排他性をもった結合で、育児の機能ももつ家族の原型のことです。

ペア・ボンドについては生理学的な理由、つまり人間は動物にくらべてますます未熟児の状態で生まれ落ちるようになり（二足歩行や大脳の巨大化の結果でもある）、夫婦ペアによる長期にわたる幼児の養育が求められたという事情も指摘されています。集団的承認をともなう「婚姻」は、このように従来の雄による雌をめぐる闘争を緩和させるばかりではなく、親近集団ネットワークを形成することで集団相互間の安定を作りだしたのでした。

そして同様に大事なことは――あとでさらに詳しく論じるように――互酬性が相互対等性という新しい人間関係のうえで活発化することにより協力・共同関係は安定化し、長い年月をかけて生物学的進化をともないつつ洗練され、現代でも一部で残されている狩猟・採集民にみられるような共同体の経済・社会システムとして定着したのです。順位制社会にかわる新しい社会がここにあらわれたのです。(注2)

（注2）「石器時代の危機に淘汰適応によって、人間社会は利己性、無差別な性交、支配、盲目的競争といった霊長類の性癖を克服もしくは軽減してきた。争いにかえて親族との協同が、とくに連帯が、力には道徳が置き換わった。人間社会はきわめて早くから歴史上最大の変革を成し遂げた。霊長類の性癖の撤廃である。これによって進化して行く種の未来が保証された」（マーシャル・サーリンズ『社会の起源』1960年）。類人猿の野外観察などの諸研究がまだ少なかった時代で、やむを得ない狭さはあるにしても、当時としては卓見と言うべきでしょう。

この章のここまでの論旨をまとめてみましょう。協力・共同による進化戦略は、集団内部においては相互対等性を必然的に生み出すものであり、さらに社会・経済ルールとしては互酬性がいっそう徹底したものとして集団を律するまでになったと言えます。まさに三位一体の関係と言えるでしょう。そして大切なことはこれらの状況に合わせて人間は心的諸力を中心に進化を遂げてきた――大脳新皮質の著しい増大をともないながら――ということです。これらの新しい諸要素によってシンプルに構成されたのが、バンド社会（狩猟・採集社会）にみられるような原始的社会なのです。

これらのことは単に性的な結合、防衛的な結合としての動物の「社会・集団」から一歩も二歩も踏み出すことを意味します。同時に、他の社会性霊長類の位階制・順位制を乗り越えて協力・共同行動を新機軸とする強力な生き残り戦略がここに成立したと言えるでしょう。ホモ属はこの「社会」を獲得したことによってさらなる進化の道を歩みだしました。個体が示す適応の力よりも新たな社会が共同力として示す適応のほうが柔軟で強力です。そして、進化の道で獲得した大脳新皮質、言語などにより、その後自然界の「支配」にも乗り出すようになったわけです。

サバンナヒヒにはサバンナヒヒの諸力にふさわしい社会が、ニホンザルにはニホンザルにふさわしい社会が、そしてチンパンジーにはチンパンジーにふさわしい社会がありまず。その意味では、人間進化の到達した諸力にふさわしいこの協力・共同社会は、すくなくともホモ属の続く限りは永遠の存在であるかに思われます。

しかし、われわれがよく知るように、有史以降の社会は奴隷制社会に端的に代表されるように、協力・共同社会でも対等性社会でもありません。数百万年の歴史をもつ人類史からみれば「ほんの」数千年前に、対等性社会は否定されはじめました。はじめにはいくつかの階層があらわれ、のちに社会は階級に分裂し、利害の相異なる社会集団が抗争する矛盾に満ちた歴史が形成されはじめました。このような「逆転」がなぜ生じたのか、したがってその「再転化」すなわち対等性社会への復帰がいかにして導かれるのかについて論じなければなりません。しかし、その前に互酬性についてより詳しい分析をおこないます。相互対等性「逆転」の謎が隠されているからです。

第3章　対等性社会から階級社会へ

【1】二つの互酬性

私は今まで人間における互酬関係と類人猿における互酬関係とをあえて区別することなく論じてきました。実際、本質的には同じ性格のものなので、このような論じ方も間違ったものではないと考えたからです。しかし、議論の深化につれてこのような取り扱いが不適当な時点に達しつつあります。この両者は、単に量的なあるいは程度の差という以上に違った性格ももっているのです。そしてこの問題をとりあげることによって、人間の協同（共同）社会での互酬性とその特質をさらにあきらかにしたいと考えます。

このような「互酬性」の違いは、現代を代表する文化人類学者であるE・R・サーヴィスの互酬分析と、これまた現代の類人猿研究者を代表すると言ってよいドゥ・ヴァールの互酬論との差異性としてもあらわれています。順を追ってみてゆきたいと思います。

サーヴィスによる互酬性の研究の紹介からはじめます。

「財貨、好意、労働の交換は互酬性と呼ばれてきた抽象的形式をとっている」として、さらにサーヴィスは互酬性を三つに区分します。「総合的互酬性」、「均衡的互酬性」、「否定的互酬性」の三つです。

「総合的互酬性とは、いつかは報酬が均衡をとることを想定した交換の形式である。これはとりわけ確固たるものであり、相手に何かを与えたり助力したりする場合にも報酬の内容を明確にしない。――普通は意図されることすらない。あきらかにこれは親しい親戚（または非常に親密な友人）の間で実施される方法でわれわれの社会でもある。まさに極端な利他主義の形式である。それは交換の当事者が長期の交換を続けているという事実に基づいている。……この互酬性は、明確なものではない。報酬を期待していることをあからさまにすることは礼儀に反し、侮辱的ですらある。」

「均衡的互酬性とは、直接かつ明白な交換を意図している。これは財貨やそれ自体に関して両者が満足する（理想的には）ような交換である。したがってこの交換は総合的互酬性にくらべて、より正確に互酬的であり、より功利的であって、個人的とか利他的というような面影はさらに失われている。労働者は何にたいしていつ何が返ってくるかを知っている。」（『現代文化人類学――2　狩猟民』鹿島出版会）

「均衡的互酬性」は互酬という言葉にもっともふさわしいもので、この互酬関係が存在するのは対等なもの同士がおこなうものとされます。また、再度確認しておきますが、バンド社会（狩猟・採集社会）は伝統社会なので「年少の男女は、報酬を期待したりもらったりせずに年配の人に何かをあたえる」とされます。あるいはバンド社会は一面では血縁社会なので分配はもっとも近い親戚より開始される等々。「互酬性」の規則はそれらの別の原則によって様々な変形や除外をともなっていることも忘れてはなりません。

「否定的互酬性は文字通り、まったく互酬性を意図していないし、その財貨を盗んだり強制的に没収するような互酬性の否定である。親密な親族関係が、もっとも総合的な互酬性の形式をとることはきわめて自明である。関係が疎遠になるほど均衡のとれた互酬性をとろうとする傾向にある。そして、異人あるいは敵にたいしてだけは、たとえ交換を実施するとしても反社会的な、値切ったり、ごまかしたり、盗んだりすることがある。」（前掲書）

サーヴィスにおいても、商品交換（物々交換）が「均衡的互酬性」から明確に区別されておらず、あいまいな点が感じられます。さらに「略奪」も（否定的）互酬性としてしまっています。しかし、「略奪」はそもそも互酬性ではないのですから、「否定的互酬性」というネーミング自体おかしなものではないでしょうか。これでは互酬性や略奪の背後にあるそれぞれの社会関係があいまいになるのではないかと思われます。

すでに第2章第3節で論及したように、労働生産物の交流には、大雑把に区別して歴史的に三つの形態が存在します。互酬性、商品交換、略奪です。互酬性が商品交換と何が違うのか（差異性）、あるいは略奪行為と何が違うのかをまず明確にしなければならないはずです。社会関係の相違がこのような違った物的な交流として発現するのです。（注1）このような論及がサーヴィスにも見あたりません。これらの基本的区別をおこなったうえでバンド社会での互酬性に関するいくつかの形態を区分すべきだったでしょう。とはいえサーヴィスの分析も歴史的な意義は認めたいと思います。

（注1）未開的観念の分析は、少なからぬ文化人類学者のアキレス腱となってきました。メラネシア人のクラ交易に登場する贈答品の赤貝の首飾りと白貝の腕輪は、ちょうど商品世界における貨幣（金）を重金主義者達が自然姿態のままで、――実体は対象化された人間労働であるにもかかわらず――価値そのものとして捉えたように、集団的友好の神秘化された具現物としてあつかわれています。文字通りの「物神崇拝」です。しかし、マルクスの言うように商品（たとえばリンネル）をいくら顕微鏡で分析しても一分子の価値も発見することはできません。同じようにいくら「贈与物」を分析しても何もわかりません。背後の社会関係こそ問題なのです。ですから著名な文化人類学者モースが贈与を「人とものとを包摂する霊的な物体の不断の交換」あるいは「もの自体が魂をもち、魂に属しているのだからものによる紐帯が魂の紐帯である」（『贈与論』）と語っても「未開人」の観念をそのままなぞったもので、残念ながら一歩も前進したことにはなりません。観念の実在的基礎を解明することが必要なのです。

今度はドゥ・ヴァールからの引用です。彼も従来の互酬性分析について、ある種の不満を抱いてきました。

「（チンパンジー集団の）互酬性が、否定的意味でも肯定的意味でも起こるのは興味深い。自分に敵対して徒党を組んだ雌を、そのあと個別に罰したニッキー（新ボス）の習慣についてはすでに記した。彼は否定的な活動に対しては否定的な活動で返報したのである。否定的な（互酬）行動は、これまで、人類学者や社会学者が発展させてきた互酬性に関する理論のなかで、ほとんどとりあげられてこなかった。」（『チンパンジーの政治学』）

ドゥ・ヴァールは、このように「人類学者や社会学者」つまり人間に関する互酬研究の問題点を指摘して、互酬性における「否定的意味」の重要性について語っています。

実際、すでに引用した文化人類学者のサーヴィスは、確かにこの点については何も語っていません。彼の「互酬性」の分類のなかには含まれていないのです。誤解のないように念のため説明しますが、サーヴィスが「否定的互酬性」として特徴づけているものは、互酬的交換自体の否定なのです。一方的な略奪とか盗みとかを意味するにすぎません。他方、ドゥ・ヴァールの互酬性の「否定的意味」とは、やられたらやり返す、という「交換」を意味しています。ニッキーのボスを目指す戦いの過程で、ライバルを支援した雌に懲罰を与えた例を彼はあげています。つまり、協力者にはふさわしい報酬を、反対者にはふさわしい懲罰を、というわけです。（これは道徳的報復と呼ばれ、集団内部での規律の維持・形成に一役買っているものです。この場合はボスに逆らうものへの見せしめとして罰したということです。)

そこにこそ重大な問題が横たわっているのです。「人類学者や社会学者が発展させてきた互酬性に関する理論のなかで(その否定的意味が)ほとんどとりあげられてこなかった」のは決して彼らの怠慢からではありません。この問題の核心には、主として原始的人間社会を中心テーマとしている科学者と類人猿を主テーマとしているドゥ・ヴァールの視点の違い、いや、根本的に言えば人間社会(原始的社会)と類人猿社会の特質の差があるのです。そのことに不思議にもドゥ・ヴァールは気が付いていません。

そもそも類人猿(チンパンジー)での互酬性は、散見されるもの、あるいは「徴候がみられる」(ドゥ・ヴァール)ものにすぎません。そのなかで類人猿の「互酬」は、「目には目を歯には歯を」という構図がみてとれます。「互酬システムには報復がかかせない」「復讐と互酬はコインの裏表である」(ドゥ・ヴァール)と。もちろんこれも互酬性に違いありません。ところがすくなくとも協力・共同性にある人間集団では、このような構図は影を潜めてしまうのです。肯定的な互酬性のみが目立った存在となるのです。なぜでしょうか。

そこでは互酬性はかなり確実に守られており、同時に順位制にかかわる権力闘争などが存在しないので、集団内部に「敵」「味方」といった端的な対立が発生しないからです。つまり「恩知らず」や「裏切り者」にいちいち懲罰を与える、ということが常態としては存在しないからです。(もちろん、個々の小さなトラブルはまったくないわけではありません。また度し難い「反社会的」人物については互酬性という意味からではなく、むしろその枠外に放逐する(追放処分)——彼らの社会の極刑——ということになります。)

なぜならすでにあきらかなように旧石器時代の人間社会は、従来の類人猿的な生活スタイルを一変させています。対等性に基づく互酬性や協力・共同関係が人の心性の進化をいっそうの高みに導き、今や互酬性は、偶発的な「ギブ・アンド・テイク」の発生ではありません。協力・共同の集団生活が一般化され、長い伝統を経てこれらは慣例ともなり、「おたがいさま」の精神、つまり共同体にふさわしい社会道徳や連帯的感情に支えられながら定着しています。たまたまもらい物をしたから何かお返しをしなければ、というようなことではなくなっていると考えられます。その前に、彼らは同僚であり仲間である、という意識が成立しているのです。そればかりではなく、他方では、「贈与」に応じた返礼も多すぎたり少なすぎたりすることは当然軋轢を生じさせるので、集団に亀裂が生じないように、そつのないやり方、つまり作法として一定の形式・ルールが確立されました。ある「贈与」に対する返礼は何をどれだけ返す「べき」かを社会的に定めてしまいました。このようにして互酬「性」は互酬「制度」としてもあるいは互酬的「精神」としても深く社会のなかに組み込まれるようになったのでした。

したがってドゥ・ヴァールが言うような互酬性の「否定的意味」すなわち類人猿社会の「報復・復讐」といったものは、共同体社会にあっては、互酬性の「肯定的意味」の「コインの裏表」という存在にはなりませんでした。すくなくともチンパンジーにおけるように目立って発動されることはなくなっているのです。ですから未開社会や原始社会を研究対象とする文化人類学者達は、互酬性について多くを論じることはあっても互酬性の一要素として集団内部の「報復・復讐」を論じることはほとんどなかったのです。

しかし、互酬性の「否定的意味」の存在がまるでなくなったということではありません。暴力をともなうあからさまな報復・復讐が影を潜めただけで、人間社会に適応した形で変形されたと言うべきかもしれません。いや、それは発展した形態で新たな社会的意味を獲得したとも言えるのです。たとえば贈与に対するお返しがなされなかったり不十分であれば、その個人は「礼を失した」ということで評判を下げる、尊敬を失うという心理的制裁をうけます。「何だそれだけのことか」、と軽くみるべきではありません。これは社会的なある種の「制裁」であり、互酬的関係が貫かれていることを示しているでしょう。

チンパンジーAがBに肉をあげたのに、Bはお返しすべきケンカのときに味方をしてくれなかった、だからAはBに制裁を実行した、という二者の問題ではなくなっているのです。人間の原始共同体社会において、すでに互酬性は、原始社会の道徳・倫理・礼儀・作法と結びつけられ集団共通の守るべきルールへと高められています。ですからこれを破るということは、一贈与者の不興を買うと言うにとどまらず、集団全体の不興を買うことになるからです。ここには重要な差異があるでしょう。

厳しい自然環境の下で強い絆で団結している狩猟・採集民にとっては、このような仲間はずれに追いやられることぐらい不安なことはないでしょう。そこまで至らなくとも、相互対等性社会において尊敬を失うこと、見下げられることは大変な屈辱であると思われます。だから彼らはめったなことでは礼を失することはない、と言われています。つまり共同体的人間集団における互酬性の「否定的意味」は、隠然としたあるいは潜在的な圧力として作用していると表現することができます。また人間の共同体社会は、集団的な信頼関係さらには共通の意識つまりバンドや血族の歴史、自然観――これらは常に儀式や祭として伝承され再確認されます――を形成しており、親密さに基づいた細かな社会ルールが暴力的行為を抑止していると言えるのです。このようにして原始社会では、類人猿のように互酬性の「否定的意味」――すなわち懲罰・復讐――を肯定的互酬性の「補完」としてたえず発動するのではなく、「社会的に生きる」人間としてそれを精神的に内在化（昇華）してきたのです。類人猿に対して人間の脳は、これらを受容しうる柔軟で奥行きのある精神構造の進化が獲得されたということになるでしょう。

[2] 原始対等性社会の制限――「支配」のための贈与

「あなたは自分の肉に礼を言ってはなりません。その肉をもらうことはあなたの権利なのです。この国では誰も他人に頼ろうとはしません。ですから、だれも贈り物を与えたりうけとったりはしません。そうすれば人に頼ることになるからです。贈り物をすることであなたは奴隷をつくります。ちょうど鞭でもって飼い犬をつくるように。」（サーヴィス『現代文化人類学2――狩猟民』より）

この話は、ペーターという西洋人が、ある「エスキモー（イヌイット：狩猟民）」の猟師から若干の肉を与えられ、ありがたく礼を言って彼に答えた。ところが猟師は落胆し即座に彼の間違をただして述べたのが上記の話なのです。

贈与・互酬論は、新たな展開をみせています。未開・原始社会では「贈与」の不断の交流があったはずなのに？だから互酬性と言われたのではないのか。

「贈り物のやりとりがない」とはどういうことなのでしょう。肉をもらったのに「礼を言ってはならない」とは？

「贈り物が奴隷をつくる」とは？

順にみてゆきましょう。

しかし、この問題に入る前に、これまで同様の概念としてあつかってきた「分配」と「贈与」について、それぞれのタームを明確にしておく必要があります。

共同労働、たとえば共同の狩で獲物の一部を得る場合（一次分配）、この仲間同士での分配物は「贈与」ではありません。贈与に当たる分配は二次分配以降のことを指します。一次分配は事実上労働への報酬であり、確固とした定めに基づいて実施され、恣意的な要素はありません。他方、二次分配以降のものは、肉の「所有者」の判断でおこなわれます。たとえば肉の量に応じてさらに分配を続けるかどうかとか。あるいは多様な互酬関係があったとしても今回は誰に「返礼」として分配をおこなうかとか。贈与とはこのような二次分配以降の分配を指します。この節の冒頭で「エスキモーの猟師」がペーターに与えたのが典型的な「贈与」(二次分配)と言えます。また、当然ですが、単独の猟で得た獲物の分配は、一次分配を含まないのではじめから二次分配(贈与)を意味します。

さて原始的な社会にあっては「贈与」あるいは二次以降の分配は、与える側にとっては義務であり、うけとる側にとっては権利なのだと言います。エスキモーの老人が「あなたは自分の肉にお礼を言ってはいけない」というのはまさにこのことで「当然の権利として納めるべきだ」「この肉は贈り物ではない」という意味なのです。自分の肉をうけとるのにお礼は不要だと。

「与える者は当然のこととしておこなっているにすぎないので、気前がいいとは言えないのだ。そのさい、狩猟の勇敢さをたたえることは妥当であっても、気前のよさをたたえることはない。」(前掲書)

したがって「贈与(gift)もしくは贈呈(giving)は自発性、衝動そして情実すらも意味し、あるいはおそらく与える人の優越をも意味している」ので、この社会での言葉として不適切であり「義務(obligation)そして当然(due)のほうが適当である」との指摘をサーヴィスはしています。たとえばある男が大きな鹿の肉をキャンプに持ち帰ったとします。それはまず最近親族にふるまわれ、次から次へ分配の系列の波に乗って全体に行き渡ります。このような「分配」は義務だというわけです。「贈与」という言葉を彼ら未開人の分配に当てるのは誤解を生じさせ適切ではないということです。(この問題についてはすぐあとで立ち戻る予定です。とりあえず「贈与」のタームは、文化人類学のなかでは一般的に使用されているものなので、サーヴィスの指摘を踏まえつつ使用しています。)

これに類するエピソードは、文化人類学の書物のなかにたくさん紹介されています。ある記述では、もらう側の者は、贈与・分配者が持ち込んだ肉を引き取るのが「権利」であるばかりではなく、さらに「けなす」のが習わしであると。立派な肉であればあるほど「小さな肉だな」「やせこけている」とか。与えるほうも「ほんとにたいしたものではない」などと、双方が意図的にこの「贈与物」「分配物」を過小評価するのです。われわれの社会常識では、たとえば隣人や親戚より肉をもらったとき、それをほめあげるのが普通でしょう。仮にたいしたものではなくとも。

しかし誤解してはいけません。「贈与」はこの社会でも「気前のよい行為」であり美徳なのです。なのにどうして感謝しお礼を言ってはならないのでしょうか。それればかりかもらい物にケチをつけるとは。その理由は、もらい物の意義を無視または過小評価することによって「恩恵をうけた」という劣位感を払拭しようという分けなのです。

肉を与えた者もその辺はよく心得ているので、優位感をひけらかすことは表向きは極力自制します。バンド社会（狩猟・採集社会）のような相互対等性社会では、その対等性を維持するために「もの」の移動、すなわち分配・贈与の際に「与える・もらう」あるいは「恩恵を与えた・恩恵をうけた」という少しでも人間関係のバランスを崩す要因を排除しようとしているのです。日常的な互酬関係のなかで、肉を与えるのは義務であり、もらうのは当然の権利と受け止められます。そのさい与えられた肉が大きければ大きいほど、その「恩恵」としての性格を否定するのに躍起にならなければいけないというわけです。

本節冒頭で、ある猟師が「礼を言ってはならない」と西欧人を戒めたことが了解できるでしょう。他方、だからこそ相互対等性維持のためには絶えざる「互酬」行動が必要になるということでもあるのです。「恩恵をうけた」としてもすぐにお返しとして「恩恵を与える」ことをして相殺することができます。また、たまにもらったり、与えたりではなく、日常的な貸し借りのやりとりがあれば、「恩恵」という面が薄れ「当然」という関係ができあがるからです。

とはいえ、狩猟は高度な技術と経験、そして体力等々が必要でしょう。であるならば、やはり得手不得手もあるでしょう。名手もいればそうでない人もいる。体力の衰えた老人もいる。ということは、やはり肉の「分配者」はある程度は偏った人になるのは避けられないと考えられます。しかし、このような問題についても様々な工夫がおこなわれています。カラハリ砂漠の「クン・サン」族の話です。

「興味深いのは、分配の一次権を握るのが（いわゆる「分配者」——引用者）、動物に最初につきささった矢の所有者ということになっている点である。しかし、バンドの誰でもその矢の所有者でありうるのである。」（E・R・サーヴィス『民族の世界』）

つまりある老人の作った矢を借りて、それで獲物をしとめれば、その老人がはじめの「分配者」となるように仕組まれているのです。一種の「擬制」的手法と言えるでしょうか。このように対等性社会としての狩猟・採集社会は、人間関係のバランスに細心の注意を払っているのです。「分配する」（ものを与える、貸しを作る）は、相互対等性のバランスを覆し、人を従えるあるいは「奴隷をつくる」力があります。だから対等性社会は、誰もが分配者になれるように配慮し、工夫をこらしているのです。

本章第1節の記述で、ボスのチンパンジーがオークの葉っぱを独占したこと、そしてその最終目的が独り占めすることではなく、「分配者」になるためだったことを想起してください。位階制社会でありながらその後の相互対等性社会に至るに過渡期にふさわしい事例と言わねばなりません。このボスザルはこのような分配をすることによって、自分の支配と権力を固めているのです。ボスザル故に葉っぱを独占できたのですが、それをまた支配の道具として使用していることになります。ボスザルは搾取者ではありませんが権力者であり、その支配権によって餌の最優先権をもちまた雌を「独占し」（実際には独占は困難あるいは不可能です。）その個体の繁殖のための優位を誇るという位階制システムです。このボスザルは「贈り物を分配する者」として絶えず「鞭でもって飼い犬をつくるように」飼い犬ならぬ子分ザルを育成することに怠りがなかったのです。それとは対称的に原始対等性社会は、誰もが分配者であり、誰もが分配者になりうるシステムであると表現することができます。

このことは、人類社会において分配者がふたたび一部の者に収斂《しゅうれん》したとき、さらにその「権力志向」と結びついたとき相互対等性が後退し位階制的社会に逆戻りすることを示しているでしょう。

日本を代表するチンパンジーの生態研究者である西田利貞は次のように論じています。

「贈与には、支配の贈与とでも呼ぶべきものもある。これは優位者から劣位者への分配である。政党の派閥の領袖が、メンバーに『もち代』とか称して、お金を配分する場合などが、この範疇のイメージとしてもっとも近いものである。……（賄賂）は交換という観念が行き渡ってない限り、無効な行動である。人間社会はその基本から互酬性に色濃く彩られている。」（西田利貞『ホミニゼーション』、京都大学学術出版会）

「人間社会はその基本から互酬性に色濃く彩られている」のは確かでしょう。○○党の派閥の領袖《りょうしゅう》がばらまく「もち代」は、なるほど「支配」の意図が見え隠れするものです。いや、それは客観的状況において「意図」が明確です。

贈与者は自分の権力への支援と引き換えに「もち代」という債権をばらまいているわけです。派閥の成員にとって「もち代」と領袖《りょうしゅう》への支持は確かに個々にみれば「互酬的関係」です。しかし、領袖が100人の「同志」にばらまく「もち代」は、その結果として獲得する権力とイーブンであるとは限らないのです。この点については首長制社会を論じるときにふれる予定です。

相互の「貸し借り」を把握する能力は、すでに現存の類人猿（チンパンジー）にもみられることから推測して、人間との共通祖先が数百万年、あるいはそれ以上前にすでに獲得した能力と考えられます。そのはるか後に登場したわれわれホモ属は、進化の過程でそれらを飛躍的に洗練されたものへと高めています。すでに述べてきたように未開・原始の現存人類においては、協力・共同行動が拡大発展し、それにともなって相互対等性が明確に認識され、またそのことの裏返しとして「恩をうける」ということが自らが劣位として感ずる心性を構築しています。この心性が深いが故に人間は、「贈与」にたいしては「贈与」で返す、という互酬原理をたえず再生産し徹底的に社会全体に浸透させたのです。だからこそ「エスキモー」「ブッシュマン（サン）」「ピグミー」（呼称については引用本に従いました。）などは、もらうのは当然の権利、与えるのは当然の義務であること、そこには「恩恵や借り」はまるで存在しないかのようにあつかうことになっているのです。

しかし「隠すほどにあらわれる」と言いますが、「贈与」は他ならぬ恩恵であり、協力・共同社会の主要な経済行為であるのが現実です。互酬性が頻繁におこなわれ「贈与・受贈」は「義務・権利」という意義付けがなされたされたとしても、その現実がなくなるわけではありません。前述したようにサーヴィスが原始社会での分配について「贈与（gift）」ではなく「義務（obligation）」のほうが適当だというのも一理ありますが、パーフェクトではないと考える理由がそこにあります。一皮むけば「受贈」は恩恵であり「借り」であり劣位そのものです。進化によるこのような心性の獲得によって原始的互酬性は支えられているのです。この点を見失ってはならないと考えます。このような重層的な理解が求められているのです。

すでに述べてきたように、類人猿的社会から人間的社会を区別するのは、相互対等の成員による協力・共同行動です。この協力・共同行動は、経済的な面からすればそれは「労働」です。これと不可分に結びついているのが互酬性です。ところがこのようにものを「分配する」「贈与する」ということは、必要不可欠の経済行為にもかかわらず、ひとつ間違えば相互対等性をほり崩すものとして、すでにみてきたように原始・未開社会は、極力抑制しあるいはコントロールしてきたと言えます。つまり互酬が均衡的におこなわれれば、相互の信頼関係は深まるでしょう。もし、均衡が期待されているのに、不均衡であれば「礼を失した」ことになったり、社会的非難や「負い目」を生じさせてしまいます。

原始・未開社会は、集団の密接した助け合いが不可欠です。経済的な協力、つまり相互の「贈与」は絶対的に不可欠なのです。そして、「贈与」は当然好ましい行為なのです。ところが、「贈与」は物質的経済的恩恵であるにもかかわらず、人間の深い心性において心の負債であり重荷であり、人への負い目となり、劣位に感じるという矛盾にさいなまれているのです。「贈り物をすることであなたは奴隷をつくります」と「エスキモーの猟師」は言いました。その辺のことを指して述べているのでしょう。受贈者の劣位感や負い目は贈与者への隷属感と容易に結びつくでしょう。

しかし、「贈与」を「支配、隷属」の手先かのようにあつかうのは不当ではないか、という意見もあるでしょう。もちろんそうです。これはシチュエーションの問題でもあります。好意をもった相手に「プレゼント」をあげる場合「心をつなぎ止めたい」「関係を強めたい」という趣旨でしょう。これは人間の互酬的心理機制にうまく働きかけよ

うという行為です。しかし、いわゆる「支配」「隷属」を意味するわけではありません。あるいは互酬性とは切り離された無償の愛のあらわれとしても理解できます。

ですから「分配」「贈与」が人を支配する道具になるためには、分配者がそのような方向で誘導する意志がある場合になりたちうるでしょう。

狩猟民は何でも与えてしまうと言われます。このことは「贈与」あるいは互酬性のひとつの結果です。さらには「蓄財」という観念が存在しないかです。蓄財は移動性の高い彼らのライフスタイルからすれば合理的ではないこともあり、対等性の維持のために意識的に否定されていたのです。原始社会は、妬《ねた》みという集団感情や集団意志（道徳）などの強い統制力によって個人の財貨の蓄積を抑制してきました。

「財貨の蓄積は、そねみや不信を助長し、すくなくとも個人が享受する威信や評価を減ずるものとなっている。その例としてトーマス夫人はクング・ブッシュマンについて述べている。ブッシュマンは他人からの嫉妬をなんとしてでも避けようと努める。そのためにブッシュマンがもつわずかな所有物はたえず彼らの集団成員の間を巡回している。特別上等のナイフを、たとえ欲しくてたま

らないものであっても、とりわけ永くもち続けようとするものは誰もいない。そうすることは嫉妬の対象となるからだ。……彼らの文化は、相互に分けあうことを強要している。またブッシュマンがバンドの他の者に食料や水のような物品を、分け与えることを怠るようなことはめったにない。ブッシュマンは緊密な協同がなくては、カラハリ砂漠がもたらす飢餓や干ばつを生き延びることができないからだ。」(サーヴィス『現代文化人類学――2狩猟民』)

このように彼らの共同体社会は、豊かとは言えない富のなかで、貯め込まず与えあい、そのことによって団結し生き残りを図る戦略なのです。

この節のまとめをしてみましょう。

協力・共同行動の結果として生まれた相互対等性社会は、互酬的な贈与・分配関係を社会全体にはりめぐらせました。人類の進化が到達したこのような共同体では誰もが分配者・贈与者となりうる社会システムでした。それは人間の本性にそった社会であることはあきらかでしょう。しかし、そこにひとつの陥穽《かんせい》があり均衡が崩れうる可能性が横たわっていたのです。小集団のなかで形成され100万年単位で維持され深化された対等性や互酬性やその他の共同体的諸特質はDNAレベルから人間そのものを形成したのに、こうした社会は永遠のものではなかったのです。まったく別の要因、つまり狩猟・採集から農業への移行が、こうした人間集団の基礎に変更を迫ったのでした。分配者がふたたび一部の者達に収斂してゆく歴史過程が発生し、対等性が失われてゆくことになったのです。

[3] 原始対等性社会から「成層社会」へ

牧歌的な原始社会から未開社会(部族社会)の時代に移りましょう。

部族社会は、近代においてもアジアの辺境の地や北アメリカあるいはアフリカ等において多数存在しています。部族社会とは、多数の氏族を包摂したもので、文明が発祥する以前において氏族同様、人間の普遍的な社会組織と考えられています。部族社会形成の経済的要因は、狩猟・採集にかわる農業(あるいは遊牧業)の成立があります。

農業や家畜の飼養が普及してきたことが二つの社会変革をもたらしました。ひとつは余剰生産物の発生です。(注1) しかも根菜類、とくに穀物類の余剰物は、年間を通じて貯蔵され有効に利用されることが可能となりました。二つ目は居住形態の変更です。初期農耕・集団農耕の時期（第5章第1節参照）以降は、農耕技術の向上や定住化の過程において集団的生活が不適切となり、分散的な生活・生産単位に分かれてゆきます。つまり（拡大）家族や核家族を中心とした自営・自足的経営が広範に生まれてきました。バンド社会の「狩猟キャンプ」のような共同的な生活スタイルが後退し、土地に定住した家族が自分らの土地を生活・経済の基盤としていきます。当然のようにこのような新しい社会環境では富の偏在も容易に発生します。このようにバンド社会という小集団ですべてのものを分けあってきた、という社会関係は過去のものとなりはじめました。したがって相互対等性は徐々に変質し互酬性は新たな変形をこうむることになます。

（注1）狩猟・採集社会は、生産力が低いから剰余生産物が発生しなかったという面ばかりではなく、確保された食糧がそれほど保存がきかず余剰生産物の獲得に意味を認めなかったことも考慮されるべきでしょう。

マーシャル・サーリンズが「家族的生産様式」(注2)と呼ぶこの部族社会の経済は、基本的な労働は家族においておこなわれ、生産の目的は第一義的に家族の必要分をまかなうためのものだとしています。他方、部族が土地全体を占拠し、さらに個々の家族が自営地を占拠（占有）することによってなりたっています。土地は部族の「所有」ですが土地の運用・用益権は個々の（拡大）家族にあるということになります。こうしたことは個々の「自足的」農民にとって安全と安定の保証でもあるのです。万一土地が他の部族によって脅かされたりすれば、部族全体として土地の「所有権」の保護を図ろうとするからです。

（注2）「部族経済にとって、家族が占める位置は、中世ヨーロッパ経済にとっての荘園、あるいは近代資本主義に対する企業と同様のものであり、いずれもその時代の生産制度の中核となるものにほかならない」（M・サーリンズ『現代文化人類学――5　部族民』鹿島出版会）。「家族的生産様式」は、農業と部族社会の成立過程のなかで形成されたものですが、さらにこの「生産様式」はその後の首長制社会や初期国家社会の経済的土台へと引き継がれていったと考えられます。

この社会は、各農家が「自足的」性格を強めてきたにもかかわらず、部族を基盤とする共同体的性格をもっていたのです。また、個々の家族の生産は「家族に必要なもの」を生産することにとどまっており、剰余生産物を作りだす動機に欠けていたと言います。生活物資の欠乏があれば、農民同士が助け合うことによって補われてきました。彼らはいまだその内部では「商品」や「貨幣」を必要とはしませんでした。経営単位が家族へと「分散化」して個別的労働が確立したとしても、部族や氏族の紐帯のなかにあって、しかも土地所有は共同体的であり、私的所有ではなくしたがってその剰余生産物も商品として発現することはありませんでした。

このような新たな状況のなかで「自足的」農家の内部からも外部からも剰余生産物への刺激が徐々にあらわれてきました。

様々な偶然から——たとえば重大な病気により、家族の労働力が減少するとか、子供が少なかったとか——それぞれの農家間では、このような生産力の優劣が発生し、貧富の差が生じます。しかし、部族社会では、貧富の差があるといっても現代社会の有り様とはかなり違っていました。親族のなかに困窮に陥った人があらわれれば、彼らを助けるのが周囲の近親者の当然の義務となります。親族（氏族）内の相対的に有力な生産者は、そのために生産を増強することになります。こうしたことがおこなわれるのは、いまだに共同体精神と互酬性が息づいていたからなのです。ところが、このような社会的富の不均衡の発生と、その富の貧者への分配という流れが新たに発生したことは、親族や氏族のなかに有力な人物・家族が新たに登場することを意味します。なぜなら、彼らは自分の富や労力を、必要とする人に分配することによって富を減少させるかわりに、社会的影響力を獲得していったからです。同様のことは家族間ばかりではなく、氏族間においても部族間においても各々重層的に発生したと考えられます。

B・マリノフスキーの次のような記述があります。

「（メラネシアのトローブリアンド諸島の）耕作地は、人々が生活のために実際に必要とするよりはるかに多くのものを生み出す。平年作で、必要量の二倍が供給されるだろう。おそらく、この過剰生産の原因、すくなくともそのひとつの原因は、相争ってヤム芋の質と大きさとが、名声を得るためのもっとも重要で唯一の手段（であった）。」（サーヴィス『民族の世界』より）

個々の農民は——今までの狩猟・採集社会では富の蓄積を忌み嫌ってきたのに——今では競って富の蓄積を誇示するようになりました。蓄財があたかも大胆に肯定されるようになったかのようです。

しかしそれは少し違います。積み上げられた富への賞賛は、その富の大きさ自体によるものではありません。それらの富は親戚達へ分配・贈与されることが予定されたものなのです。そのような社会的な意義があきらかであり、その意味で名声に確かに値するものだったのです。
これらのことはさらに新たな生産への刺激となります。すでに共同体内外の運営や調停にたずさわってきた氏族や部族のリーダー達は、さらなる社会的名声や影響力の拡大のため、余剰物を農民から集めるようになります。今では有力者達は、自分の力を駆使して積極的な形で生産の増強を農民に喚起するようになりました。剰余生産物の流れはここでは逆転しています。一般の農民から有力者へ、そしてそこから必要とする人々へ剰余生産物は移動します。あとで詳しくみる予定の「再分配」システムの端緒が姿をあらわしてきました。しかし、あくまでこれは強制ではなく、実力者とその親族、従者、信奉者との関係で「友好的に」おこなわれたのでしょう。集められた富は、彼ら実力者達にとっては新たな「公共事業」や政治的駆け引きや社会的影響力拡大の原資となって人々に分配されてゆきました。

「自分の主義に経済的に参加してくれた地域の配下集団からこうして（富を）くみあげながら、ついでビッグマン（メラネシアの地域リーダー――引用者）は、彼の野心の最終的な、社会的にもっともふくれあがった局面にさしかかるのである。威信をあまねく社会にうち立てる――これを《名をあげる》とメラネシア人は呼んでいる――ために、自分のサークル外におよぶ、公的な大祭や分配に、ビックマンはスポンサーとなってめざましく貢献する。」（M・サーリンズ『石器時代の経済学』、法政大学出版局）

こうした状況の変化、すなわち野心的な特定のリーダー兼分配者が出現して、社会的な影響力を増大させることにともない、互酬性は徐々に、対等性を支えるものではなく支配・隷属関係を生み出す要因となりはじめました。「支配のための贈与」のことを思い出してください。バンド社会のように誰もが分配者である時代は過ぎ去り、ふたたび分配者が一部の人間達に偏る傾向が開始されたのでした。
B・マリノウスキーは以下のような未開社会に関する記録を残しています。

「贈り物をする際や自分の余剰物を分配する際には、彼らは権力の表示と人格の誇張とを感得する。トロブリアンド島民は自分の住んでいる小屋よりも立派につくられ、非常に飾り立てられた家屋のなかに食物を貯蔵する。鷹揚さは彼にとっての最高の美徳であり、富は権勢と位階の本質的要素である。」（マリノウスキー『未開社会における犯罪と慣習』、ぺりかん社）

しかし、このような社会状態が存在したとしても、ただちに階級社会や身分制社会を意味したわけではありません。確かに様々な偶然、たとえば病気になるとか子供がいないとか、さらに「妻の数」とかそれぞれの家庭事情によって家族の生産力は違ってきます。こうして次第に貧富の差が発生しては来ました。しかし、「家族的生産様式」と表現された部族社会時代の経済では、すべての家族が家族の生計にそれなりに見合った土地という生産手段をもっており（占有あるいは用益権）、そのため貧富の差が生じたとしても、それは本来の意味での「階級社会」ではなかったのです。すくなくともこの点からみる限り部族社会においてはいまだ人が人を経済的に支配する、隷属させる、搾取するということは、原理的に不可能であったと言えるでしょう。

こうしたなかで注目すべき点は、余剰生産物を利用して共同の備蓄が形成され、社会的な重要性を増したことでしょう。この目的は飢饉や困窮者の救済でありまた「神への献納」という形であったりします。これらを管理するのが氏族や部族中ですでに影響力をもつ社会的リーダーの一門達です。つまり、農耕民達は、緊急事態等のための社会的備蓄を、信頼する人たちに預けたのでした。

しかし、当然のことですが常に飢饉がくるわけではありません。そのときこの備蓄された余剰生産物はどうなるのでしょうか。大宴会を催すことによって共同の富の管理者達が、その食糧を預けた人々に再分配することになります（注2）。ちょうど銀行に預けた定期貯金を満期に払い戻すようなものです。管理者達にある程度の「管理費」を支払ったあと、人々は当然の権利としてこの備蓄を取り戻すことができたのです。さらに共同体のための公共事業の際にもこれらの貯蓄物がそのために振り向けられます。こうしてこの集積された共同の富とそれに基づいて管理者が実施する共同的事業は、未開社会においてますます不可欠の存在となってゆくのです。この管理者の社会的地位は、一群の野心的な地域のリーダー達から一頭地を抜くものとなり、そののちには「首長」と呼ばれ、世襲される公職となります。

（注2）「タヒチの人々の間では、（余剰生産物の）市場で交換はない。首長に対する贈り物および低い身分の首長から高い身分の首長への贈り物は、品物の交換がなされる手段として理解できる。首長はうけとった余剰生産物をたくわえ、それから、それを大宴会のおりに再分配する。」（サーヴィス『民族の世界』）

社会的統合がすすみ集積・分配される社会的な富も巨大になるにしたがって管理者達の地位も向上します。これらの社会的リーダーの影響力は、もちろん（国家）権力の裏打ちはありません。しかし、彼のおこなう裁きや調停は権威のある有効なものとして受け入れられるようになります。その威令は社会の隅々まで行き渡るようになります。また、管理すべき社会的富の増大に応じて、リーダーの下には管理機構も形成されてゆきます。

このように部族社会の下で進行した農業の安定化とリーダー達の成長は、剰余価値生産への刺激を呼び起こすと共に、部族社会を越えて社会的統合を促しました。今まででは考えられなかった大土木事業、たとえば大神殿、大墳墓、灌漑工事などの可能性が切り開かれてきたのです。

さて、視点を変えてこの問題をさらに考えてみましょう。そこであきらかなことは、本来は共同体全員がかかわるべき共同の事業が、今や一個人や特定氏族に集中するという事態を招来したことでしょう。共同の備蓄の管理も、再分配のための宴会の催しも、先祖の祭祀も、公共事業も、あるいは戦争での中核的役割をも、特定の人間集団が大きな役割を果たすか、さらには共同体を代表して計画し執行するということになります。つまりここでは本来の「共同体性」が全員においてではなく、特定の人間（集団）において集約され代表されるという転倒が生じたことになります。（注3）このことは氏族社会や部族社会に連綿として受け継がれてきた原始的な民主主義制度（氏族会議制や部族会議制）の真っ向からの否定であり、対等性社会の変質を告げ知らせるものでした。

（注3）「一番重要なことは公共経済における交換の集中化である。つまり互恵性（互酬性）は、すべての人が彼（首長）に対して権利を与え、彼からの『困窮者への慰めや祝福』がやってくるという存在である首長にのみ焦点を当てるようになる。こうして政治的にも統合されて、互恵性は変化する。それはより高度な形で再登場する。いわゆる権力者によっての物品の集積と再分配であり、（また）この過程（全体）を再分配という。」（M・サーリンズ『現代文化人類学――5 部族民』）

備蓄された余剰生産物が包み隠さず文字通りに「再分配」され、したがって仮に搾取がなかったとしても（この問題については次の第4節で論じます。）これは共同体性の「疎外」の開始に他なりません。

年月がたち力関係にさらなる変化が訪れます。今や共同の富の管理者は、崇拝され、神的な後光もさしています。なぜなのでしょうか。神殿を中心として集住がおこなわれ、倉庫が町の中心部に建ち並び、各地から食料をはじめ衣類や奢侈《しゃし》品等々が倉庫に搬入されます。備蓄された食糧等は今でも生産者達に再分配されています。その点では「搾取」はまだ公然とは存在しませんが、倉庫への搬入はまるで管理者達への貢ぎ物と見紛うばかりです。今では管理者達は特別な地位に就いています。つまりあたかも管理者達の倉庫への富の搬入が人民の義務であり、それらの富は倉庫ごと管理者の所有物であるかのようです。この管理者の地位はもはや確固とした公職として周知されています。(注4)

(注4)「(首長)権力は、職務のなかにはじめから付与されており、もっぱら首長の特権に組織的に黙従することに、それを組織的に扶持《ふじ》する手段にかかっているのである。権力は、今や、それを下で支える民衆の財とサービスにたいする、特定の統制権を必然的にともなっている。人々ははじめから、その労働と生産物を首長に差し出さねばならない。」(サーリンズ『石器時代の経済学』)。ただし、「首長の権力」の表現については、いまだに国家による強制力がないことに注意すべきでしょう。誤解を与えるおそれがあるので、本稿では「権力」ではなくそれと区別してむしろ「権威」「影響力」と表現しています。

「再分配」が実施されていたとしても、共同の富の使途はリーダー達の配慮や計画に基づいて事実上決定されており、限りなく私有化に接近しています。彼らの「配慮」による再分配は、あたかも彼らの富の分配であり施し物であるというふうにあらわれてきます。このリーダー達に集約された社会的な富と人を従える力は、個人の力をはるかに越えた神秘的な力として人々には感じられたに違いありません。しかし、真実は人民が造りだした力であり彼らの富の再分配(返還)にしかすぎないのです。彼らは現実的な社会のリーダーであるばかりでなく、ますます神秘的な超自然的な力をもつ呪術師でありさらには祭司として奉られることになります。

これがいわゆる「首長制社会(Chiefdom)」です。農民達は、今では彼らにかしずいています。これら首長間でも、部族や氏族間でも、また生産者間でも、今では複雑な上下関係が成立し、それをあらわす儀礼がことこまかく練り上げられています。この社会は、貧富の差も貴賤の区別もあきらかなものでした。この社会が階級社会ではなかったとしても、原始的な対等性社会からの変質はあきらかでしょう。こうした社会段階――数千年の歴史をもち階級社会の成立を準備し必然化させた――にもっと注目すべきだという意味も込めて「成層社会」と仮に呼ぶことにします。首長制社会は確かに典型的かつ最終的な成層社会です。

また、見逃すことができない点は、人々は首長へ富を献納するにとどまらず、彼らのための労働奉仕もおこなうことです。剰余労働の提供も重要な未開社会の経済的・社会的ファクターとなっています。重層化した成層社会のなかでは、誰が誰に従い剰余労働を提供するのか、あるいは戦士として誰に従うのかが、各リーダー達の社会的影響力を示すひとつのバロメーターなのです。首長達も剰余生産物の確保とともに剰余労働の動員にも余念がありませんでした。

　さらに次の点も重要です。彼らの権威は、先祖祭祀や宗教と結びついた伝統的で慣習的な支配、あるいはそれにくわえてカリスマ（Charisma）的性格のものであり、依然として確固とした（国家）権力に基づくものではありませんでした。したがって首長は、こうした共同体性を体現し実行している限りにおいて首長として認められているにすぎないのだとも言えます。これが実行できないとき、あるいはその地位と役割を裏切るようなことがあれば、（これは社会的事務の処理と言うばかりではなく、超自然的な能力に基づく穀物の豊作、天候等の自然現象のコントロール、あるいは繁殖の象徴としての役割を担えない場合等々を含んでいます。）人々の意志は彼から離れます。首長として認められない首長はもはや首長ではありえません。「殺される王（サーヴィスらの定義に従えば首長のこと）」の伝説[注5]も、「王殺し」のハワイ伝説やメソアメリカのマヤや古ゲルマンの伝承もこのような社会背景のなかから説明されるべきでしょう。

　（注5）「（アフリカのある部族の一例では）王は毎日ある樹の下で裁判をすることになっていた。彼がもし病気その他の理由で丸々三日間にわたってその義務を遂行することができなかった場合には、輪索によってその樹につるされるのであった。」（J・G・フレイザー『金枝編』岩波文庫）

　有力な首長の周りには彼の親族や社会的・経済的力に魅せられた他の首長や従者や戦士達が集まっていたにしても、この時代は国家すなわち統治のための官僚機構や特別な軍事集団や監獄などの権力機構はいまだに確立せず、他方では人民は武装しており、特権者による公然たる搾取や収奪が生じることはなかったと言えます。首長にたてつく人間に対して首長ができることは呪術師を呼んで呪い殺させることぐらいであったとされています。首長はいまだに民衆から年貢や税を取り立てる管理機構も、強制力も、十分には獲得しておらず、神格化や崇拝や権威付けや、あるいは「尊敬」「慈悲深さ」、さらには伝統の力によって人民の富を集めていたのでした。しかし、共同の富の管理が変質し、高貴な一門の所有物に転化するのは、もはや時間の問題であったと考えられます。

　こうして再分配システムを司る一門は、共同の富の管理者あるいは共同体の事業の主催者という控えめな立場から、あたかもこれらの富の所有者・分配者としてふるまうようになり、国家的強制機構を徐々に作りだしたあと、とうとう最後にこの富の全部を横奪し、高貴な一門の私的所有物へと転化させたと想定されます。とうとうルビコン川は渡河されました。もっとも、今この川をわたったのは強大な権力を誇る軍事指導者で政治家、雄弁家、文筆家であるカエサルではなく、多くは祭司や神官まがいの、どことなくいかがわしい地方や都市の王達ですが。彼らはこの獲得された共同の富と労働力を利用して王直属の軍隊を作り芸術家や建築家その他を動員して大規模な宮殿を造り、有力者達を官僚として抱えもつなど、国家基盤の形成へと邁進することになります。他方、共同体はその伝統的形態のまま隷属化することとなります。

ともかく、史上最初の本格的私的所有の生成（つまり共同的富の横奪）が別名「国家的所有」であったとすればこれ以上ない歴史の皮肉でしょう。国家が一般民衆を代表するものではなく特定の集団を代表しているにすぎないことは、その出生のとき以来まったくあきらかなことと思われます。

国家形成のプロセスとしては、古代ギリシャのドーリア人、古代インドのアーリア人あるいは古代イングランドのゲルマン人のように、他の部族を征服し隷属民ないし奴隷化して国家形成に踏み出すケースをはじめ多様な道筋が知られています。上記のような漸進的で社会の内在的進化の到達点として国家が成立する典型的ケースばかりではないのは事実です。しかし、このような内在的な進化が、あらゆる国家形成の推進力として、さまざまな側面から作用していることは多くの歴史過程が証明しているところでしょう。

［4］互酬性の変貌——再分配と搾取

まず、「再分配」システムが、未開社会においていかに重要な経済・生活システムであるかを確認することからはじめたいと思います。大越翼は、後古典期後期（10世紀から スペイン人による征服があった16世紀に至るまでの時代）のユカタン・マヤ社会を、スペイン人の統治と比較しながら以下のように述べています。

「単に要求し、徴収するだけが目的であったスペインの貢納方法と、マヤの貢納システムの間には大きな差があった……実際マヤの王達は、単に物納をうけるだけの立場にはなく、たとえば農民が彼らのために共有地で耕作しているときには、その『見返り』として、カカオ豆や七面鳥が与えられるのである。」

「すなわち、貢納（スペイン人が「トリブート」と呼んでいたもの——引用者）とは、王（ハラチ・ウイニク）に対する義務的支払いと、そこからの払い戻しの連続だったのである。さらに、民が負担感、強制感をもたずに貢納義務を果たしていたのは、この再分配の原理が当時のユカタン・マヤ社会の隅々にまで行き渡ったものであって、社会慣習のひとつとして捉えられていたからだろう。だからこそこれは、『服しているものが支払』わなければならない性格のものであり……それによって王からの様々な再分配をうける権利が生ずるのであった。この人間関係の連鎖を、服しているものが一方的に断ち切るということは、いわばマヤの社会規範の埒外に身をおくということであり、これは、社会秩序を破ることと同義であった。すなわちマヤ社会では、一人の人間はその周囲の人々や支配者との間に持ちつ持たれつの緊密な関係を維持することによってはじめて『生きる』ことができたのであり、そのためには、各人は一定の秩序を守らなければならなかったのである。」（『古代王権の誕生Ⅱ』角川書店）

「ハラチ・ウイニク」が王であったのか首長であったのか、明確な区別のつかない状態であったと思われますが、ここでは問題にしないことにします。さて、典型的な首長制社会は再分配社会であり「搾取」はなかったとE・R・サーヴィスは言います。

「ポリネシアの首長はある特定の時点において幸運にも余剰の生産物をもったすべての家族からそれを贈り物としてうけとる。あとになって彼はそれをふたたび与えるのであるが、そのときにはもっとも必要としている人にもっとも多くを与える。それは首長の『寛大さ』だと言われているが、経済的にみるとたんに再配分にすぎない。ごく一部だけが首長自身やかれの家族、それに少数の居候者のためにとっておかれるという程度のことを除いては、これはあきらかに搾取ではない、つまり貢納物ではない。」（サーヴィス『民族の世界』）

あるいはサーリンズも「首長制社会は階級社会ではない」としています。この点をさっそく検討してみましょう。マヤ社会の例で言えば「王（首長）」からの「払い戻し」があること、「反対給付」があることは、確かにスペイン人のような一方的な貢納（収奪）とは区別されるべきでしょう。しかし、それで問題は解決したのでしょうか？　ここには依然として大きな問題が伏在しています。首長の下に集められる富と、出てゆく富（再分配）がどの程度一致するのかあるいは不一致なのかは重大な問題です。さらに言えばどのような使途に費やされたかも看過できないポイントです。これらを実証的に解明することは容易なことではありませんが、問題点の整理だけでもしておかなくてはならないと考えます。

「再分配」システムというものが、サーリンズの指摘を待つまでもなく、すでに述べてきたところの互酬性の変形したものであることを認めないわけにはいかないでしょう。

つまり、相互対等性社会にあっては共同体成員の相互の「贈与」「分配」としておこなわれてきたものが、今では首長と共同体成員との関係に置き換わったものです。共同体成員が首長に献納し、他方では首長が折々の機会にその貯蓄を払い戻すと言うことです。それが祭行事にかかわる宴会であったり、神殿の建設であったり灌漑施設や橋の工事であったり、困窮者の救済であったり等々。しかし、問題は互酬性が「再分配」システムに変形されることによって何が変わり何が失われたか、でしょう。再分配システムは互酬性からの大きな逸脱と考えられるのです。

相互対等性社会での互酬性の基本的特徴をもう一度思い出してみましょう。

（1）仲間的集団内部であること。（2）相互の個体識別が可能であること。これらの要件を前提として（3）同等の物品や行為、それにともなう「恩」「義理」の相殺としてやりとりされるものです。

しかし時代はすすみ、部族社会やさらにその連合の時代です。そうした土台のうえで首長の存在感が増しています。形式的には確かに「互酬性」を踏襲しているように一見思われますが、集団自体が拡大され貴賤の区別が存在し、今や多数の人間集団のなかで相互識別はますます困難であり、いわんや等量の相互交換であるかどうかをこの時代において確認するすべもありません。集団自体の拡大と共に——やや図式的にまとめれば——一個人（首長）という一方の極と、相対する社会的全集団の「互酬関係」を管理し確認することは現実的にますます不可能になっていったでしょう。要するに「再分配」システムは、形式的にのみ「互酬性」を踏襲してはいますが、内実をみればまったくとは言えないまでも、互酬的関係をもつものとは言えなくなっているのです。まさに互酬性は顴骨堕胎《かんこつだたい》ないしは大きく変質されていると言っても過言ではないでしょう。

この「再分配」なるものが、互酬性という視点からすればかなりの程度恣意的で、搾取を内包する可能性が存在したと思われます。首長制社会ではこうした「搾取」があまり目立たなかったということはあったとしても、首長制社会の連合から大首長があらわれ、王権や大王権が登場し、ますます多くの人間がその下に包摂されるにしたがって、この「再分配」システムが、搾取のシステムへといずれかの時点において変質したものと考えられます。もっとハッキリ言って首長達の管理下にあった「再分配」システムに搾取のシステムとしての機能があったからこそ、王権や国家制度の育成に帰結したのではないでしょうか。このような搾取としての機能を一貫して内在化しえた社会こそが、王権と国家機構の確立へと向かう扉を開けることができたと言えるのではないでしょうか。

王権形成の際の経済的基盤としては、「再分配」システムを利用する他に、大土地経営などの家産的経済を首長、王、貴族が獲得しまた拡張していったこともあげられるでしょう。この点の重要性はまだまだ十分には究明されていませんが。

すでに紹介したように「首長制社会は階級社会ではない」としたサーリンズは、さらにこのようにも語っています。

「たぶん彼（首長）は、うけとったすべてを（再分配として人民に）返却してはいない……いずれにせよ、ときとして首長の手元に残る物質的残余が、この制度の主要な眼目ではない。首長が人々にふりまく富から、彼の手にのこる権力こそが、その眼目なのだ。」（『石器時代の経済学』）

「権力」という言葉を「権威」「影響力」と置き換えうるのであれば、首長制社会の基本的特徴としては、このような把握で間違っていると言うつもりはありません。しかしながら、再分配機構がもたらす首長への権威の集中と同時に、――首長が動員できる剰余労働についてはここではふれないとして――首長の手元に残る「物質的残余」も社会規模の拡大や農業生産の増強をもって、ますます増大する歴史的趨勢《すうせい》にあったでしょう。そのことを否定することはできないでしょう。初期国家社会に一般的にみられる貢納制度は、首長制社会における「再分配」システムのさらに変形したものであり、このシステムから直接に生じてきたとみられることからしても、「再分配」システムが搾取的性格を歴史的に深めてきたものと想定されるのです。

たとえばインカ帝国の場合、支配下の諸部族やその他の社会から流入する物資を首都クスコなどに集積し、そのうえで彼らの必要性や各地方の需要に応じて「分配」がなされたのは事実ですが、この「再分配」はもはや「下賜《かし》」という性格と言うべきで、当然の権利としてうけとるものではなく、もちろん多少とも対等な物資の交流（あるいは賦役に対する対価）を意味するものでもありませんでした。

したがってすくなくとも初期国家においては、誤った認識を与える可能性のある「再分配」システムの呼称を外すべきではないかと考えます。[注1] むしろ「貢納・下賜」システムとでもな名付けるべき性格のものでしょう。（とはいえ本稿では一般に使用されている「再分配」システムの呼称も併用しています。）私見では、インカ帝国のような初期国家社会でみられるこのようなシステムは、再分配システムの変質・進化したものであると同時に本格的な貢納制への過渡をなすものと考えられます。

16世紀のインカ帝国の他に、エジプトの初期国家時代（ナカダⅢ、初期王朝時代、古王国時代[注2]）、紀元前16〜13世紀ギリシャのミケーネ社会[注3]において、このような首長制社会から引き継いだとみられる「再分配」システムが存在しました。

（注1）たとえばサーヴィスは首長制社会の再分配システムと初期国家社会のそれを区別していません。「インカが物資をあつかうそのやり方は、規模は大きいものの基本的には、たとえば、ヌートカやメラネシアやポリネシアの首長が自分の小さな領土のなかで物資を集め、再分配するやり方と同様の、いまだに未開のモデルにそったものであった。つまりインカ国家の交易は大部分が再分配機関としての機能を果たすものであった。」（サーヴィス『民族の世界』）

（注2）L・クレーダー『現代文化人類学――3　国家の形成』鹿島出版会

（注3）太田秀通は『ミケーネ社会崩壊期の研究』において、ミケーネ社会を東洋的ディスポティズム（専制主義）の傾向をもつ貢納制国家として捉えています。他方、周藤芳幸は『古代王権の誕生Ⅳ』において、再分配システムをもつ首長制社会であると強く示唆しています。私見では、「再分配」システム――と言っても搾取的な関係――をもつ初期国家と考えられます。

未開国家、初期国家（Primitive State）のすべてが必ずしもこのような「再分配」システムを大仕掛けで装備していたわけではありません。しかし、「再分配」システムがそれ以前の社会、つまり首長制社会で広範に存在したこと、そして初期国家では官僚制度が当時まだ未熟であったとすれば、初期国家社会の人民収奪の主要な方途は、とりあえず再分配システムの変質によることに合理性があったでしょう。この経済機構を国家の成立後も搾取性を強めつつ引き継いでいったことは、自然な成り行きであったと言えるでしょう。こうして変質した「再分配」システムは「貢納・下賜」システムを中間項としてさらに古代の貢納制へと行き着いたと考えられるのです。

メソポタミア（ウルク前期、中期、後期、初期王朝期）、エジプト（ナカダⅠ、Ⅱ、Ⅲ期、初期王朝期）や中国（河南龍山、二里頭・夏、二里岡・殷）さらには日本（弥生後期、古墳時代）の歴史過程が示唆するものは、首長、大首長そして（大）王権の成立に至る過程が、長期にわたる漸次的なものであったばかりではなく比較的連続的な成長過程であったことです。この「連続性」というのは家系や血統のことではありません。首長、大首長、王、大王[注4]の社会的地位・権能の進化の過程がそれぞれ画期や段階があったにしても、本質的にはその連続性を示しているということです。西ヨーロッパでの「王」（キング、ケーニッヒ）は、そもそも語源としては「部族の子」を意味しています。王権は突然形成されたのではなく、部族の長（おさ）に由来していることを示唆しています。これらの点を考慮すれば、首長制社会の下ですでに「再分配」システムが搾取の道具へと緩やかに変質していったことを想定せざるをえません。このような搾取の発生とこのシステムの中心的管理者である首長や王の登場、その権力を担保するものとして管理統制諸機関、つまり国家機構が次第に姿をあらわしてきたのではないかと考えられます。

（注4）本稿において「大王」の表現は秦の始皇帝や帝政ローマの各皇帝さらにはムガール帝国のアクバル大帝のような意味ではなく、未開社会から登場したばかりのいわゆる「諸王の王」のことです。つまり連合する諸王中で盟主的存在を指します。日本の例では3～5世紀（古墳時代）のヤマトの王のような、筑紫、出雲、吉備等の王やその他の大首長を従える王の意味です。本格的な統一国家（日本で言えば律令体制の確立）に先行する「初期国家」に対応する王権のあり方のひとつです。

すでに前節において、部族社会に淵源をもつ「再分配」システムの扇の要である富の管理者が、結局のところ倉庫の富を私物化したことを論じてきました。そして（大）首長が王となりその担保として国家を生み出してゆく経済的基盤を与えたのが――家産経済の拡大とともに――この「再分配」システム、否、「貢納・下賜」システムと考えられます。

国家の形成と社会階級の公然とした登場は、数百万年をかけて形成されたと推測される人類の対等性社会の転覆であり一大事件であったでしょう。それにもかかわらず、この大転換は華々しい正規戦においてではなく、一般的には地下の伏流水が徐々に地表にしみ出るように静かにおこなわれたと推測されます。なぜなら、生産手段である土地を占有し、耕しているのは一般民衆です。他部族との戦争などを実行できるのも一般民衆です。ですから貧富の差が発生し、貴賤の区別があらわれたあとになっても、一部の貴族や首長が共同の富を暴力的に奪うことはできなかったでしょう。

むしろ逆に前節でふれたように、多くの首長（王）達が平民を抑圧したという理由で殺されてきたと言います（ハワイ伝説等）。あるいは社会を潤すことのできない首長達が失脚してきたと。一般農民（平民）にとっては、依然として首長や初期王権との関係はあくまで互酬的なものであるべきだったのです。その関係をないがしろにして、私腹を肥やしたり権力を増強すれば、打倒の対象とされてしまい、事実打倒されたのでした。

だから意識的にかどうかは別として、首長達は宗教的神聖化とともに歴史的に先行した初期社会に起源をもつ再分配システムを長い時間をかけて変質させ、共同の富の一部を取得し自らの経済的基盤を強化しつつ、他方では民衆に恩恵を施す「慈悲深い分配者」として忍耐強くふるまい続け、国家機構を慎重に育成し少しずつ公職に一門を就け、とうとうそれらの富を――「共同性」「公共性」の建前を引き継ぎながら――完全に私物化してしまうという長期戦において勝利を勝ち取ろうとしたと想像されます。実際にはこのような野心的な無数の試みが人民によって挫折させられました。しかし、ナイルやチグリス＝ユーフラティス、黄河等大河流域において、最初の突破がなされたと考えられます。都市の出現に代表される古代文明の勃興がそれです。

このような突破、すなわち氏族原理を社会の基底に据えていた一次的社会構成体の超克を意味する国家制度の登場は、文明周辺の部族社会、首長制社会に反作用し、こうした地域における首長連合の形成や大首長や大王権等の形成に帰結していったと考えられます。

さて、王や大王達は、横取りした共同の社会的富に基づいて軍隊や役人や芸術家や職人、建築家等々を雇うことができるようになります。しかし、注意すべき点は依然として経済的基盤の弱い初期国家にあっては、すでにふれてきたように大王（諸王の王）の支配といえども、官僚体制あるいは軍隊組織の脆弱さに規定されて王権による一元的な領域的な支配体制を確立することができなかったことです。たとえばこのような未熟な支配は、シュメールの都市国家群やあるいは中国の夏、殷、周のような分散的・分権的な支配にみることができます（周の場合はそれが「封建制」と称されました。）。インカ帝国においても版図のなかの旧来の部族や首長制社会が、貢納を前提として伝統的統治を中央権力によってそのまま承認されたものでした。アスティカ「帝国」も同様です。初期国家社会は、部族社会や首長制社会の残滓《ざんし》を――搾取装置として変質した「再分配」システムを利用したことも含めて――数多く残していたばかりではなく、現実に多くの部族社会や首長制社会をそのままに包摂していたのです。このような矛盾的（そもそも氏族制度と国家は本来的に相容れない）、かつ分散的・独立的指向性を内在することが、初期国家社会の特筆すべき脆弱性であり、国家が国家として独り立ちし成長しうるとすれば、第一に克服されるべき課題であったと言えるでしょう。（注4）

（注4）「未開の下層状態、中層状態において、あるいはまた上層状態において、世界のいかなる地方においても、氏族制度の下にあって、自然的発展によって王国が発生することが不可能であったことは、ついでながらここで注目されていいことであろう。」（モルガン『古代社会』）。モルガンは決してこの点では誤っていたわけではありません。古代中国やギリシャやローマ、あるいは古代日本の国家成立の過程は、氏族・部族社会の分解の過程でもあったことを確かに示しています。本格的国家の登場は氏族・部族社会への大きな打撃（否定）であることはきわめて重大な歴史認識と言うべきでしょう。たとえば「王権と部族制とはひとつの矛盾関係にある。前者が強化されると、部族制の地位は相対的に低下する。」（谷川道雄『隋唐世界帝国の形成』講談社）。しかし、モルガンにあっては「初期国家」の概念が存在しなかったのです。初期国家にあってはまさに氏族・部族・首長制社会をいまだに温存・包摂する形で国家が成立しているのです。過渡的な国家であったということです。モルガンは基本的には正しかったのですが、初期国家の特殊性を把握できず、氏族原理がいまだに支配するメソアメリカのアスティカを単なる部族連合段階と思いこみ、それゆえに国家であることをこばみ続けたのでした。しかし、すくなくとも16世紀のアスティカは、農奴が耕す大土地を「所有」する貴族階級や小土地を「所有」する戦士階級が成長をはじめており、他方では軍事力により周辺の社会から貢納物を継続的・計画的に収奪する搾取的な社会組織＝国家へと変貌していました。（リチャード・タウンゼント『アスティカ文明』、創元社参照）

次の点も今後の課題としてふれておきましょう。四大文明からはじまる「世界史」の展開という一般的に流布されている認識は無視しえない欠落があると思われます。これらの文明圏による直接の脅威が存在しなかった間に進展してきた南・北・中アメリカの歴史やポリネシア、メラネシアさらには西・南アフリカの歴史は、多分に初期国家社会や首長制社会の統合と分散の歴史であったといえます。それらが教えることは、いかに人類が「氏族原理」に慣れ親しみ、互酬性に固執し、社会の「進化」つまり国家の形成を押しとどめてきたのか、つまり階級社会への移行に抵抗し反対してきたことなのです。この離合集散が織りなす気の遠くなるような「停滞」の歴史は、人間が人間を知るために記した人類史のもうひとつの重要なページなのです。

そののちいっそうの生産力の上昇を前提として、新王国時代のエジプト、バビロン第一王朝やペルシャ帝国（アケネメス朝）、秦や唐に代表される中国の中央集権的官僚制国家の登場、やや違った形としてはローマ帝国の成立等々が初期国家の未熟さを大きく乗り越えるものとなりました。諸国家は利害の相対する諸集団を内包し相互の抗争を繰り返し、互酬性や「再分配」は社会の片隅に押しやられるか、あるいはさらなる変形をこうむって存続することになりました[注5]。このような巨大帝国の登場にともなう巨大交易圏の成立や、他方における内部社会の分裂・分立という時代にふさわしいベーシックな経済システムとして徐々に広がりを見せてきたのが、商品・貨幣関係であることはうなずけるところでしょう（第2章「コラム」参照）。こののち商品・貨幣関係の土台の上で奴隷制（人身支配）、農奴制（人身隷属）、あるいは小作制、賃銀労働制（経済的支配）が展開されます。

（注5）たとえば西欧のレーエン法。そこでは領主が臣下に土地を与え、そのお返しとして軍務に服すという双務的契約関係が定められています。これは本質的には日本の封建的関係「ご恩、奉公」と同じで、君主・領主・兵士達の主従的団結であり、農奴的小農民に対する共同支配を意味します。さらに西ヨーロッパでは領主と農民間においても農民が土地を領主に寄進し、地代を支払うかわりに土地を守ってもらうという関係の広がりがあります。ここにおいては「互酬」関係は支配（秩序）の道具となっています。

第4章　人間性の由来

[1] 進化の過程で獲得された人間的本性

「人間の本性」あるいは「人間性」とは、宗教や哲学の問題ではなく科学上の問題なのです。「人間の本性」について語ることは神秘主義・非合理主義なのでしょうか？　そうではありません、それはすでにふれてきたように自然史の総括とまでは言わなくとも霊長類の進化史（とくに類人猿と人類の比較研究）のなかに与えられているものと考えられます。それらにかかわる生物学および生態学あるいは古人類学、文化人類学さらに心理学等諸研究の総合としてあきらかにされるべきものなのです。

人間は自然史のなかに与えられた自分の「本性」をすでにもっています。しかし人間は他の動物と違い、それにふさわしい社会集団を常に形成するとは限らないのです。マルクスが指摘したように、一定の経済的・物質的土台のうえで社会は利害の相対立する集団へと分裂し、支配と隷属のなかで人類は自分の歴史を形成せざるをえなかったのです。つまり、人類は素朴な生産力とそれに見合った小集団の生活を脱皮して以来、類的な共同労働と協同労働の意識的な統御に至るまでの長い苦難の時代を生きているのです。そのなかで「人間の本性」はゆがめられ疎外されてきたことはあきらかなことでしょう。したがってこの視点からすれば資本の抑圧と搾取からの解放を求める「自由なアソシエーション」＝共産主義とは、自然史のなかに人間を正しく位置づけ、そしてこの「人間の本性」を復興させること、そのための運動であると言うことができるのです。（注1）

（注1）初期のマルクスが自己了解のために綴った、難解ですがある意味では素朴な論述の趣旨はこのようなことだと考えます。「人間にとっての、人間的本質の現実的な獲得としての共産主義。……この共産主義は完成された自然主義としてⅡヒューマニズムであり、完成されたヒューマニズムとしてⅡ自然主義である。」（マルクス『経済学・哲学草稿』）。本稿第1章も参照してください。

人間は、数百万年の歴史のなかで、協力・共同性を深め対等性社会になじんできました。人間は身体的・形態的に進化を続けてきたばかりでなく、「心性」においてもこれらの道筋のなかで進化を遂げてきたのです。それはＤＮＡレベルにおいて、知性、情操、感情、欲求に独特の特徴を刻印しました。もとより完成した体系的な叙述をここで展開することはできません。ダーウィンの『人間の進化と性淘汰』やＲ・トリバースの『生物の社会進化』を参考として人間の心的な本性のあらましを述べるにとどめることをお断りしておきます。

　感受性・共感性さらには感情移入や自・他省察能力が、はるかに進化した形で人間に引き継がれてきたことについてはすでに述べてきました。

　互酬性の発展と深く関連したものとしては、裏切り者（フリーライダー）探しへの卓越した知的能力（コスミディス１９８９年）、個体識別の能力、損得の計算能力、したがって分析と総合、抽象と具象の諸能力。そして互酬性の発展のなかで獲得されたとりわけ注目される心的機制は、すでにふれたように「自・他」の意識が顕在化してきたことであり、人間の心的機構に「自己」「自立」が進化適応として選択されてきたということです。これらの心的能力と平行して、さらに微細な人間的感情や情操が成長してきます。

　集団性を維持、強化するための感情・情操としては、様々な協力・共同性を促進する同情心や哀れみや思いやりの心。集団的規律を促すために発達した義務感、それが満たされない場合、義務の履行を迫る罪悪感、羞恥心等の諸感情。名誉・不名誉への強いこだわり。さらには対立感情を抑制するための自制心の強化。集団への統合性を促す心的機制としての忠誠心や順服の心理機制等々を生みだし、または強化しました。さらに集団的動物に一般的にみられる「集団への帰属欲求」については、人間においてはさらに社会のなかで自らの位置、役割を求める欲求として進化していると考えられます。それらのポジションを確保するための心的機制としての責任感。

　相互対等性にまつわる感情としては、不平等や劣位への忌避感情。反権威・権力的感情等。

　互酬性を促すための対立した感情である優越感と劣位感。さらに恩・義理そして義務感。互酬関係を円滑に引き出すための相互の感情としての同情および感謝。互酬的関係を設定する心的機制としての信頼感（または、不信感）。多少の不均衡にも社会的不和に帰結しないための寛大さと自制心等々。

　男女ペア・ボンドの形成過程から発生したものとしては、家族の存続を円滑にするための感情としての愛（これは性愛と、すでにふれたところの「愛着」などから成長してきたものと考えられます）。男女ペアを相互に維持確保するための感情としての嫉妬心。良好な子供に対する養育を実現するための、親の子供への愛。同じく子供の親に対する依存心、信頼の念、甘え、畏怖の感情等々。

箇条書き的に述べてきましたが、これら人間の心的諸力も密接な相互連関のもとで多様に発展してきたと考えられます。これらの感情・情操や欲求は、強弱があるばかりではなく、相互に結びつき混じり合い、通常単独で機能するものではないでしょう。また、感情等は――進化の過程で形成された多くの諸力と同様――一旦形成されることによって、別なものにも転用が可能です。たとえば進化の過程で人間の両手が自由になり石を投げたり肉を運んだり道具を作ったりしながら器用さを増していったとはいえ、それらに限定されるべきものではありません。他の要素と結びつき、パガニーニやホロビッツのような音楽家の手を生み出します。同じように「哀れみ」や「同情」は、バンド的小集団のなかから生まれ進化的に強化されたものだとしても、「被災者救援」あるいは「難民救済」のような拡張や転用が可能なものです。進化は能力の獲得であり、その適応は決して固定的なものではありません。様々な他の要因と結びつき新たな展開を導きうるものです。

要は人間的心性は人間の進化のなかで、その行動の必要性・必然性にともなって、それを促しまたは円滑にするために形成されてきたと言うことなのです。すでに論じてきたように、人類の進化が狩猟・採集社会つまり原バンド社会[注2]のなかで進行したとすれば、つまり協力・共同行動を適応戦略とする相互対等性集団における進化の道筋であったとすれば、人間的心性もまたそれらに規定されその道筋にそって形成されたことを承認する他はないと思われます。同時にそれらの獲得された能力をどのように現代に回復させどう適応してゆくかが今問われているのです。

（注2）文化人類学者の言うバンド社会は、近代まで現存した原始的な狩猟・採集社会のことを指しています。同時にその社会は（後期）旧石器時代の人類の一般的な営みを示すものと考えられています。しかし、それ以前のホモ属の具体的な社会生活は必ずしも十分に解明されてはいません。そのためこの時代に対応した社会を現代のバンド社会から区別して「原バンド社会」と本稿では呼んでいます。

ただし、予想される誤解をあらかじめ取り除かなければなりません。知性や欲求、感情などの人間の心的機制には、人類の社会進化の客観的必要性に応じて新しく形成獲得されたものあるいはとくに強化されたものが存在する（いわゆる狭い意味での「人間性」）ばかりでなく、霊長類の一員として連綿と過去から引き継がれたものも存在することはあきらかでしょう。喜怒哀楽のような感情も人間のなかで重要な進化を示したことは事実としても、本源的には人類以前の過去に遡れるものでしょう。このような重層的で複雑な心理機構は、ときとして相矛盾する要因ともなり心の葛藤が生じうるものです。人間は心身ともにこのような自然史の集成体と言えるでしょう。人間性あるいは人間の本性はこのような進化史によって与えられた独特のものだと考えられます。

この点について少し具体的にみてみましょう。第2章第1節でふれたように、類人猿や他の猿達の性向、すなわち位階順位制社会で典型的にみられる「権力志向」も、完全には退化することなく人類のなかにも引き継がれていることはあきらかなところです。A・アドラーやニーチェのような偏った人間観に同意できないとしても、人間性の内部にこのような権力や序列に関する上昇の指向性があることを否定することはできません。このように人間の諸感情・欲求には人間固有のものばかりではなく、類人猿のさらには霊長類等々の基本的心性も引き続き内在させています。そのことも承認されなければならないでしょう。

しかし、人間に内在する「動物性」「野蛮」等に眉をひそめても何にも解決しませんし、適切なものではありません。人間の心性が自然史的に形成されたものであり、それゆえ重層的であり相互に矛盾する要素が存在することを真摯に受け止めるべきでしょう。われわれがむしろ注目すべきなのは、これらの感情・欲求が、後期旧石器時代に相当すると考えられるバンド社会内では通常内在化されてきたこと、破壊的行為として顕在化しないように集団のなかで上手に昇華されてきた点です。利害の対立のない互いに支えあう関係の相互対等な仲間的集団において、このようなことが可能であることを示したことは重要な示唆を提供しているでしょう。矛盾対立した諸感情をコントロールし集団のなかで調和を遂げさせるという心的能力が、人類の協力・共同進化戦略のなかで獲得・強化されてきたことを事実をもって証明しているからです。

さて、人類史には他民族の征服やそれにともなう殺戮の歴史があります。あるいはナチスドイツのように、それまで隣人であったユダヤ人の集団殺戮もあります。「非人間的」と称されるこうした残忍性や凶暴性が、数百万年におよぶ協力・共同のホモ属における進化戦略のなかで「退化しなかったのか」、あるいは「なぜいまだに生じるのか」、という疑問もあるでしょう。このような問題はどのように捉えるべきなのかをあらためて少し考えてみましょう。この問題にはいくつかの側面があります。順番にみてゆきましょう。

社会内部に危機をもたらすような人間による暴力（攻撃性）は、決してコンラート・ローレンツの言うような本能的な行動（種内攻撃性あるいはその「機能錯誤」）(注3)に基づくものではない、ということをはじめに指摘したいと思います。彼の理論の根本的な誤りはそこにあります。人間（集団）行動を規制しているものは、ほとんどの場合本能ではなく、すでに論じてきたような感情や知性と結びついた情操と呼びうる心的な機制です。この区別立てが重要なのは、前者の行動機制に対して後者の行動機制が環境に対して柔軟であり、つまり具体的な条件に応じて理性と結びつきかなりの幅で自在な対応をとりうること、したがって合理的な行動選択の可能性を示しているからです。

（注3）コンラート・ローレンツ『攻撃――悪の自然史』

さて人間における攻撃性（むしろ攻撃、あるいは攻撃行動と表現すべき）は、外部より社会集団の保持のため（あるいは内部的統制のため）に客観的かつ歴史的に必要不可欠の要素であり、人類の進化を導いてきたことも事実なのです。あるいは大型動物の狩猟に際しても行使されてきたでしょう。その意味では攻撃は人間の精神的身体的な能力のひとつであることをやはり否定すべきではありません。ただし攻撃の発動や、攻撃の度合いに関しては目的に応じた制御は不可能ではありません。すでに述べたように人間の行動は、感情や情操やさらには知性と連動しており、人間の攻撃の発動は、こうした人間的諸感情や知性によって操作されていると考えられます。

攻撃をともなう「報復」「復讐」はすでに第2章でふれたように旧石器社会（狩猟・採集社会）内部では一般に制御され潜在化されてきました。しかしそれはあくまで社会（集団）内部のものであって対外的には別な様相をもっています。つまり、集団内部的な対立については、それが抑制のきいたものに止まりうるとしても、対外的な関係では互いに激しく攻撃しあうことが発生します。

親睦的な近隣バンドではない、まったく外部のバンドに対しては彼らは略奪をしても殺戮をしても彼らの「良心」が痛むことも、自分のバンド集団から糾弾され処罰をうけることもないのです。だからバンド社会が「善良で牧歌的社会だ」というイメージは、そもそもその内部に限定されるべきなのです。

このことから次のようなことが言えるのではないでしょうか。バンド社会のようなシンプルな社会ではとりわけわかりやすいのですが、親族もおらず友好的交流もない隔絶されたバンド集団同士は、互いに「敵」であり、いや人間ですらないのです。彼ら相互に、バンド内部での倫理道徳はまったく適応されていないのです。バンド内部では「殺すなかれ」「盗むなかれ」「姦通するなかれ」といったルールが守られていても、それは決して普遍的な性格をもっていないのです。いや単にルールの適応がないと言うばかりではなく、そもそも相互の感情として同じ人間として痛みを感じるということすら芽生えていないと想像されます。

その理由はあきらかでしょう。原始・未開社会では地球規模ではもとより、少しでも広い地域間の日常的な連携や協力・共同という関係が形成されていないからなのです。普段からの交流がなく互いに隔絶されているバンド間では、そもそも「相互の人間的な感情」というものが育成されていないと言うべきなのです。つまり、バンド間の殺戮があったとしても、それをもって「残虐」「凶暴」「非人間的」と決めつけること自体が適切ではないのです。さらに付け加えれば、一定こうした闘争がバンド間の淘汰として人類の進化を導いてきたことも否定できません。

しかし、ローレンツが「石器時代の人間の種族間での闘争が人間の種内攻撃性を高めた」と指摘していることには同意できません。このような集団間の淘汰は、どちらが攻撃性の本能を強化してきたか、という単線的なプロセスでは理解できないものです。すでにダーウィンの論及もあったように、集団の「強さ」は、内部的な団結、つまり意志の交流や親睦、あるいは日常的な互いの助け合いといった社会的な行為の総合的な結果であり、決して集団の攻撃本能の高まりに依拠したものではないし、したがって集団間の淘汰作用が攻撃性の本能を強めたなどとは言えないのです。

生身の人間をみればわかるように、人間はヒョウのように走ることもライオンのような強さも鋭い爪もなく、猿のような木登りの能力も失い、牙も失い、そのうえ動物界では考えられないほどに無力な（長期の養育が必要な）赤ん坊を生むようになりました。それでもなお捕食動物に囲まれて生き延びてきたのは、すでに論じてきたようにその社会性を高度に高めたからであり、――道具の使用とともに――そのような意味での自然淘汰が主に作用した、と考えるべきでしょう。

さて、ホモ属において「人間性」が獲得されたその進化のフィールドが、バンド的小集団（バンド社会ないし原バンド社会）内と考えられます。したがって上記の疎遠なバンド間の殺戮の問題は「人間性」がいかにして類的に拡大・拡張されうるかという社会的枠組みの問題へと置き換えることができるでしょう。たとえば、部族社会が成熟し、裁判制度をもつようになるまでは、氏族間の「血の復讐」は一般的に認められており、むしろ殺害された同族者にとっての義務ですらあったのでした。社会単位の拡張が、直接の暴力沙汰を制御した一例なのです。人間の進化史が与えた「人間性」は、心的能力にしかすぎません。太古の世界においては、狭い共同体内部で育まれてきた「人間性」という能力をこのような狭さから脱却させなければなりません。人間的諸感情をより広い範囲で、さらには類的なものとして拡張しなければならない、という課題が与えられているということになるでしょう。

〔2〕ゆがみに耐え苦しむ人間性

「人間性」や「人間の本性」というものは、空中に浮遊したものでも神秘的なものでもなく、ただ、霊長類の一種として分化してきた人間が採用した、協力・共同行動戦略の必要性・必然性に従って進化の過程で育まれたものです。したがってそのような社会環境とかけ離れた現代社会で、アトム化された個人が、様々なストレスのもとで、たとえば「貧困」「差別」あるいは「成功」した場合でさえも、人間としてのバランスを失いかければ「人間性」はゆがめられ、さらに反社会的な行動にでることは残念ながら避けられません。（社会変革のための組織的反撃のことはここではとりあげないとしても。）

相互不信や疎外感を深める孤独な個人は、ときとして「社会」を敵とみなして攻撃します。このような攻撃の発生は人間的な情緒や感情や正常な知性というものから切り離された倒錯した心性のなかから生じています。子供をマンションから投げ落としたとか、行きずりの見ず知らずの人間を刺し殺したとか、残虐な殺人事件が毎日のようにニュースで伝えられています。米国では銃乱射事件が再三発生しています。こうしたことも「人間は本来残忍・凶暴なもの」を意味するのではなく、人間性つまり「社会的な人間」「社会的に生きようとする人間」の本性を満たすことができず、正常な心的バランスを困難に追いやっている現代社会の現実にも問題があるというべきなのです。

現在の社会は階級社会です。資本主義は地域主義や民族抗争を克服した場合でも階級対立という社会分裂を深化させたと言えるでしょう。地域的対立と同時に社会内部の分裂と闘争が人間の攻撃行動の新たなフィールドとなっています。コミュニティは分断されています。競争、優越、成功、支配そして拝金主義の横行。これらが現代社会の公然たる「美徳」となっています。それは、マルクスの言うところの資本主義的原理（商品、貨幣関係）が個々人に押しつけた「物象化」なのです。人類の本来の個性である「人間性」のうえに付着し、それを疎外する働きをしています。そして一部の者は不平等の存在を当然のもの、優越の証としてうけとっています。他方、大多数の労働者勤労者はこのような不平等、不公正な社会関係については不満をもちストレスを高めることになります。これはあまりに当然の結果です。資本主義社会は、協力・共同社会で形成されてきた人間の本性と相容れないからなのです。階級社会において相互に「人間性」が認められまたそれを発揮することは、困難であると言わねばなりません。健全な人間の本性を回復させるためには現代社会の枠組みの変更が必要なのです。

心理学者ロージァズがすでに指摘したように、一定の合理的社会関係のなかでは、つまり安全で自由な人間関係のなかでは、人間は社会の一員として「信頼に足る存在」であるし、建設的で調和的な関係を築いてゆけるものなのです。実際に人間は原始共同体社会(バンド社会ないし原バンド社会)のように、その「社会集団のなか」では協力と協調、妥協と融和を図る、そのような心的能力を獲得・強化してきました。これは進化の過程でとりわけホモ属以来とくに強化されたと推測されます。そのような「社会的動物」に進化しているということをすでに証明しています。そうした能力を、今や類としての人間全体におよぼすことが課題としてわれわれの前にあると言えるでしょう。

さらにもう一点について述べなければならないでしょう。人類史に影を落とす戦争や殺戮は、「国家」が重大な役割をになってきたことを指摘せざるをえません。第一次、第二次大戦、ベトナム戦争、湾岸戦争等々。国家が国民の税金を梃子《テコ》として警察的強制力と政治的宣伝・扇動を駆使してはじめて大規模な戦闘と殺戮を生み出したのでした。バンド社会のような国家のない社会での偶発的な戦闘と比較することはできません。ナチスドイツによるユダヤ人虐殺も、日本軍による南京大虐殺等もこうした国家による国民や兵士に対する強制やイデオロギーの系統的注入により理性や感情を麻痺させ、はじめて実行されたものだと考えられます。「人間性」はここにおいて極度に抑圧されゆがめられることが示されます。国家の消滅の問題も人間性の回復には欠かせない課題です。

この章のまとめに移りましょう。

氏族・部族社会、その連合、民族的統合、国家の形成さらには経済的・文化的国際交流等々、このような人々の相互交流の歴史的拡大が、つまり類としての人間の登場が「人間性」の狭さの克服の土台となるでしょう。さらに経済問題、環境問題、食料・資源問題等々。諸国民にとって重大な問題は、国際的な規模でしか解決できないものとなってきています。こうした意味で、世界を統合してゆく必要性や必然性はさらに人間を相互に深く結びつけ、過去の狭い社会の枠組みから解き放つことにつながるでしょう。

　しかしそれは、あくまで「人間的本質の現実的獲得」（マルクス）のひとつの要件を与えたにすぎません。というのは諸社会の拡大や連合とは国家の形成、帝国の形成等々に帰結し、つまるところ規模の拡大した国家間による――巨額な軍事費と国民の意識操作に基づく――闘争であり、他方、国家の内部では階級闘争の激化をもたらしているのです。このこともまた現実なのです。

　簡単な洞察によっても導かれるように、バンド社会と同じような対等性に基づく共同体が人間性を回復する必要な前提となるでしょう。しかしながら、われわれがそのままのバンド社会に逆戻りすることができないことも自明です。本来の「人間性」が発揮されるためには、新たな共同体、類としての共同体の実現が必要となるでしょう。

　マルクスが『資本論』において解明したように、すでに資本主義の歴史的展開は、多様な集団労働（協業）を生み出したばかりではありません。その実態において労働する人々が土地を含む生産手段（労働手段あるいは労働対象）を共同占有（Gemeinbesitz）し、彼らによって生産や流通やサービスが実行されています（マルクス『資本論』第1巻第24章参照）。すでに新たな協力・共同社会としての潜在的な基礎は形成されています。労働者として対等性に立つ人々が、国際的規模で――すなわち階級分裂あるいは氏族や部族や民族・国民の枠組みを越えて――協力・共同するという経済的基盤を創りだしたことを意味しているのです。この水面下で成長してきた社会システムを現実性へと転化する必要があります。そしてそのことが人間に内在している社会的な人間の本性を蘇生し大胆に肯定することであり、抑圧されてきた「人間的本質」を真に現実化することでもあるでしょう。このような前提があってこそ、「自由なアソシエーション」を構成する社会的個人を語りうるのです。

第5章　狩猟・採集社会の所有問題は何を教えているのか？

【1】「原始共産制」の誤った理解

原始社会は一般的に共同生産と共同所有に基づく社会的平等分配であったという誤った観念がかつて支配していました。この問題から説き起こしてゆきましょう。

「（原始人は）森林で果実を採集し、水中の魚を捕り、協同して働く他なかった。この社会には生産手段の私有という事実も、それをあらわす概念も、まだなかった。そしてこの社会では、生産手段が共有されていたのだから、その生産手段をもちいて協同して生産した生産物もまた、社会の共有であった。」

「原始人は共同労働をしてもじぶん達が必要とする生活手段（衣食住）を十分手に入れることができなかったから、共同労働の生産物を平等に分配する他はなかった。」

（宮川実『経済学―資本主義以前の生産様式』青木書店１９６２年）

さて、マルクス自身が宮川のような見解をとっていた、あるいはそのような見解に根拠を与えたという、一般に流布されている話は重大な誤解と言うべきなのです。そこでまずはその誤解を解くことからはじめざるをえません。マルクス自身は以下のような論述をしています。

「より原始的（前古代的）な共同社会では、労働は共同でおこなわれ、その共同の生産物が、再生産のためにとっておかれる部分は除いて、消費の必要に応じて分配される。」

「前古代的な型の所有の最高形態すなわち共産主義的所有をもって資本主義的所有に代える。」（マルクス『ベラ・ザスーリッチへの手紙草稿』）

マルクスと宮川との見解の類似性はあきらかです。いや、宮川はマルクスの見解を踏襲しているにすぎないとも言えるでしょう。しかし、両者には看過できない相違があります。宮川の前提としている社会は狩猟・採集社会です。それに対してマルクスが前提としている社会は『ベラ・ザスーリッチへの手紙草稿』全体を読めば理解できるように農業社会（初期農業社会）と考えられる点です。狩猟・採集社会については今から十分に検討してゆく予定なので、とりあえずマルクスの言う初期農業社会に少しだけふれておきましょう。

　初期農業社会については集団農耕（共同労働）の痕跡がいくつかの地点において確認されています。たとえばゲルマン部族で紀元前には氏族や亜氏族による共同耕作が考古学的研究によって知られています。（注1）あるいは中国でも初期農業時代には氏族の共同農耕とみられる遺跡が各地で発掘されています。（注2）古いところではモルガン『アメリカ先住民のすまい』（1881年）という古典もあります。さらにマルクス自身もインドの辺境の地における太古以来の共同農耕の例をあげています。（注3）ですから、マルクスの見解についてはそれなりの根拠があるわけです。ゲルマンのケースでは小集落のなかに収穫物の貯蔵所がひとつだけある――戸々の家にはない――ということは、共同生産物を共同の所有とし、集団的規律で分配したと推測されます。注2の中国華北省のケースでも同じ推論がなりたちます。だとすればこれは農業共産制と言ってもよいわけです。ただし、初期農業時代の共同農耕が普遍的に確認されるのかどうか、また、共同農耕の具体的システムや、共同農耕の単位規模などについても十分あきらかと言えるか等の問題が残ります。集団内部での生産物の分配等についても、多くがその性格上遺跡として残存しえないために解明が十分とは言えないのが現状のようです。それらのことは留意されるべきでしょう（注4）。いずれにしても、「原始共産制」が想定される社会は狩猟・採集社会ではなく、初期農業社会であることを指摘しておきたいと思います。

（注1）三浦弘万『増補ゲルマン経済・社会・文化の史的研究』杉山書店参照。三浦は「農業共産制」の用語は使用していないものの、（原）ゲルマン部族内部で様々な時代、様々な地点において農業の共同的経営が実在していたこと、そしてそれらが徐々に分解してゆく過程を考古学的資料により示しています。

（注2）宮本一夫によれば、河南省黄楝樹遺跡では「稲作農耕の経営単位が氏族共同体と考えられる」としています。また、華北省磁山遺跡では集落から離れた場所に大きなアワの貯蔵穴が存在しており「栽培穀物は集団で管理されていた」と指摘しています。さらに注目されるのは、崧沢墓地遺跡の歴史は氏族間の格差が氏族内の格差に先行して発生したことを示しており、その原因が氏族による農業の集団経営に基づいていたと推論している点です。（宮本一夫『中国の歴史1　神話から歴史へ』講談社）

（注３）『資本論』第１巻第11章。ただし、マックス・ウェーバーは「村落全体の共同耕作（農業共産主義）は、原始的な農業制度でもなかったし、またその後のインド農業制度の基礎ともなっていない」（『世界宗教の経済倫理』Ⅱ）と否定的な見方をとっています。

（注４）初期農業時代の共同農耕の分解は次のようなプロセスで進行したと考えられます。部族の本格的定住化、農業技術の向上——畜役の利用、農具の改良——等の理由により徐々に経営単位、生産単位の分散化が進行します。つまり経営単位は氏族的なものから複合大家族へ、または（拡大）家族さらには核家族へと移行してゆくことになります。すでに第２章第５節において紹介したように、サーリンズが言うところの「家族的生産様式」に置き換わっていったのです。

〔2〕アカ・ピグミーにみる最古の所有関係

では本題の狩猟・採集を生業とする原始的社会の所有問題について検討してみましょう。狩猟・採集社会で捕獲されたもの採集されたものが誰の「所有物」になるのか、宮川他マルクス主義者が主張してきたように本当に「生産手段」が「共有」され、したがって獲得物が「共有」となりしたがって消費の必要に応じて分配されたり共同体員で「平等に分配」されたりするのでしょうか。

しかしこれは残念ながら少しも正しくありません。現存するものでは最古の社会形態とされるバンド社会（狩猟・採集社会）——本稿をここまで読んでこられた読者にとってはすでにおなじみの——は、社会の規模が小さく数十人程度です。原始社会では生活全般にわたって互いに助け合います。豊かとは言えない物資を分かち合う社会です。しかし、階級もなく、親族的集団だから当然だと思います。しかし、小さな社会にもかかわらず意外なほど「共同労働」や「共同所有」が顕著な特徴とは言えません。

たとえば狩猟によって得られる肉は、全食料の20～30％程度の比重（カロリー計算で）とされています。しかし狩猟というのも罠猟や単独の狩猟もあるので、この社会での「共同労働」（集団による狩、漁労）は、さらに少ないものと想定されます。その他の労働、つまり採集などは基本的に単独の労働です。狩猟・採集社会と表現されるこの時代（旧石器社会あるいはバンド社会）の、食料の確保においてもっとも重要なものは「採集」なのです。これは女性が中心となり基本的に個人的労働によりおこなわれ、収穫物は個別家族にもたらされます。こちらのほうがこの社会での比重がはるかに高いのです。つまり原始的社会では私的労働も未発達ですが集団労働・共同労働も未発達なのです。それらと区別された「個人的労働」が一般的に優勢であるということになります。

コンゴ共和国におけるアカ・ピグミーの調査に基づく論攷『分配者としての所有者――狩猟・採集民アカにおける食物分配』（北西功一『森と人の共存世界』京都大学学術出版会）の示唆に富む部分を検討しながら、原始社会における所有問題、ひいては生産関係をあらためて整理してみましょう。

「二十世紀前半には（狩猟・採集民の生活において）……土地やそこにある資源は確かに集団で『共有』されているが、道具や獲得された食物は個人的に『所有』されており、個人的に『所有』された食物が分配されているということがあきらかになった。」

「狩猟された獲物には『所有者』がかならず存在する。ここで言う『所有者』とはアカ語でkonjaという語を訳したもので……『私有財産制』における所有者と具体的な権利や義務について違いがある。」

「アカには食物の『所有者』を決定する規則が存在する。具体的には、狩猟による獲物の『所有者』は獲物に最初の打撃を与えた道具の所有者であるし、料理の『所有者』はその料理を構成する材料のうちでもっとも価値のあるものを提供した人であり、蜂蜜の『所有者』は最初に蜂の巣を発見した人である。」

「『所有者』はすくなくともその食物を独占的に消費する権利をもつ者ではない。『所有者』がその食物に関して実際におこなうことは分配することである。」

「アカにおける『所有』を単なる『私有』と『共有』の二分法で片づけるわけにはいかないことはわかってもらえたと思う。」（前掲書）

とりあえず次のことが指摘できるでしょう。この社会は協力・共同を軸とする社会です。「自分のもの」ですらすぐさま分配し分け与えてしまうことが予定されています。財を独占することはありえない社会なのです。ですから現代社会のような「私的所有」という観念も存在しません。また「共同所有」という観念も存在しないのです。その理由はおそらく「共同生産（集団労働）」という行為自体が一般化していなかったからなのです。すでにふれた個人的労働がより一般的な社会です。ですから彼らの獲得した食料等の分配は決してはじめから計画的社会的に実行されることはなく、すでに何度かみたように、近い親族などを直接的対象とする「贈与」「分配」という一見きわめて個人的な行為の繰り返しによって集団諸個人の取得が実質的平等に到達する、という仕組みなのです。こうした社会集団は、確かに相互扶助的共同体ですが、「共産制」的な共同体とみなすことは適当ではありません。言うまでもなく「共同労働＝共同所有＝社会的分配」のない「共産主義」はありえないのですから。

さらに北西は以下のように問題を追求しています。重要なのでついでにこれらの点についてもふれておきましょう。

「結局は分配するのに、どうしてわざわざ一人の『所有者』を決めなければいけないのだろうか？　つまり、最初から食物は共有物であって個人のものではなく、それをみんなで分けるということにしておけば、ここまで述べてきたような『複雑で面倒な』ことはしなくても構わないのではないだろうか。」

「(『所有者』の存在は「与え手」と「受け手」という非対称的な関係を生じさせるが)結局分けてしまうものを共有物とするのではなく個人を『所有者』として指定することの意味はこの点にあると言えよう。」

「アカにとって『所有者』とは、『与え手』と『受け手』の関係を作り上げてゆく基礎となるものである。しかし、彼らがこのような『与え手』と『受け手』という関係の網の目を作ろうとしていることをどのように理解したらいいのかは今のところわからない。」(前掲書)

具体的に考えてみましょう。集団で狩りに出かけ、獲物を追い込み複数人が獲物を矢で射止めたとします。この獲物は彼らにとって誰のものとされるでしょうか。集団の共同所有ではありません。アカ・ピグミーの場合は「最初に打撃を与えた道具の所有者（この点にも注目！矢を当てた人とは限りません）」と定められているようです。この点はカラハリ砂漠のクン・サンも同様です。あるいはモンオヨのピグミーは「とどめの矢を放った者に第一順位をおき、他の功労者に対してはその状況に応じた処理をすることになっている」(酒井傳六著『ピグミーの世界』)。さらに一番矢の者二番矢の者等々に伝統的に定められた獲物の部分(部位)を分配するというのもあるようです。それらのものはとりあえず「個人に帰属」する、あるいは「個人的に所有」することになります。「個人的所有」と書きましたが、アカ・ピグミーの例でも了解できるように、私的所有とは表現できません。獲物は「個人的所有」ないしは「個人的帰属」のあとでみんなにふるまわれるのが予定されているからなのです。ですからアカの「個人的所有」のなかには「私的所有」といった排他性はないのです。

獲物の一次分配を終えた男達は、キャンプに帰るとさらに新たに二次分配の起点となります。その分配をうけた者は、量が多ければさらに分配することになります。この共同体社会では、これらの獲物は結局のところ様々な人的（主に親族的）ルートを経て集団のなかで拡散し結局のところ、実質的に平等に分配される仕組みとなっているのです。これが事実なのです。

しかし、共同所有の観念に親しんでいる現代人の発想からすれば、北西の指摘のように、むしろバンド社会にみられる「複雑な」分配は理解に苦しむでしょう。結果的に実質平等の分配が行き渡るのであれば、最初から獲物は当該バンドの共同所有物とし、社会的な分配を実施し全員にふるまわれるべきではないでしょうか。誰でもそのように考えがちです。ところがそうではないところにこの社会の特色があるのです。

まとめてみましょう。第一に確認すべきことは、原始狩猟・採集社会では必ずしも集団的・共同労働が一般的ではなく、個人的な労働が主流なのです。このような社会では生産果実に対しての「共同所有」という発想に至っていないと考えられます。共同所有という観念自体が未成熟なのです。他方では多様な個人的労働によって集団の食料等が確保されているのです。つまり共同の意志に基づく原始的な法関係であるところの一種の「個人的所有」が成立していると考えられます。アカ・ピグミーの場合は、共同労働の成果物さえも「個人的所有」に擬制され誰かの「所有物」とされているのです。このような一種の「個人的所有」を前提として、互酬性に基づく絶えざる個々人相互の「贈与」「分配」の実施により集団の共同性が実現されるとみるべきでしょう。「与え手（分配権者・所有者）」と「受け手」という区分は、このような互酬関係の前提を形成するための不可欠の作業であると考えられます。つまりアカ・ピグミーの場合においても原始的互酬制の一形態が社会にビルド・インされており、集団の誰でもが相互に分配者となりもらい手となるシステムにおいて、バンド集団の共同性を再生産し、同時に共同体成員間の対等性を確保しているのです。

第二に、バンド社会は親族集団という特性があり、分配は近い親戚からはじまるのであり、決して「集団全体に自分の肉をはじめから平等に分配する」という発想がないと考えられます。決して宮川や他のマルクス主義者達が想定したように、原始社会としての狩猟・採集社会は、「共同生産」したがって獲物の「共同所有」、したがって「平等な」社会的分配という連関をとることはなかったのです。

私的労働と個人的労働の違いは重要です。すでにバンド社会での採集労働が個人的であると書きました。この労働は文字通り個人によりおこなわれ、採集物は個人やその家族の取得となります。しかし、この成果物は結局のところ料理され相互にふるまわれるなどによって、やはり集団内の贈与・分配の対象となっています。ですからそうしたものはアカ・ピグミーの例からもわかるように「私的労働」「私的所有物」と区別する必要があるのです。すでにふれたように共同体的な生活と調和する個人的労働に基づく所有を「個人的所有」と表現しています。このような個人的労働は共同体的集団全体からみれば互いに必要なものをもたらすことを前提とした協同労働（社会的分業労働）の連鎖のひとつなのです。ここが重要な点です。このような個人的労働による獲得物を、共同体に調和した取得に置き換えるための手段として原始的互酬性が存在するのです。

それに対して私的労働は自分や自分の家族のためだけの労働の支出を前提としており、この労働の成果物は直接には家族単位での消費や商品として交換され、集団内部での贈与・分配関係をとりません。概念としてはこのようにこれら両者は明確に区分されます。しかし、農業――前にふれたように初期農業時代の集団農耕を除いて――の発展と普及、そのはるか後には市場経済の農村への浸透にともなってこの区別は現実にはあいまいなもの、混在したものになります。

さて、比重が小さかったとはいえ集団の狩猟は、しとめた獲物のなかにも「自分の確固たる取り分がある」と発想するきっかけを提供し続けていたのです。これは共同体の強い結束をもたらしたでしょう。もし、さらに多くの食料や生活財が共同で生産されていたのならば、共同生産物を全集団の共同所有物とし、貢献度などにしたがって共同で分配することを知ったに違いありません。社会に一旦は与え、その分を社会（集団）からうけとるというより高度な互酬的関係を創造しえたでしょう。そこでは自明なように「与え手」と「受け手」という分離はありません。強いて言えば「受け手」となる個々人にとって、自分自身が唯一の「与え手」なのです。そこでは贈与物をめぐる「恩」「義理」「義務」といった問題から脱し、共同の成果物からの当然の（無条件に与えられた）権利としての社会的分配関係があるのみでしょう。

別の言い方をするのであれば、このような新しい可能性は、共同生産とその一次分配が社会経済の枢軸《すうじく》に据えられることを意味します。他方では、二次分配以降の贈与関係がすっかり後景に退いてしまったということを意味します。このようにしてはじめて「あなたの肉にお礼を言う必要はありません」と語った一狩猟民の老人の言葉が文字通りの現実となるでしょう。同時に生産手段とその生産物の共同所有、および生産物の社会的な分配がはじめて現実のものとして語られるでしょう。

このような共同（協同）生産に基づく共同所有と社会的分配、これこそが「共産主義の原理」というべきでなのです。宮川や他のマルクス主義者達が、二次的分配という恣意的で情実をともなう贈与関係に支配されている狩猟・採集社会を「共産主義」とみなそうとするのは、素朴すぎる誤りと言うべきなのです。

しかし、生活の隅々まで共同生産による財が行き渡るようになるためには、資本主義時代における協業や機械制大工業の勃興その他が前提として必要だったのです。「互酬性」は、この高度の産業形態を前提とすれば、「恩・義理」という親族的な狭さや地域集団的な存在を脱し、類的に拡張・適応される可能性が切り開かれるのです。

第6章　対等性社会への再転化

[1] アソシエーション生成の諸基盤

すでに狩猟・採集社会での集団的共同労働の実体をみてきました。それは労働の主たる形態ではなく多くは個人的労働とその連鎖（協同労働）としておこなわれてきました。分配も個人的な互酬的関係として実施され、収穫物は社会（バンド集団）のなかに拡散されてゆくことをみてきました。

初期農業社会での共同労働についてもほんの少しだけふれてきました。さらに共同労働の歴史を駆け足でみてみましょう。というのも、前述したように集団的な共同労働（協業）の普及と発展こそが、真の共産主義的共同体（アソシエーション社会）を生み出す経済的土台となるからです。

初期国家社会においては、たとえばインカ帝国のミンカ（ガ）とミッタが有名です。前者は住民の伝統的共同体（アイユ）から形成されている村のために動員される、文字通りの共同労働です。たとえば村の橋を架けるとか、村の共同の倉庫を建設するとか。後者はインカ国家が全住民を対象に実施する計画的な社会的分業をともなう集団労働です。（19世紀のヨーロッパ人には、それゆえにインカ帝国をある種の社会主義と考える人もいました。）このミッタによる労働は、首都クスコの建設をはじめ、道路網の構築、インカの土地とされた場所での農耕などに行使されました。そのさいこうした労役に対する反対給付として富の「再分配」——搾取が内包されている——がおこなわれていたことは第3章第4節にふれたとおりです。

インカ帝国のミッタのように、未開社会においてさえ集団労働やそれを結びつける国家的な規模での協同労働が存在したことは確かに驚異的なことではあります。このようにマンパワーの統合を国家が実現したのですが、見逃されてはならないことはそこに動員された労働者が、共同体の農民であるということです。ミッタを担う労働者は、アイユに所属し伝統的に土地の用益と占有によって農耕を営んできた家族経営的な農民なのです。彼らの主要な生産手段はその農耕の土地です。この土地を農民達は個別に占有し互酬的関係を維持し彼ら自身の共同体を依然経営し、そして自活してきたのです。彼らは一時的に本来の仕事から引き抜かれて「公共労働」に動員されていたのです。国家的な規模で結合されたこの集団労働は、生産者達自身のための本来の労働ではなく、「他人労働」として存在するにすぎません。共同体としての農民の生活から遊離した、彼らにとっては疎外された労働として行使されていました。もちろん「再分配」という「見返り」はあります。しかし、これらの反対給付（報酬）の存在はインカという支配的リニージ＝王家に捧げられた労働であるという本質を変えるものではありませんでした。

古王国時代のエジプトでのピラミッド建設も集団的共同労働のたまものでした。この時代の集団労働は――従来までは奴隷労働とみられてきましたが――インカ帝国と同じような「再分配」方式による共同体農民の動員として実施されてきたと考えられています。いずれにしても、社会段階がよりいっそうすすんだ社会、たとえば中国の秦や唐における賦役がまったくの無償労働であったことに比較すれば、まだまだ牧歌的な状態と言わなければなりません。

封建制度に先行する6～8世紀の西ヨーロッパの農村においては、すでに部族的共同体は変貌を遂げ分解しつつあったと考えられます。ローマ的大土地所有とそれに付属した奴隷がそののち封建領主と農奴との関係へと置き換えられ、また他方では、ゲルマン的部族社会の分解のなかで、自由農民層も領主権力の下に次々に包摂されていったと考えられています。それにもかかわらず、農民達は領主の土地を共通に占有し、その土台のうえで新たな共同体を模索していたと想像されます。その成果が中世盛期（13世紀頃）に姿をあらわす開放耕地制度です。これは単なる土地制度にとどまるものではなく、共同農耕の客観的土台となり、その時代に符合した新しい農業共同体（村落共同体）の復活を領導したのでした。

中世ヨーロッパの集団労働・共同労働としては、農民自身によるもの以外には封建地代の端緒である賦役地代があります（古典荘園制）。これは農民が領主や君主のためにおこなう無償の強制労働です。領主の直営地を一定の期日耕作するなどの領主の指揮権に基づく集団的労働です。労働のこの形態に関しては、大陸では中世盛期すなわち13世紀頃までに生産物地代、貨幣地代への移行にともなって消滅してゆきました。

唐時代の中国では部族社会の共同体的システムはすでに衰退しており、他方では律令制度の導入などにあらわれているように、戸籍の整備に基づいて農民達の剰余価値と剰余労働を各戸ごとに管理・収奪する中央集権的な官僚制度が確立の域に達しつつありました。

唐時代の代表的な集団労働・共同労働は徭役《ようえき》です。徴兵や国家的土木工事あるいは運脚などに動員される国家主導の無報酬の強制労働です。この場合においても動員された大多数の労働者は小経営の零細農民でした。日本の奈良時代には律令制下の歳役（朝廷が徴発するもの）、雑徭（国司などが徴発するもの）があります。やはり強制的な無償労働として、都の建築や地方の道路整備等を実施します。

インカ帝国のミッタや欧州封建制と同様に、唐時代の中国さらには奈良時代の日本でも、このような国家や権力者によって徴発された大規模な集団的共同労働は、動員された農民達にとって言うまでもなく「他人労働」でしかありませんでした。多くの農民達は自活するために必要な自らの占有地の農耕を中断し、王家や領主や君主や国家官僚達のために徴発され働かされていたのです。

集団的共同労働（協業）の歴史は、以下の諸点にまとめることができます。

第一点。それらは単線的な発展を遂げてきたものではありません。古代にはこのような集団的共同労働による記念碑的な建造物（大神殿、大墳墓、長城等）をむしろ多くみることができます。（国家）権力による人民の動員という側面が大きいということでしょう。

第二点。ミンカなど農民達のささやかな共同労働を別とすれば、それらは共同体の必要性に基づく本来の共同労働として行使されてきたものではありませんでした。零細な農民として村落に住み農業を専業としている大衆の、権力による動員として実行されました。つまり「他人労働」として、大衆収奪の一環として実行されてきたものです。これらの莫大な剰余労働は国家建設や権力者達の奢侈《しゃし》に費やされたのでした。

第三点。氏族的・部族的共同体の分解のあとにおいても圧倒的な生産階級としての農民は、国家的集団労働とは別個に、状況に合わせて独自に農業共同体を多様な形で維持しあるいは新たに形成し、独自の共同労働をささやかながら育ててきました。

しかし、いずれにしても歴史的に存在したそれぞれの集団的な共同労働――人間の社会的本性をいっそう発揮できる労働形態――は、人々を国家や君主達から解放する直接の基盤となることができませんでした。

今では資本主義的私的所有と市場経済が世界を席巻《せっけん》しています。この社会制度は、労働者人民への搾取や格差社会を再生産するばかりではありません。現在進行している世界大不況（２００９年～）は、とどまることを知らない国家財政の累積赤字額とともにこの社会の行きづまりを象徴しているでしょう。また、環境問題などの国際的で全人類的な課題にも無力さを露呈しています。今では何人《なにびと》であれこの社会の救済案を描き出すことはできないでしょう。資本主義社会はその歴史的役割を終了しつつあるという認識を抱かずに入られません。

ではこれからいったい何が変わり何が生まれようとしているのでしょうか。どんな社会原理がこれらにかわる社会の求心力として認められなければならないでしょうか。

資本の下に統合され恒常化された巨大な集団的共同労働、(注1) すなわち資本主義的協業も過去の諸制度と同じく資本の利害に貫かれたものであり、労働者にとっては「他人労働」として実施されているにすぎません。

それにもかかわらず、たとえば古代国家によって実施された集団労働と資本の下での集団労働には根本的に違った面があります。近代の労働者階級は、国家により一時的に徴発された農民とは違い、本来の自分の生産手段（土地）をもちません。労働者は資本によって労働力として雇用され、はじめて生産手段と結合され、他方、資本はたえず労働市場から労働者を雇い入れなければなりません。かくして労働者階級が、資本家の所有する多くの生産手段を常時集団的に占有する（潜在的に共同占有する）という状態を創りだしたのです。

今では製造業、たとえば鉄工業、化学工業、電気、自動車、ＩＴ産業、さらには流通業や医療・福祉業等々は言うまでもなくその圧倒的部分を賃金労働者の共同労働が支えています。さらに統一した国際的巨大市場の形成があります。世界中の企業や経営単位が商品取引を媒介として結びつけられています。協同労働(注1)の連鎖は地球を取り囲んでいると言っても過言ではないでしょう。

（注1）ここであらためて共同労働と協同労働の用語について説明します。「狩猟」や「自動車組み立て工場」のような様態の、同じ空間における集団労働を本稿では共同労働としています。つまりマルクスの『資本論』における「協業」と同義です。他方、自動車部品工場やガラス産業（自動車の完成に必要なすそ野産業）をはじめ、そこの労働者に食料や住宅や、奢侈《しゃし》品や衣料製品さらには福祉医療サービスの提供等々多様な産業の全社会的有機的連関にあるものを「協同労働」と表現しています。つまり社会的分業に基づく労働の連鎖を意味しています。

このようにして現代社会は、すべてと言ってよい人々、さらにすべてと言ってよい経済諸単位が相互に結びつけられ、これらのことを土台として史上はじめて類的な結合が語られうるようになったと言えます。この集団的生産様式に現代の社会経済のすべてが立脚しているからには、そして労働者階級が人間の社会的本性を十分に発揮できるのなら、労働者による経済諸手段の共同管理への移行、つまり連合した労働者による生産手段の共同所有への移行は、この面からしても成し遂げられずにはいないでしょう。

これらが（現代）資本主義が獲得したものでありながら、同時に新しい社会を創りだす土台と考えられるものなのです。人間の社会的本性が「バンド社会」のなかではなく、今や「類」として地球規模で発揮される可能性が切り開かれたと言えるでしょう。もちろんこのことはあくまで「可能性」であり、人類が今から挑戦し自ら実証しなければならない問題でもあるのは当然です。しかし、われわれが未来を信じうるとすれば、そして、それが十分な根拠もつものであるとすれば、人間のこのような本性以外の何ものでもないでしょう。

このようなアソシエーション社会の潜在的な実在性にくわえて、そもそも、統一された世界市場、経済のグローバル化、それ自体が類的な協力・共同性の実現を日々われわれに迫っているのです。現代社会はあらゆる問題の国際的な、つまり全人類的な解決しか有効ではなくなるという客観的状況を生み出しています。たとえば昨今の世界大不況はこのような現実を雄弁に物語っています。異常に肥大化した世界の過剰ドルの存在は、世界中にマネーゲームやギャンブル経済を作りだし、貧富の差を拡大しその挙げ句に金融機構の破綻により景気後退を加速させ、世界中の産業──世界の人々が創りだした巨大な富の集積と言うべきです──を脅かしまた倒産に追い込み、全世界で労働者や勤労者の生活を苦況にさらしています。

さらに、資源の乱獲やエネルギー問題、環境破壊の破滅的な進行への不安も国際的な問題として考えざるをえません。食への不信ですら今では国際的な問題となっています。これらの解決への道の模索が、人々を国際的にアソシエイト（連合）させるでしょう。人間の理性による合理的で持続的な経済・社会運営への期待が、グローバルな連合を創造する原動力となります。こうした時代に今、われわれは立たされているでしょう。今や人類には自己の存立のため、いやその存亡をかけて、類としてのいっそう高度な協力・共同性とそのための連合（アソシエーション）が要求されているでしょう。

この現代社会がすすんでいる道は、対等な労働者・勤労者達自身の連合（アソシエーション）に至るものと考えます。資本家や官僚達による生産手段や公共的インフラの所有権や運営権の専有を、労働者達のこれらの連合に移管し、現代の共同労働および協同労働を「自己労働」として労働者達が取り戻すことであり、そのことによって私的所有の揚棄を実現することです。労働者・勤労者達が、ともに連携しながら自分達の手で諸産業の管理運営権を獲得し、また新しい経営体を自らの手によって形成することによってこの道は切り開かれるでしょう。

長年農民が領主や君主や王に隷属してきたように、近代労働者も資本に隷属し機械に使われノルマ達成に追われてきました。18世紀のイギリスでみられたような労働者への資本の暴虐が陰を潜めてきたとはいえ、資本の統制の下で「雇用され」「使用され」「働かされ」創造性を奪われながら労務に従ってきた歴史はいつか終わらせなければなりません。人間に対するこのような抑圧を取り除き、やがては人間の本性と意志と理性に従って新しい社会が形成されるものとならなければなりません。そこにおいて労働もまたひとつの欲求でありクリエイティブな活動となるでしょう。

[2] 「近代的個人」から「社会的個人」へ
——新しい生産様式の担い手

すでに第1章でも紹介したようにマルクスは、資本主義を克服した社会を「共産主義」の呼称とは別に「アソシエーション」「諸個人の自由なアソシエーション」等として表現してきました。私もまた何の断りもなく、「労働者の連合（アソシエーション）」とか「アソシエーション社会」と呼んできました。この新しい社会関係が「血族的紐帯」でもなく「レーエン（封建）的主従関係」でもなく「家父長的」でもなく、「結合（コンバインド）」でもなく、なぜ「連合（アソシエーション）」と呼ばれるのでしょうか。このことに今や答えなければならないでしょう。

それには人々が「連合」するための前提を考える必要があります。その前提とは、個々人が人格として確立していること、自立していることであるばかりではなく、自他ともにそのことを認めあうことが不可欠です。そして自由に——自分の意志で——相互に対等な関係を取り結ぶことができるということです。それが「連合」「アソシエーション」という新しい概念なのです。

一般的にこのような個人の自立が可能になったのはヨーロッパの近代市民社会においてです。ここにあらわれた「近代的個人」生成の背景には、ギルドや農村共同体やあるいは家父長制やレーエン制等々の中世以来の規制や拘束の分解がありました。そして都市の中産市民階級（商工業者、自由職業者）の台頭、ならびに農村で土地を失い都会に流入し、労働力を切り売りするしかなくなった「二重の意味で自由な」（マルクス）労働者階級の登場がありました。

しかし、近代市民社会は形式的・法的な関係として、諸個人を独立した対等な存在と定立したにすぎません。実体としては、富者と貧者、資本家と労働者、大資本と下請け、地主と小作農民・零細農民の関係は対等でも自立したものでもないことは言うまでもないことです。依然として支配と被支配、搾取と被搾取あるいは差別化という抑圧や拘束をうけていたのです。近代市民社会は形式的に個人の自立や自由を認めただけなのです。人同士の支配や搾取を取り除き「個人」を名実ともに確立することによって——マルクスが言うところの——諸個人の連合（アソシエーション）がなりたつのです。その意味でアソシエーションは「近代的個人」の確立あるいは完成とも言えるでしょう。しかし、以下で述べるように、むしろ新しい「社会的個人」の生成と言うべきなのです。

近世・近代に登場した都市の中産市民階級が「近代的個人」の中核的な社会的基盤です。個人の「自我の目覚め」や伝統的拘束からの自立化を内容とする「近代的個人」は、私的労働とそれに基づく私的所有という当時広範に生まれつつあった所有関係のなかで育まれたものでした。つまりこの「個人」としての自立化とは、他面では「孤立化」であり、個々の人間は、直接的には孤立した「私人」としてあらわれ、直接に自立した「社会的個人」としてあらわれることはなかったのです。資本家、小商品生産者、労働者等々の社会のすべての人々が直接的には孤立した存在として、あるいは排他的存在として商品・貨幣関係のなかで規定されてきたことに基づくものです（いわゆる「物象化」による）。そこでは労働者でさえ自分の労働力（商品）の「販売者」としてあらわれざるをえません。近代資本主義の生成中に生み出された「近代的個人」は、中世的拘束や伝統的価値基準から自立した場合でさえ——むしろ拘束から脱却すればするほど——人間の社会的本性と「私」的立場のなかで葛藤せざるをえず、最良の場合でさえ「坂の上の雲」とも言うべき、ひとつの観念的理想として存在するのみだったのです。私的所有の広範な確立は、歴史的には個人の自立化の不可欠の一契機としての役割を疑いもなく担ったのですが、自立した個人を確立するものではなかったのです。

それに対して搾取や抑圧から解放されようとする現代の個人は、すでにふれてきた共同労働や生産手段の共同占有、さらには経済的文化的なグローバル化という基盤のうえで連合する自立した「社会的個人」として徐々にあらわれざるをえないでしょう。搾取と貧困、抑圧や社会的不正と闘う新しい人々、資本主義の限界をよりよく知る人々は、国内でも海外でも地域でもボランタリーな活動をすでに繰り広げています。

資本主義的私的所有の不合理性が露呈され、揚棄され、連合生産様式（mode of associate production）が立ち現れた時点において、中世的拘束はもとより資本主義的諸関係、つまり搾取や抑圧や「物象化」から解き放たれた個人は、私的な性格を脱ぎ捨て、自由な個人の個性の発揮とその社会的本性――人類の進化史と歴史が形作ってきた類としての本性――の直接的交流として社会を形成することができる「社会的個人」と言うべき存在となるでしょう。

連合生産様式の目的は、まさにこの社会的個人の生成と再生産にあり、かくして人間は「社会的定在への帰還」（マルクス）を果たすでしょう。

【引用・参考文献】

●社会科学
マルクス・エンゲルス全集（大月書店）
ピョートル・クロポトキン『相互扶助論』（同時代社）1996年
大谷禎之介『社会主義とはどのような社会か』（法政大学『経済誌林』、Vol.63, No.3）1995年
田端稔『マルクスとアソシエーション』（新泉社）1994年
大藪龍介『マルクス社会主義像の転換』（御茶の水書房）1996年
ロージァズ『人間論』ロージァズ全集12巻（岩崎学術出版社）1965年
E・R・サービス『民族の世界』（講談社）1991年
L・H・モルガン『古代社会』（岩波文庫）1958年
E・R・サーヴィス『現代文化人類学――2　狩猟民』（鹿島出版会）1972年
M・サーリンズ『現代文化人類学――5　部族民』（鹿島出版会）1972年
M・サーリンズ『石器時代の経済学』（法政大学出版局）1972年
B・マリノウスキー『未開社会における犯罪と習慣』（ぺりかん社）1967年
リチャード・F・タウンゼント『図説　アステカ文明』（創元社）2004年
L・H・モルガン『アメリカ先住民の住まい』（岩波文庫）1990年
フランクリン・ピース『図説　インカ帝国』（小学館）1988年
エバンス＝プリチャード『ヌアー族』（岩波書店）1978年
大塚久雄『共同体の基礎理論』（岩波書店）1955年
田中二郎編『カラハリ狩猟採集民』（京都大学学術出版会）2001年
佐藤俊編『遊牧民の世界』（京都大学学術出版会）2002年
市川光雄編『森と人との共存世界』（京都大学学術出版会）2001年

酒井傳六『ピグミーの世界』（毎日新聞社）1973年

●歴史

『古代王権の誕生』全巻（角川書店）2003年
『世界の歴史』全巻（中央公論社）1974年
『日本の歴史』全巻（中央公論社）1973年
武末純一『弥生の村』（山川出版社）2002年
白石太一郎『古墳とその時代』（山川出版社）2001年
篠川賢『大王と地方豪族』（山川出版社）2001年
寺沢薫『王権誕生』（講談社学術文庫）2008年
岡村道雄『縄文の生活誌』（講談社学術文庫）2008年
熊谷公男『大王から天皇へ』（講談社学術文庫）2008年
三好洋子『イングランド王国の成立』（吉川広文館）1983年
石田保昭『ムガル帝国』（吉川広文館）1982年
カエサル『ガリア戦記』（講談社学術文庫）1984年
タキトゥス『ゲルマーニア』（岩波文庫）1979年
飯尾秀幸『中国史のなかの家族』（山川出版社）2008年
林佳世子『オスマン帝国の時代』（山川出版社）1997年
黒田弘子『中世惣村史の研究』（吉川広文館）1997年
宮本一夫『中国の歴史　1　神話から歴史へ』（講談社）2005年
ハンス・K・シュルツェ『西欧中世史辞典――国制と社会組織』（ミネルヴァ書房）1997年
三浦弘万『ゲルマン経済・社会・文化の史的研究』（杉山書店）1980年
塩野七生『ローマ人の物語Ⅰ』（新潮社）1992年
ジョゼフ・ギース『中世ヨーロッパの農村の生活』（講談社学術文庫）2008年
石母田正『日本の古代国家』（岩波書店）2001年
太田秀通『ミケーネ社会崩壊期の研究』（岩波書店）1968年
宇佐見久美子『アフリカ史の意味』（山川出版社）1996年
増田史郎『ゲルマン民族の国家と経済』（勁草書房）
森本芳樹『西欧中世形成期の農村と都市』（岩波書店）2005年
森本芳樹『西欧中世経済形成過程の諸問題』（木鐸社）1978年
増田義郎、吉村作治『インカとエジプト』（岩波新書）2002年
『世界歴史11中央ユーラシアの統合』（岩波書店）1997年
『世界歴史4地中海世界と古典文明』（岩波書店）1998年

●自然科学

ダーウィン著作集（文一総合出版）1999年
山極寿一『ヒトはどのようにしてつくられたか』（岩波書店）2007年
ドゥ・ヴァール『チンパンジーの政治学』（産経新聞社の本）2006年
西田利貞『人間性はどこから来たか』（京都大学学術出版会）

1999年
ドゥ・ヴァール『利己的なサル、他人を思いやるサル』（草思社）1998年
リチャード・リーキー『ヒトはいつから人間になったか』（草思社）1996年
松沢、長谷川編『心の進化』（岩波書店）2000年
長谷川寿一、長谷川真理子『進化と人間行動』（東京大学出版会）2000年
バーン、ホワイトゥン編『マキャベリ的知性と心の理論の進化論Ⅰ』（ナカニシヤ出版）2004年
西田利貞編『ホミニゼーション』（京都大学学術出版会）2001年
リチャード・ドーキンス『利己的な遺伝子』（紀伊国屋書店）1991年
山極寿一『家族の起源』（東京大学出版会）1994年
ロバート・トリバース『生物の社会進化』（産業図書）1991年
『ブリタニカ国際大百科事典』

Ⅲ 協同社会の所有と共同占有

清野真一

はじめに

所有とは一体何か。このような根本的で核心的な事を人から面と向かって問われると、ほとんどの人々は戸惑いを隠せずに混迷を深めるばかりであろう。実際、ほとんどの人々は、この事をあまり深く考えた事がないのが真実である。

この論文では、個人的所有と私的所有とがいかに異なっているのかを話の切り口として、歴史的な事柄を振り返り、将来の社会での生産や生産手段などの所有関係を順序立てて考えてみた。

私的所有を擁護するイデオローグたちは、いつでもどこでも、私たちに個人的所有を私的所有と同一視させようとの罠をしかけてくる。そのために彼らは、私的所有をただちに「持つ事」【Haben】一般にいいかえた。

今さらいうまでもなく、人間は現在・過去・未来にわたって、重要な身体機能の一つとして「持つ事」ができる。そこで彼らは、この「持つ」との動詞に、大切な意味があるとの高い評価を与えて、「私が（物を）持つ」とは永遠の真理だとおごそかに宣言する。したがって彼らは、当然ながら私的所有を犯す事などできない神聖なものだと私たちに請けあうのである。

確かに「人間本来、無一物」と禅宗ではいう。しかしこの言葉は、坊主が信者に全面的に依存し生活している、つまり寄生しているからこそ吐ける言葉ではある。多くの人々にとっては、生きる上で本当に何も持っていないのでは、生活そのものがなりたたない。どんな社会においても、たとえ極貧の生活をする人々でさえ、丸裸で生活していない以上は、所有＝「持つ事」が一切ない事などありえないのである。

だが「私が（物を）持つ」事一般と私的所有とはまったく異なる。両者は対極に位置している似て非なるものだ。ともに「私」とはいっても、前者は主語のイッヒ（独語）＝アイ（英語）であるが、後者は形容詞のプリバァート（独語）＝プライベート（英語）である。この事による両者の意味の違いは、本文において詳しく説明したい。

さらにまたイデオローグたちは、私的所有を所有一般の概念にすり替えたが、多くの人々にこの両者の違いについて意識させないようにとつねに心を砕いている。そして今度は目先を変え、人々をたぶらかすために語源学の知識をひけらかして、所有【Eigentum】の中の【eigen】に注目せよと指摘する。

彼らは、所有の言葉の一部に「固有の・自分の」を意味する語源がある事から、確信をもって、この事からも私的所有は永遠のものと強弁するのである。なんともはや、まったくもってご丁寧な事ではないか。

確かにこうした処理をすれば、いつでもどこでも、私的所有ばかりでなく、例えば腹痛が彼自身の固有のもの【eigen】で永遠のものだとの言い方が可能となる。しかしこれが個人的所有の説明なのであろうか。ここにはたいへんなすりかえやごまかしがある。

実際にも個人的所有は私的所有ではない。両者には誰もすぐ気づく量的なものだけでなく、質的にも天地ほどの違いがある。本源的な所有は個人的所有であり、人間の自由と自立の基礎なのだが、私的所有の「私的」とは社会に対して排他的かつ敵対的である。しかしこの真実を私たちが見極めるには、私たちの「常識」の根本が問われなければならない。

実際個人的所有は、個々の人間が社会の中で自由で主体的であり続けるための根本的な基礎であり条件であるに違いない。ヘーゲルは、所有の起源と労働とを結びつけ、労働は自然物を加工して、労働生産物を作りあげるばかりではなく、同時に労働する人々の肉体と精神とを磨き上げ、人格を陶冶するとした。しかしこの鋭い指摘をなしえたヘーゲルにして、なお所有とは私的所有なのだ。この事は、ヘーゲルの立場が近代の市民の立場にある事を端的に示している。したがって個人的所有と私的所有とがいかに異なっているかを私たちがはっきりと理解する事は、これから考えていく所有問題を認識する上での第一歩である。

この論文は、所有の形式と内容を明確にするために書かれた。そのための理論的作業の前提として、きわめて重要な形式と内容に関する論理学や哲学史の説明をみていく。この種の議論に不慣れな人には、すこし抽象的で理屈ぽい展開とはなるが、問題の解明には必要不可欠の作業なので、読者にはぜひおつきあいをお願いしたい。

この解明を通して、所有の形式と内容を整理した上で、資本主義の時代に全面開花している私的所有とはなにかを焦点化した。そして私的所有にもとづく資本の蓄積運動に注目する事によって、株式会社の誕生とその事が持つ歴史的・社会的な意味を明らかにする。これによって、潜在的に成立した生産手段の共同占有が協同社会の基礎となる事を解明する。

株式資本の下で共同労働する労働者たちが、この資本主義で支配的な存在となった株式会社の生産手段などを内部的に変革しつつ、現実に全面的かつ全社会的に、生産手段を共同占有へと転化させる事で、私たちは将来社会への道筋を切り開いてゆくのである。

こうした考察から、私たちが今後めざすべき社会は〈協同労働する労働者たちが主人公となる協同社会〉である事を明らかにする。そしてこの協同社会のイメージを、アソシエーション革命論を展開する中でさらに明確にしたいと考えている。

またこの論文は、この協同社会を人類史上に明確に位置づけ、その事によってその実現をめざす私たちの実践意志を一層強化し発展させる目的を持つものである。

第1章　形式と内容の弁証法

［1］形式と内容

まず最初に、私たち日本人にはあまりにも馴染みがないので理解しにくいのだが、今後の展開にかかわってきわめて重要で決定的な意味を持つ考え方を紹介しておきたい。その考え方とは〈現実の世界の存在＝あり方の中にその対象が持つ形式と内容を見る〉というものである。

実際、現実の世界に存在するすべての事物は、そもそも無前提に存在するのではない。弁証法が教えるようにすべては関連している。それらは、人類と歴史的・社会的諸関係の中で、はじめて存在するのだという事を、私たちは忘れてはならない。

この現実の存在＝あり方の中に、その対象が持つ形式と内容を見る事は、決定的な重要性をもつ。たとえば資本主義においては、金や機械や原材料や労働力、そして労働生産物は、現実に形式づけられたからこそ、貨幣や不変資本や可変資本や商品といった経済学的な諸形式を取る。したがってこれらの概念の内容も、また歴史的・社会的なものである。

ここからは、読者にとってすこし抽象的な義論とはなるが、今後の展開において極めて重要な概念である形式について、これまでの論理学や哲学史の視点から考えてみたい。

紀元前のアリストテレス以来、論理学や哲学史の伝統からは、あらゆる存在は、潜在的な質料、つまり内容【Inhalt】と形相、つまり顕在化したあり方の二面を持つと考えられてきた。すなわち論理学では規定されるものを質料とし、規定するものを形相とする。そして形相によって規定される質料をその内容としてきた。したがって論理学では、形相とは、本質的な内容の規定そのものなのである。

このように従来から形相【Forma】こそが、本質的な内容の規定だとの哲学史の伝統がある。ところがこの流れに対して、ドイツ古典哲学の祖であるカントは、客観的な形相を思惟の形式【Form】、つまり対象についての人間の主観的な認識の様式だといいだした。

こうしてカントによって、形式は本質的な内容から切り離され、非対象性と主観性を忍び込まされる。さらにカント哲学は、存在する対象を前に純粋理性の二律背反を示して、人類の認識能力の限界を主張した。その上でカントは、現象についていては認識ができても、本質である「物自体」についていては、私たちが認識する事は不可能だとしたのである。

これらのカントの主観主義にもとづく結論に対して、スコラ哲学の「形相は事物の存在を示す」との旧テーゼに、ヘーゲルは「形式は内容である」との観点から新しい息吹を与える事によって弁証法を全面的に復活させた。ヘーゲル自身の言葉を引用してみよう。

「形式と内容との対立について語る時には、内容は無形式ではなく、内容は形式を自己自身の中に持ってもいるし、形式は内容にとって外的なものでもあるという事をしっかりと押さえておく事が大切である。［つまり］形式には2種類あり、1つは自己内に反省した形式で、これは内容でもある。もう1つは自己内に反省していない形式で、外面的なあり方であり、内容にとってどうでもよいあり方である。」（『小論理学』第113節注釈）

ヘーゲルは、この「自己内に反省した形式」の観点から、形式の中に内容を見、内容の中に形式を見た。実際形式は内容さえ生み出す。現実においても形式と内容は常に一体である。形式なき質料は存在しえず、質料なき形式も存在しえない。この事は誰にとっても疑いようもない事実である。

それゆえ哲学史上、ギリシャに誕生して一旦は死滅した弁証法を、カント哲学の批判を通じて全面的に復活させたヘーゲルにあっては、形式と内容とは、現実の存在＝あり方の中で現実的にも統一されているとした。この論理は『精神現象学』で展開されている。

すなわち形式と内容とは、相互に浸透しあい相互に規定しあうもの、さらには相互に転化しあう、きわめて弁証法的なものだとヘーゲルによって解明されたのである。

ここまで議論が論理学や哲学史を中心とした抽象的なものであったので、ここで目先をかえて誰にでもわかる具体的な例として黒板の誕生とその発展史をあげてみたい。

教室につきものの黒板が誕生した最初の、つまり個別の形式は、白のチョークに規定されて板の色は黒色しかなく、きわめて偶然的で外的なものだった。しかし時間の経過の中で、板の色は緑が主流へと変化する。こうして黒板は、個別的な段階から特殊の段階に入り、色が変化して「緑板」が生まれた。さらに変化は板面にも及び平面から曲面に変化する。こうして黒板の形式は、普遍の形式、つまり必然的かつ内的なものに発展した。

ではこの事から黒板は「緑板」とよばれるようになったであろうか。この色の変化にもかかわらず、人々は何の違和感なく「緑」の黒板、または単に黒板とよぶ。ここで示されているのは単なる形容矛盾ではない。ここには形式と内容との相互独立と相互浸透による色と板面の変化についての生きた実例があるのである。

またマルクスの主著である『資本論』の副題は「経済学批判」、つまり経済的諸範疇の批判であった。この副題が選ばれたのは、これらの範疇を永遠と誤認した経済学者たちに対して、経済的諸範疇の形式の把握のための理論的感覚の欠如を指摘したからである。

マルクスは、商品の形式が使用価値と価値とを持つ不思議さを明らかにする上で、今まで誰にも未解明だった価値が「交換価値として現れる形式」を研究した。『資本論』初版においては「価値の必然的な表現様式または現象形式としての交換価値」（第1章第1節）と表現され、つづいて相対的価値形式と等価形式の問題の提示とその形式の解明がなされた。この価値形式と貨幣形式の謎の解明こそ、形式と内容の弁証法の応用である。

ここで私が強調したいのは、他の誰にも解明できなかった商品の形式や価値形式や貨幣形式の謎などを、マルクスが徹底的に解明しえたのは単なる偶然ではなく、形式と内容の弁証法を徹底的にわがものとしていたからだ、という点にある。このように価値形式のもつ問題点やその特徴の提示と具体的な分析は、マルクスにしかできない独壇場であった。

それもこれも、ヘーゲル哲学の認識論の基礎となる合理的な核心として、マルクスが形式規定の論理を、そもそも最初期においてわがものとして受容していたからだ。この点こそ『経済学批判要綱』や『経済学批判』[注1]において、マルクスが形式規定【Formbestimmung】や形式規定性【Formbestimmtheit】の概念を多用してきた理由なのである。

（注1）ヘーゲルは、『大論理学』において「内容は…形式づけられた【Formierung】質料として規定されている」とした。すなわち形式とは規定であり、人間がある対象に形式をあたえる事によって、その対象に対して具体的な内容や性格をあたえる作用である。

すなわちヘーゲルの形式とは、私たちが理解可能なはじめての『大論理学』の提供者である寺沢恒信氏によると、内容との相互転化を強調するのであるから、きわめて動的なものであり、またある内容を実際に形式づけるという働きをもつもの、あるいはむしろこの働きそのものである。この点に関わって、寺沢氏は私たち後進に対して形式の言葉にとらわれて、それを外的で静的なものだと連想しては、そもそもヘーゲルのいわんとする真意が理解できないとの注意を与えている。

これらの概念の具体的な使用例については、世界的な意義を持つ出版事業である久留間鮫造博士編集の『マルクス経済学レキシコン』（大月書店）の「方法Ⅱ」編にくわしい。読者にあっては、図書館において、ぜひとも実際に手にしてご検討いただきたい。

しかしこれらの概念の重要性にもかかわらず、『マルクス経済学レキシコン』においても、また日本のマルクス主義経済学学会でも、当初の浅慮から一貫して形式【Form】は、形式とは意味が異なる言葉である形態【Gestalt】と誤訳され続けてきた。

そもそもゲシュタルト【Gestalt】とは、本来は現象形態と訳すのが正しい。両者のドイツ語での表記の違いは一目瞭然なのにもかかわらず、日本語では訳し分けはなされていない。こうして論理学や哲学史上の重要な概念であった形式と内容の弁証法的な結びつきは、使用される用語の面からも意識の上からも、まったく切断されてしまったのである。

ここで確認のために再度強調しておけば、形式とは、外的な形つまり形状のみを意味するものではない。先のヘーゲルの引用にもあったように、形式には私たちが一見して分かる外的な形式もあれば、商品の形式や価値形式などの内的で本質的なものの二つがある。そして外的で具体的な形式とは異なり、内的な形式とは、見た目では一切分からない内容であり本質的なものである。例えば富の形式には労働生産物と商品との二つの形式とがある。

こうしてヘーゲルにおいては、存在する対象とは、現実的にも形式づけられたものだ。この「形式」の範疇は、最初に論じられた『大論理学』においては、「本質」の第1編第3章「根拠」の「A絶対的根拠」で論じられていたが、その後に出版された『哲学の百科事典』の第1部、つまりいわゆる『小論理学』においては、「形式」の範疇は「根拠」の後の反省を踏まえた「現象」において始めて出現するのである。

このようにヘーゲルにおいても、「形式」の範疇が、当初の「根拠」の個所から、その後「現象」の個所へと移動された事実は、「根拠」を反省する事で「形式」づけの運動、つまり「現象」が出来するとのヘーゲルの考え方の深化がうかがえて実に興味深い。

ヘーゲルのこの「迷い」からも類推できるように、実際にも内容への形式づけと根拠づけとは、ヘーゲルにとってもきわめて近い概念であった。先に例として挙げた黒板の発展史をみても、そこには個別・特殊・普遍という認識の発展過程の弁証法が貫かれている。

端的にいえば、ヘーゲルの先行者のカントは、形式と内容とを抽象的に対立させて、まったく無規定で永久に不変である内容に、外部から人間の主観によって形式がつけ加えられると考えていたが、ヘーゲルは対象自体の形式と内容の一致を主張したのである。この事を現実的なものとする思考とは、彼にあっては「無限な形式」そのものなのであった。

〔2〕形式内容とゲルマン思考

この形式と内容が一致する点に関しては、『初版資本論』第1章第3節「価値の現象する形式」の「貨幣の謎」部分につけられた原注20において（この注は第2版以降惜しくも削除―清野）、マルクスが次のように明確に記述している事を指摘しておきたい。

「経済学者たちが、素材に対する関心ばかりが強すぎて、相対的価値表現の形式が持っている内実【Formgehalt】を見落としたのは驚くに足りない。なぜなら、ヘーゲル以前には、専門の論理学者たちでさえ、判断と推論の諸形式の内容【Forminhalt】を見落としてきたのだからである」（『初版資本論』原注20）

この注から私たちが確認できるように、経済学者の見落としてきた「形式が持っている内実」と、論理学者の見落としてきた「形式の内容」とを、マルクスはまったく同列のものとして論じている。ここに、あまり注目されてこなかった形式についての核心がある。

これらの言葉は、日本語では複数の単語によって成り立つもののようにみえるが、そえたドイツ語の原文から判断できるように、これらの二つの言葉はともに一語の複合名詞なのである。しかもフォルムは形式、ゲハルトとインハルトとは、ともに内容である。だから両者はともに形式内容と訳す事もできる。しかしこれでは両者の違いはまったく理解不能だろう。

現に牧野氏は、この「フォルムゲハルト」を「形式が持っている内実」と訳して、形式のもつ内容、つまり形式と理解したが、ヘーゲル翻訳者として著名な松村一人氏は、ともに「形式内容」と翻訳して、まったく問題意識を持たない直訳調の訳語となっていた。

ドイツ語では、現実に形式と内容のような本来的に対概念である言葉が、一語の複合名詞で表現されているのだ。

こんな手品のような芸当は、日本語は勿論の事、英語でも考えつく事さえ不可能であり、まさにドイツ語の一大特徴なのである。

ヘーゲルは、前半と後半が対概念である言葉を、一語の複合名詞に合体するドイツ語の用語法を「偶然の事でもなければ、まして混乱を招くとして非難してよい事でもない。そうではなくして、そこには、わがドイツ語が悟性的思考のあれこれから［二律背反］をこえてゆく思弁的精神をもっている事が認識されなければならない」（『小論理学』第96節付録）とした。ここに彼がドイツ語が哲学の言葉にふさわしいとした根拠がある。

このように言葉自体から、ただちに形式と内容とが意識されるのが、ゲルマン思考の特徴である。しかし表象的で経験と実践重視のアングロ・サクソン思考では、この形式と内容とについて人々に意識させるには、後に紹介する『共産主義者たちの宣言』のムーア訳のように、とくに形式を強調せざるをえない表現上の工夫が不可欠とはなったのである。

ここまでは第1節以来の抽象的な議論がつづいてたいへん分かりにくかったのではないかと思われる。そこで具体的に形式と内容が一致した例として、現在でも街中を颯爽と走っているドイツの名車フォルクスワーゲンをとりあげてみたい。

自動車にとってもその形式はどうでも良いものではない。自動車の形式とは、自動車が必要とする内容に規定されている。多数の人員を乗せるならバス、普通の荷物の運搬用ならトラック、大量の荷物ならトレイラー、そして土砂に特化するならダンプカーがある。

１９３０年代、つまり幌つき自動車やT型フォードなどが主流の時代に、豪華な車でなく、大衆車の形式は自ずと決まる。したがって国民車とのコンセプトで設計されたフォルクスワーゲンこそ、当時の現実的な形式であり、形式と内容が一致した名車であった。

１９３４年のベルリンモーターショウでヒトラーの提唱した国民車（フォルクスワーゲン）計画にしたがって、自動車設計者であるフェルディナント・ポルシェによって、当時の最先端な技術の粋をこらし無駄を排除した流線形の車が開発された。これが後のフォルクスワーゲン「タイプ１」である。しかし当時の世界におけるこの車の評価は、その時点では大変低かった。あまりにも豪華さがなく「やすっぽい車」だったからである。

戦後、フォルクスワーゲン社は、イギリスやアメリカの主要自動車メーカーから接収の対象となる。しかしこの車の進歩的で合理的な形式を、アングロ・サクソン思考の英国やデトロイトの技術者たちは理解できず、その結果英国の自動車各社の調査団は「評価に値しない車」として見過ごした。また1948年末の連合国側関係者による検討会議において、フォード社長のヘンリー・フォードⅡ世も、「フォルクスワーゲンは無価値と判断する」として、これを製造する会社を接収する価値がないとの意見を表明する。こうして連合国関係者も大立て者のフォードⅡ世の意見に同意し、フォルクスワーゲン社を接収しない事に決定した。フォルクスワーゲン車の形式が当時の彼らの理解をこえていたからだ。

またしてもアングロ・サクソン思考がゲルマン思考の核心を理解していない事が明らかになった。このためフォルクスワーゲン社は他国に設計・設備を収奪されるまでには至らず、かろうじてドイツの民族系企業としての存続を約束される。フォルクスワーゲン車の形式のおかげで会社は危機を脱して生き延びた。こうして名車は、ドイツ経済復興の一翼を立派に担っただけでなく、自動車の大衆化の波にうまくのれたのである。

その後、主力モデルである「タイプ1」は、その形式の経済合理性と耐久性、そして優れたアフターサービス体制で、世界の市場から圧倒的な支持をえることに成功する。

アメリカ進出に際して、当時の社長ノルトホフは「車があってサービスがあるのではなく、サービスがなければ車はない、というのが当社のモットーです。車に故障が起こった時、当社独特のパーツがなかったり、修理費が高くつくようでしたら、車の代金をお返しします」と断言する一方で、「どんなぼろワーゲンを持ちこまれても、その車に敬意を払え」と従業員たちを教育してきた。これまた質実剛健のゲルマン精神そのものである。

こうして「ビートル」の愛称で広く親しまれ、現在においてもなんの違和感もない流線型の車は、アメリカをはじめ全世界に大量輸出され、貴重な外貨を獲得して西ドイツの戦後復興に実に大きな貢献を果たす事になる。その後03年のメキシコ工場における生産終了の時点までに生産された台数は、試作車以来65年間で2152万台に上り、モデルチェンジなしでの1車種としては、未曾有の量産記録である。

おそらく今後も四輪自動車で、これを破る記録は現れないであろう。これこそ、国民車との限定において、形式と内容が一致した歴史的な名車で示された生きた実例である。この車体の影響は今でもつづいているばかりでなく、今でも現実に走っているのである。

ここで本筋に立ち返ろう。

内容を形式づけるとは、ヘーゲル一流の自然素材から労働生産物を作り出す労働から生まれたアナロジーである。まさに人間の労働こそは、自然素材を利用し、自らの必要とする労働生産物へと作りあげる人類の目的意識的な行為そのものなのである。

すでにヘーゲルは、ある考えを自分のものとする思考の営為を、「消化する」と表現してみせた事がある。それは、外部にある栄養物を咀嚼して自分の身体の一部とする食事行為になぞらえてみせたのだが、今また内容を形式づける行為を形式規定だとして、労働とその生産物に引き寄せて、実際に説明してみせたものであった。

第2章　所有の形式

〔1〕占有と所有

前章ではあまりにも論じられた事がない根本的な考え方を紹介した。読者にあっては充分にご理解いただけたであろうか。では続いてこれらの議論を踏まえて早速本題に入りたい。

ヘーゲルの『法権利の哲学』でも指摘されていたが、歴史的に出現した社会では勿論の事、いまだ現行法制に強い影響を与えるローマ法やゲルマン法においても、占有と所有の形式が持つ意味は、根本的かつ決定的である。したがってまず最も基本的で重要な概念である占有と所有を考えていこう。

ドイツ語で占有はベジッツ【Besiz】、所有はアイゲントゥーム【Eigentum】である。しかし、これらの形式の違い、つまりある対象が占有されているのか、所有されているのかは見ただけでは、まったく分からない。なぜならこれらの形式は、その対象の属性にもとづいているのではなく、労働を媒介した対象と人間との関係から生まれる形式だからである。すなわち対象の規定はこの関係の中にこそ現れるのである。

そもそも占有とは、歴史的社会的にも、所有に先行して存在していた。現在でも限定的には存在する。占有とは、人類が実生活上でその対象を保持・管理しかつ実効支配、つまりある対象を直接的かつ個別的に支配している形式である。近世に確定された所有とは、人類の階級分化が始まり、歴史的社会的にもそれらに加えて処分、つまりある対象を永続的かつ普遍的で法的にも承認された支配を貫徹している形式だ。したがって両者の違いは、その対象自体の属性にあるのではなく、その対象と人類との間の関係にある。すなわち占有と所有は、実は人類における階級の発生と深く関わっているのである。

この占有と所有については、ウエッブ上で公開されている「ワーカーズ・ネット」訳の『共産主義者たちの宣言』の第一章に、興味深い記述があるので、以下に引用したい。

「ブルジョアジーは、生産諸手段の『占有』を、そして分散した人口を、ますます揚棄し続ける。（注2）彼らは、人口を密集させ、生産手段を集中し、『所有』を少数の手に集中してしまった。この必然的結果は、政治の中央集権化であった」

（注2）ヘーゲルは「『揚棄（アウフヘーベン）』という語のもとで私たちドイツ人は、ある時には、『とりのける』『否定する』というのと同じ事を理解する。この用法で、例えば、『ある法律はアウフヘーベン（廃止）された』とか、ある制度はアウフヘーベン（廃止）された』という。しかし、また、『保存する』と同じ意味もあり、『あるものがよくアウフヘーベン（保存）されている』も使う。同一の語が否定的な意味と肯定的な意味をもつこの二義の用法は偶然の事でもなければ、まして混乱を招くと非難してよいことでもない。そうではなく、そこには、わがドイツ語が悟性的思考のあれかこれか［二律背反］を越えてゆく思弁的精神をもっていることが認識されなければならない」（『小論理学』第96節付録）としている。

ここで私たちが読み取るべき事は、分散していた生産諸手段と人口が、集中して密集した事、つまり人類との関わりで、生産手段が「占有」から「所有」へとその形式が変わった事を、マルクスが「揚棄」と表現した事だ。

実際、まったくやっかいなのは、占有と所有との間に、私たちが見た目での区別は一切ない事であるに違いない。ここに困難がある。この点にこそ、占有と所有とを、人間が対象に与えた形式として読まねばならぬと私が力説する根拠があるのである。

今では占有も所有も労働に媒介されている。歴史的に初めて所有を意識したのは、身分制の下での人間の労働を明確に意識した封建領主であり、彼らの時代からであった。いうまでもなく占有と所有とが明確に分化して意識化されかつ相互に規定され所有が意識されたのは、すべての私的労働が、抽象的な人間労働として、相互に交換される資本家の時代からである。したがって歴史的・社会的にいっても、この特殊な時代に通用する形式をもって、過去や未来の人類史の占有・所有の全歴史を類推するのは、まったく正しくない。

そもそも原始共同体が支配的な時代には、自然に実った果実・植物や狩猟される動物は労働に媒介されず、また個々の構成員にも労働しているとの明確な意識もないため、占有の事実があっただけだ。所有は未発達でこれらの形式すらも存在せず、そのため人々に明確に意識化されてもいなかった。現代ではこうした事実は、私たちの想像すらもできない世界であるが、実際には占有だけで所有が意識されていない世界もまだあるのである。

ここで、きわめて抽象的な議論がつづいてきてお疲れの読者に、ほとんどの人がこれまで明確に考えた事もない事実を指摘して、気分転換をはかる事にしよう。

日本を取り囲む海の存在を知らない人はいないであろう。この地球上のすべての海はいまだ誰の所有でもない。

確かに現在、国家の領海と公海の区別はある。しかし広大なる海上においては、国家と国家との境界線として、3海里・12海里・20海里・100海里など各国の勢力範囲がきわめて便宜的・恣意的に成立しているだけなのだ。実際、この範囲は国際的にも同一の尺度が採用されておらず、国家によって異なると私は記憶する。そして各国家の内部においても、都道府県あるいは漁村が所有する海はない。すべては伝統的な慣習に従った漁業権が、つまり漁業協同組合が占有する事実があるだけだ。

すなわち地球上で唯一海だけは、今でも占有という原始共同体などの相互関係の本来的姿がまだ現存する。そして占有している事実を踏まえ反省した上での逆の言い方が、海は人類によって共同所有されているという事である。これが現実に確認できるのも、海そのものが人間の労働に媒介される前から存在しており、また地球上の人類にとってあまりにも広大であることに起因している。その数に限りがあってこそ所有が問われるのだ。

私たちの日常的経験からいっても、目の前の海に漁業協同組合の占有＝漁業権のないところでは釣りなどしてもまったく咎めだてされない。さらには漁業協同組合の占有する海域においても、個々の家族が必要とする位の漁獲なら、問題とはならずに通常は黙認されている。したがって所有が意識されない社会とは、実におおらかな社会なのである。

また大陸や島嶼の国家所有の例外に関しては、南極大陸がある。この大陸は6大陸中、オーストラリア大陸に次いで2番目に小さく、全陸地面積の8・9％を占めている。この大陸は、1959年に12の国が署名・採択した南極条約により、各国の所有権の主張が凍結されおり、地球上のどの国にも所有されていない土地である。現実には南極大陸にも大量の資源があるが、生態系保護のため採掘は禁止されている。大陸の各地では科学観測のための基地があり、現在では常時約4千人が地球環境や天体観測などを行っている。

このように私的所有が全面開花している資本主義の時代であるにもかかわらず、いまだ人々は明確に意識化はしていないものの、先に提示した例は未来の人類史の所有についての真実に迫る視点を提供している。先の諸事実は、もしかしたら、私的所有が克服（揚棄）される時代がくるかもしれないとの予感を、人間に感じさせるのに充分な根拠である。そしてまたこの事が今までの歴史を、人類史の前史と私が呼ぶ理由でもある。

さらに話を続けよう。

今ここで、多くの人々が日々生活する上で、その所有すらまったく意識せず考えた事もない意外で核心的な事実を指摘したい。

私たちは、日々刻々と大気を呼吸して生きている。生き物とは息するものであり、地球上のすべての動植物にとって、大気は生きる上で不可欠のものだ。ではこの大気は誰のものなのか。

しかも現実に私たち人間は、大気を呼吸する事に対して、地球上の誰一人として一切の対価は勿論の事、わずかの税金すらも払っていない。一体この現実はなぜ可能であるのか。これは、人間の尊厳や生命はいうに及ばす、今では労働によって媒介されていない物やミネラル・ウォーターなど、すべてを商品化する傾向を持つ資本主義の勘定高い現実から見れば、この事実は実に不思議な事としかいいようがないのではないか。

今ここで反省できるのは、すべての生物と人類とは、つまりそもそも地球と生命とは相互浸透をする中で、お互いに影響し合い発展してきた本来的には一体の存在だとの事実である。この地球の誕生とその後の生命の発生と発展の悠久の真実の前には、ほんの一時代にしか過ぎない資本主義の小賢しい私的所有の論理など、一切入り込む余地などない。

「大気はお前のものでないのだから、お前が大気を吸うのは泥棒だ」との台詞は、いまだかって誰からも聞かされた事がないし、真顔でこんな事を主張する人がいるなら、人々から全く相手にされないのが落ちだろう。実際、ここには無意識ながらも私的所有概念とは、本来的に歴史的・社会的な産物であるとの素朴ながら重要な真実がひそんでいる。

最近、例示が極めて恣意的で科学的根拠に乏しい事から一大論争に発展した「地球温暖化」問題だが、その対策として炭酸ガスの排出権枠の取引が公然と開始されている。この問題は、視点を変えて考えれば、論理の構造は、例えば先の主張の人を会社と言い換え、大気を吸うのを吐くと言い換えて見ると、全く同じものだと気づかされるのである。

したがってこの論理を極端に突き詰めれば、会社が税金を払うのだから、大気を吐く人々は「大気税」とでも名付けるしかない税金を払う事になるに違いない。しかしこれは究極の「人頭税」と呼ぶべきものだ。

だから必要とされる媒介的な論理的反省を各自冷静に行うならば、「地球温暖化」問題やまたその対策として二酸化炭素ガスの排出権取引の議論を、大々的かつ「大真面目」にしている事自体きわめて異常な事なのである。この事は、現在の資本主義の腐朽性とその行き詰まり、そしてまた資本主義の命脈の終焉が本当に間近に迫っている事を、すべての労働者たちに問わず語りに教えている。この意味をもっと深刻に考えてみるべきだ。

　話が脇に逸れた感があるので元に戻そう。

　原始共同体では所有者は共同体であり、共同体所有と分離された個々人の所有はない。共同体の成員はすべて共用占有者（ミッツベジッツ）である。しかしこの場合、共同体が所有者であるという事を現代の私的所有概念で考えると間違いになる。ここで共同体が所有者であるとは、その共同体の成員が共用占有して[注3]いるとの事実を前提として反省した上での逆の言い方なのであり、共同体「所有」それ自体が独立してあるのではない。あくまでも人々にとって分かりやすい言い方でしかないのである。

（注3）１７９１年、神奈川県西部に位置する酒匂川の氾濫で父の死と生家の没落を体験した二宮金次郎は、その後母親までも失った。しかし不撓不屈の意思を持った彼は、朝には入会地で芝刈りをして売り歩き、夜には縄やわらじを作り、糊口を脱する。村の入会地での芝刈りが咎められず、この事で彼が窃盗罪に問われなかったのは、全くの偶然とはいえ、すべて江戸時代末期の貨幣経済が未発達であったゆえであった。

　その約50年後の１８４３年のドイツでは、それまでは所有者がいる森林でも、枯れ木であれば、貧者が自由に拾って持ち去る事が認められていたが、森林盗伐取締法の成立により否定され、法の成立後は窃盗罪とされる事態が出来する。この法案に反対の立場から若きマルクスは論陣を張るが、ヘーゲルの『法権利の哲学』では、現実を動かせない事を痛感したのであった。

[2] 私的所有と社会的所有

　では次に考察すべき諸形式を論じてみよう。その要は、何回も言葉としては出てきた重要な概念、つまり私的所有の概念の徹底的な解明である。私的所有の概念の正確な把握こそ、いわゆる所有問題の核心なのである。

　私的所有【Privateigentum】とはプリヴァート・アイゲントゥームであり、社会的所有【Gesellshaftliches Eigentum】ゲゼルシャフトリッヒ・アイゲントゥームで、両者は対概念である。両者はともに人間が対象に与えた形式であり、両者で対比されているものは人間に関わる所有の性格である。

実際ある対象が私的所有か社会的所有であるかは、私たちがいかに目をこらしても分からない。まさに見た目に全く同じ対象が、歴史的・社会的関係の中においては、私的所有であったり社会的所有であったりする。ここではまさに所有の形式が示されているのだ。

では私的所有とは一体何か。

ほとんどの日本人は、この言葉から、いまだに左翼文献で大手を振って流通している私有財産の訳語を思い浮かべるのではないか。形式規定を把握する論理能力が弱い日本人には、所有とはどうしても物としか理解できない。それは、日本語では物以外の表現では理解が困難だし、形式とは納得できないからだ。ここまで私がつねに力説してきた形式規定を様々に説明してきても、いまだ読者に正確に伝わらずよく分からない現実的な理由も、実にこの点にある。日本人は、日本語で考えているからそもそも理解そのものが難しい。

だからプリヴァート・アイゲントゥームをあたかも物のように日本人が私有財産と訳すのは、そもそもまったくの誤りだ。この考え方の誤りを、マルクスは『マルクス　パリ手稿』の第3草稿「私的所有と労働」の中で、初めて明らかにしたのである。

すなわち重金主義や重商主義の信奉者たちは、私的所有を人類にとって外的で対象的な存在、つまり物質的財産と考えた。アダム・スミスから見れば、彼らはまるで物神崇拝者のカトリック教徒なのである。なぜならアダム・スミスは、プロテスタントとして、私的所有を、人間に関わっての具体的な形式だと認識していたからだ。だからこそ、エンゲルスは「アダム・スミスを国民経済学上のルターと名づけた」とマルクスは書いたのだ。

この指摘こそ決定的な重要性をもっている。実際、私的所有も社会的所有も私たちの見た目には、まったく同じなのだ。実にこの点にこそ私的所有が人間がその対象に与える形式でなく、物の属性だとの仮象の社会通念が生まれる根拠がある。

だがマルクスは、私的所有とはそもそも人間がその対象に与えた形式であり、この具体的な所有の形式と性格を規定したものだとする。それらの対象自体を、人類に対して外的で対象的な存在、つまり属性とし物象化する事は、私的所有を物と考えて永遠化・神聖化するもの、つまり物神崇拝に陥っている考え方だとマルクスは批判したのであった。

この『パリ手稿』の一部は、すでに『経済学・哲学草

(手)稿』として出版されてきたが、3人の翻訳者の内の三浦和男氏と藤野渉氏は、マルクスの意を受けて私的所有と正訳しているが、一番流布している岩波文庫の城塚登氏は、マルクスに反対して、私はあえて分かりやすいように私有財産と訳すのだと強弁せざるをえなかった。この彼の意見こそ、形式規定を認識できない大多数の日本人の考え方そのものなのである。

しかしながらこの私的所有とは物だとする考え方は、実際にそのように見えるからこそ強力なのである。さらにこの考え方は、私的所有を擁護するイデオローグたちにより、日々に再生産されているし、また多くの人々も信じて疑わない実に普遍的な考え方でもある。

そもそも社会とは、人類の労働の対象化と交通関係の発展によって歴史的に成立した。そして歴史的に成立した社会の中において、今問題にしている私的所有とは、その「社会の実体」(『資本論』第1章第1節)である労働の共同性に対して、剥奪性と敵対性を持ちつつ敵対して自立している事なのである。

資本家の時代には、人間の私的労働が意識されて、占有と所有の違いが明確になる。そして「社会の実体」である労働の共同性と「私」の剥奪性の対立と分裂の中から、現実にも私的所有が拡大する。こうして個人主義の中にエゴイズムが育まれ、私的利益の追求が本格化する資本主義時代の進展の中で、エゴイズムはさらに拡大していかざるをえない。

ところで私的所有とは、労働手段と労働の外的諸条件とが、私人に属する場合にのみ成り立つ。だが、この人が賃労働者であるか生産者であるかで、形式もまた異なる。直接的生産者の場合は、自分の生産手段を個人的私的所有とする事は、小経営の基礎となる。その典型的な形式は、直接的生産者が自分自身の使用する労働条件の自由な個人的私的所有者である事だ。歴史の進展により、この所有の形式がまず否定されるのである。

歴史的には、この形式が人類社会のかなり初期から存在していた。ところがこうした自由な個人的私的所有の保持者の土地や生活手段や労働手段は、資本の本源的蓄積によって収奪されてしまった。その意味で、資本家的私的所有は、自己の労働を基礎とした個人的私的所有の第一の否定なのである。

この点を明確にするため、先の「ワーカーズ・ネット」訳の『宣言』の第2章の注にあるサミュエル・ムーア英訳の日本語訳を引用する。

「諸君は、私的所有の揚棄という我々の意図をこわがっている。しかし諸君の現在の社会において、所有は、全住民の十分の九にとっては既に廃止されている。少数者に集中する私的所有の存在は、十分の九の手における私的所有の非存在に依存している。諸君が我々を責める所以は、所有の形式を廃止しようとしている事においてであるが、その形式が存在するための必要条件は、社会の計り知れない大多数者におけるあらゆる所有の非存在という事なのだ。」

すなわちマルクスは、ここで私的所有とは多くの人々の無所有に大きく依存していると喝破した。資本家的私的所有とは、小経営の基礎であった自由な個人的私的所有の保持者の土地や生活手段や労働手段を、資本の本源的蓄積による収奪により成立する。この他人の労働の搾取とその結果としての社会の大多数者の無所有のゆえにこそ少数者の私的所有の形式があるのである。

　この部分をサミュエル・ムーアが工夫して使った形式を強調する事で、さらに説明しよう。

　少数者である資本家的私的所有の形式は、圧倒的多数者の無所有の形式、つまり私的所有により否定された個人的所有の形式によって担保されている。しかし人々は、私的所有擁護の影響からこれらの形式の差を、本質的で質的な違いではなく、量的なものとしか把握できていない。そして質的な面からいえば、少数者である資本家的私的所有の形式の揚棄とは、裏を返せば搾取されてきた社会の大多数者の個人的所有の形式の復活であり、これがマルクス・エンゲルスがいう否定の否定の核心である。

　すなわち圧倒的な多数者の個人的所有の形式を復活させるために必要不可欠となる少数者の私的所有の形式の廃止を追求するのである。これこそ、ドイツ語での所有概念（形式内容）を、イギリス人に分かりやすく理解させるためのサミュエル・ムーア英訳の工夫であり、明確に所有と所有の形式（注4）に区別して書き分けて見せた核心なのである。

（注4）「（株）Qプレス」の『インターネット時代の日本語考察』―「日本語を考える」というサイト（http://www.avis.ne.jp/~qpress00/langmenu.htm）で、新井暢氏は従来の『共産党宣言』の翻訳についての極めて優れた批判的な研究を五本もインターネット上で公開している。

　この新井氏自身は、この核心を「所有」をではなく「所有の形式」の揚棄と見る。そして新井氏は、「所有を揚棄する」のと「所有の形式を揚棄する」のとでは、一体どう違うかは、内容と形式の論理学の初歩だと説明した。今回の私の論文はこの指摘によって生まれたものである。ここに明記しておく。

　したがって私的所有の形式の廃止とは、社会の大多数の人々については労働の共同性を復活させる事であり、同時に自己の労働に基づく個人的所有の形式の再建なのである。この所有の形式転換が、所有の社会的性格の転換で、いわゆる否定の否定なのである。

この箇所を書いたマルクスの問題意識は、後年の『資本論』第1巻の第7編第24章第7節での全生産諸手段の労働者たちの掌握を基礎とした個人的所有の再建の必然性を記述した問題意識と全く同一のものである。まさに私的所有の形式の廃止と社会における共同労働による生産関係と所有の形式とは表裏一体の関係にある。

では社会的所有とは何か。文字どおり社会が所有する事なのであろうか。勿論それは違うし、そもそもそんな事はできない。社会とは、全くの抽象概念であるからだ。「社会の実体」(『資本論』第1章第1節)とは、人類の労働の共同性である。それは、抽象的な人間労働に還元できる。それゆえ社会が生産諸手段の所有の主体とはなりえない事は、まったく明らかである。だからマルクスも「なかんずく避けられるべき事は、『社会』を再び抽象物として個人に対して固定する事である」(『マルクス　パリ手稿』)と注意を喚起していた。しかしながらエンゲルスは、『反デューリング論』や『空想から科学へ』等で、不用意にもしばしば社会を実体あるものと論じてきたのである。

ここでまたマルクスの『資本論』から引用しておこう。

「本来的社会的生産様式の上に成り立っていて生産手段および労働力の社会的集積を前提している資本が、……、私的資本に対立する社会的＝会社的資本(直接に連合〔アソシエート〕した個人一人ひとりの資本)の形式をとり、この資本の企業が私的企業に対立する社会＝会社企業として現れる。それは、資本制的生産様式そのものの限界の中での、私的所有としての資本の揚棄である。」(『資本論』第3部第27章)

このように資本制的発展は、生産手段および労働力の歴史的に成立した社会的集積を促進する。そして、この集積は、ついには資本制的私的所有の限界内で私的所有としての私的企業に対立する社会＝会社企業として現れた。またその事で資本そのものの揚棄を根本的に準備する。

そもそも資本制時代においては、歴史的に自然発生的に成立した社会と国家は敵対的にならざるをえない。そのため、歴史的に成立した社会は、生産力の高度化により生産能力を人類が意識的に制御できる力を獲得する度合いが高まるにつれて、国家を越え自覚的に作り上げる社会＝協同社会＝自由で自律した労働する社会的個人一人ひとりの連帯社会へと移行せざるをえない。その意味で未来の社会とは、人類が無自覚的に歴史を経ながら形成してきた階級社会を揚棄して、言葉本来の意味での連帯社会を、人類史の本史の必然性として、自覚的に取り戻すとともに共同して打ち立てる社会なのである。

[3] 共同所有と共同占有

これまで私は、ほとんどの人々にとってまったく抽象的な議論に終始してきた。しかしそれは、真実を追究する私たちには必要不可欠である理論的な作業であった。こうして今や私たちは、未来社会の重要な所有の形式である共同占有を論じえるまでになった。いよいよ将来社会の生産手段に関わる所有の形式の核心に迫ってきたのである。

マルクスの主著は『資本論』である。しかしマルクスが生涯に出版したのは『資本論』の第1巻だけだった。だがマルクスは、初版『資本論』を改善して第2版『資本論』を出版する。さらに、フランス語版『資本論』の出版に際しては、翻訳者・ロアに問題があったため、逐語的に直したと言ってよいほどに、マルクスが朱筆を入れた。

のちにマルクスは、自分で翻訳したほうがよっぽど簡単だったと告白する。こうした本人も予期せぬ難行苦行のおかげで、フランス語版『資本論』は、ドイツ語版『資本論』とは独立した科学的価値をもつ書物となった。こうして、フランス語版『資本論』は個々の章での表現の相違は勿論の事、理論的にも一層の鋭さを持つものとなったのである。

ドイツ語版との最大の相違は、何と言ってもコヴァレフスキー等を研究しながら、著しく書き直した本源的蓄積論にある。そのため、ドイツ語版『資本論』の篇別構成が7篇25章構成であるのに対して、1872年以降3年間を費やして、全44分冊の形式で刊行されたフランス語版『資本論』は、8篇33章の構成である。

端的に言えば、構成が変わったのは、ドイツ語版の第24・25章内の各節が、フランス語版では再編集され、第24章から第33章の各章へと格上げされたためだ。

では、マルクスの各版での第1巻第7編第24章第7節の記述とエンゲルスのそれとを比較したい。

初版(67年)・第2版(73年)

「それは、否定の否定である。この否定の否定は、個人的所有を再建するのであるが、資本家時代の獲得物の基礎の上に…略…すなわち、自由な労働者の協業と土地及び労働そのものによって生産された生産諸手段に対する自由な労働者の共同所有と、の基礎の上に…略…再建するのである。」

フランス語版（75年）

「それは、否定の否定である。この否定の否定は、勤労者の私的所有を再建するのではなくて、資本家時代の獲得物の基礎の上に…略…すなわち、協業と土地を含む全生産諸手段の共同占有と、の基礎の上に…略…勤労者の個人的所有を再建するのである。」

第3版（83年）・第4版（90年）

「これは、否定の否定である。この否定の否定は、私的所有を再建するのではなくて、資本家時代の獲得物の基礎の上に…略…すなわち、協業と、土地及び労働そのものによって生産された生産手段の共同占有と、の基礎の上に…略…個人的所有を再建するのである。」

これらの版の記述の比較に際して、ここでまず一言しておきたい事は、マルクスの「資本家時代の獲得物」云々の直截的な表現についてである。

ここでマルクスは、「資本家時代の獲得物」として、潜在的にかつ理論的に準備される事になった協業と土地を含む全生産諸手段の共同占有の基礎の上に勤労者の個人的所有を再建するとした。もちろん、この共同占有と個人的所有の再建は、資本制時代に、あるがままで現実となっているのではない。

「本源的蓄積に関する章（資本論第24章第7節）は、…略…この章の最後に、この〔資本主義的〕生産の歴史的傾向が次のように要約されています。すなわち、この生産は『自然の転変を支配する不可避性をもって、おのれ自身の否定を自ら生み出す』…略…また、資本主義的所有は、事実上すでに集団的生産様式の上に立脚しているので社会的な所有に転化するほかはない、ということがそれであります。ここで私は、これについての証明を与えることはしません。私のこの主張そのものが、それにさきだって資本主義的生産についての諸章の中に与えられている長い叙述の要約に他ならない、という十分な理由があるわけですから。」（『オテーチェストヴェンヌィエ・ザピスキ』編集部への手紙（1877年）マルクス・エンゲルス全集19巻一一六頁）

ここで私たちが確認できるように、マルクスは、この直截な表現について、この主張そのものが、それに先だった「資本主義的生産についての…略…長い叙述の要約に他ならない」と書いている。

すなわち現実的には、生産手段は顕在的には資本家のものだが、潜在的には生産手段を共同労働で占有する労働者達のものとなっている事実がある。したがって問題は、この潜在的な事実を、如何なる過程を経て現実のものと転化するかだ。この事は、先の引用部分と理論的に一体である記述、つまり端的な表現＝「資本制的私的所有の最後の鐘が鳴る。収奪者が収奪される」からも、疑問の余地なく明らかな事である。

さてこれらの諸版の記述の比較から、私たちが確認できる事は一体何であろうか。

私たちが確認すべきは、マルクスが、初版（67年）・第2版（73年）の「生産諸手段に対する自由な労働者の共同所有」との表現を、フランス語版（75年）では、「全生産諸手段の共同占有」と書き換えた事である。またエンゲルスが第3版（83年）・第4版（90年）では、フランス語版の核心となる「全生産諸手段」から「全」を取り複数形「諸」を単数形化して、「生産手段の共同占有」と再度書き直した事である。(注5)

（注5）マルクスのフランス版での書換えとエンゲルスの再度の書き直しに注目した人は、極めて少数である。私は、1969年に神保町のウニタ書店で廣西元信氏の『資本論の誤訳』を書棚でみつけて大変な衝撃を受けた。それ以来、『情況』誌に掲載の坂間真人氏の「マルクス学説の再興―『平田清明説』への批判的評註―」上・下及び「マルクス学説の補正と廣西理論」を研究してきた。また田畑稔氏の『マルクスとアソシエーション　マルクス再読の試み』は、マルクス・ルネッサンスの先駆けとなる必読書である。

すでに第2巻第3巻用の『資本論』草稿を準備していたマルクスが、その完成を遅らせてまで（つまり60才を過ぎてから）、共同体の研究に時間を費やした。マルクスは、モルガン『古代社会』（岩波文庫）、またロシア語を学習しながら、コヴァレフスキー『共同体的土地所有』（日本語訳未刊行）を使って、これらの共同体の発達・崩壊過程の研究に打ち込んでいた。

この二人の著作を徹底して研究した事で、マルクスは共同所有の具体的諸形式の違いを明確に認識する。したがってマルクスはフランス版（75年）において、ドイツ語版初版・第2版のこの個所を、全生産諸手段の共同占有と書き換えた。では一体何故書き換えたのだろうか。比較する努力を惜しまなければ、『資本論』のドイツ語版とフランス語版では全生産諸手段の形式が違う事が、誰にでも確認できるのである。ここは大きな山場である。この疑問に答える必要がある。私は以下のように理解する。

『資本論』第1巻第7編第24章第7節から引用すると、将来の社会では「全生産諸手段の共同占有の基礎の上に自由で自立した労働者の個人的所有が再建される」とある。この個所を、全生産手段の共同占有ではなく共同所有と規定する事は、必ずしも全く誤ってはいない。他ならぬマルクス自身が、初版等ではそのように規定してきたからである。

ところがゲルマン法では、物権法は重層的である。すなわち所有には第一次所有と第二次所有等がある。この規定は、ゲルマン法世界では問題とならないものの占有＝所有であるローマ法世界に生活するフランス人には、理解不能である。彼らは共同所有と聞いたら、では個人の持ち分はどの位だと直ちに意識する。したがつてこの具体的な個人の持ち分の記述がないままでは、彼らにとって全く意味不明の概念となってしまうのだ。未来の労働者たちが自分たちが現実に支配してきた全生産手段を完全に自分のものとした時、それは共同所有の形式にあるというより。共同占有と規定した方が的確なのである。

この点に気がつき、その問題の重大性を認識したマルクスは、フランス語版『資本論』の出版時、従来からの共同所有を共同占有に書き直した。だからこの規定こそ、マルクスが考え抜き辿り着いた最後の形式である事を私たちは忘れてはならない。

こうしてマルクスは『資本論』第24章の「否定の否定」の箇所で、初版・第2版での「全生産手段の共同所有の基礎の上に個人的所有を再建する」とのフランス人から誤解を受けやすい表現から、つまりゲルマン法の所有の歴史性や重層性など全く知らないフランス人のために書換えた。すなわちフランス語版では「全生産手段の共同占有の基礎の上に個人的所有を再建する」と、フランス人にとってもそのままで理解できる正確で的確な表現に書き直したのである。

しかしマルクスの死後、エンゲルスは第3版（83年）・第4版（90年）でフランス語版の核心である「全生産諸手段」から「全」を取るとともに「生産諸手段」を単数形化して「生産手段の共同占有」とさらに書き直した。この時、エンゲルスには、共同占有と共同所有との表現の相違の重大性について、残念ながらマルクスほど明確な認識ができていなかったからである。

事実、マルクスを論ずる学者のほとんどは、今でも共同所有一本槍であり、共同占有と共同所有とを明確に区別し、マルクス理論を展開しているのは、先の二人と『社会主義と共同占有』（創樹社）の福富正美・田口幸一両氏と『経済学と所有』（世界書院）の西野勉氏と『共同体と国家の歴史理論』（青木書店）の熊野聡氏ら極めて少数の学者だけだった。(注6)

（注６）現在流布している『資本論』の各翻訳書は、エンゲルスも言葉としては認めている生産手段の共同占有すら、正しく訳してはない。新日本出版社の新書版『資本論』でも、この個所を生産手段の共有と訳してきた。だが、１９９７年の上製版『資本論』になって、やっとこの個所を生産手段の共同占有と正訳する。30年余前の廣西氏の『資本論の誤訳』では、すでに共通占有ととっくに正訳していたのである。

第3章　生産手段の共同占有

【1】「全生産諸手段の共同占有の基礎の上に個人的所有を再建する」

では、今までの議論にお疲れかもしれないが、これまで議論してきた事を踏まえると、私たちが資本制社会の後に打ち立てる協同社会、つまりアソシエーション社会とは一体いかなる社会なのであろうか。その具体的なイメージを私たちは提供したい。

これについては、その協同社会の根拠となるマルクスの最初期の著作である『宣言』の記述を、以下に引用する。

「発展の進行するうちに階級的差別が消え去り、すべての生産が、『連帯（アソシエート）』した『個人』一人ひとりの手に集中された時、公権力は、その政治的性格を失う。

本来の意味における政治権力は、他の階級を抑圧するための一階級の組織された暴力である。プロレタリアートは、ブルジョアジーとの抗争を通じて、必然的に自らを階級として組織し、革命を通して自らを支配階級となし、そして支配階級として旧生産関係をその持つ力量において実際に揚棄する時、さらにこの生産関係と共に階級対立の存在条件を、階級一般を、そしてそれと共に階級としての彼ら自分自身の支配を揚棄【au-fhebt】する。

階級と階級対立とを持つ旧ブルジョア社会に代って、一人ひとりの自由な発展が、全ての人々の自由な発展の条件となるアソシエーション社会【Assoziation】があらわれる。」（『宣言』第2章）

ここでいわれているアソシエーション社会とは、すべての生産手段が「アソシエートされた個人一人ひとりの手に集中され」（後期マルクスは共同占有と規定―清野）て、個々人一人ひとりの自由な発展が、すべての人々の自由な発展の条件となる社会である。

個人的所有の再建論争論文を執筆した西野勉氏は、現状の百鬼夜行の状態であった個人的所有の再建論争を『経済学と所有』において、一定程度整理した。これは大変な業績である。しかしこの問題の核心にある共同占有が、全生産諸手段の所有についての形式である事を、彼はまったく認識できていない。したがってこの言葉を共同利用の意味と理解するのが妥当であろうと西野氏は説明した。しかしそれは大変な問題である。

そうであれば、なぜマルクスは、彼の指摘したように直接的に共同利用といわなかったのか。マルクスが問題とした人類や歴史的・社会的に関わる所有の形式の核心を、彼が認識できていない事は、この発言からも明らかだろう。この個人的所有の再建論争を整理し、問題の所在をほぼ理解した彼ですら、実際はこの程度の認識だったのである。

これまでの議論をまとめてみよう。

共同占有とは、マルクスがフランス語版『資本論』を出版する際、ついに発見し最後に規定した社会的＝会社的所有の具体的な所有の形式である。それは、資本の私的所有を否定するため、全生産諸手段を資本家の社会的所有から協同労働する労働者たちの共同占有へと形式転換する事で、その基礎の上に、労働者の個人的所有の再建を実際に担保するものなのである。

こうして現在全世界規模で起きつつある大恐慌による資本主義の行き詰まりとその崩壊過程の中で、労働者たちは、資本主義に代わって自覚的に作り上げる労働者の連帯社会＝アソシエーション社会に移行する必然性を認識するに至る。人類史の本史はここに始まる。今後とも体制側から常に圧迫される労働者民衆の反乱は避けられないのである。

このアソシエーション革命とは、ある日突然に起こる一揆的な政治革命として実現するものというよりも、現実に進展する現実の社会と株式会社の内的な変革と日々苦闘しつつ共同労働する労働者たちとが、深く関わりあいかつ相互浸透しあう社会革命なのである。

〔2〕社会的個人の誕生と協同労働が核心

ここまで私たちは実にこまかな議論を積み上げてきた。今まで読者には、大変な苦痛を強いてきたのではないかと私は恐れるものである。しかしついに結論に導く時はきた。そしてこの結論を、私はぜひとも読者とともに共有していきたいものである。

マルクスの共産主義理論を何よりも特徴づけるものは、所有一般の廃止（アプシャフング）ではなく、ブルジョア的所有の廃止なのである。そして近代ブルジョア的私的所有は、階級対立に基づく、すなわち人による人の搾取に基づく生産物の生産と取得の最後の最も完成した表現である。だからマルクス理論の核心は「私的所有の揚棄（アウフヘーベン）」との一語にまとめる事ができる。

しかし『宣言』の核心中のこの核心部分は、いまだに「私有財産の廃止」または「私的所有の廃止」と誤訳されているのが実態だ。この誤訳の影響によって、「私的所有の廃止」との表現から、物にこだわり財産が没収されるのだといまだに恐怖する人々が実に多い。

それゆえマルクスは、私的所有者から収奪され徹底的に無所有にされていながらも、自らも「私的所有」を持っているかに誤解して、「私有財産の廃止」との表現に頑なにこだわり続ける人々に対して、けんかでも売るようにたたみかける。

「人は我々共産主義者を非難する。『自分で稼いだ、自分で働いて得た所有を、すなわちあらゆる人格的な自由と活動と独立の基礎を為す所有を廃止する』と。

働いて、稼いで、自分で儲けた所有だって！諸君は、ブルジョア的所有より以前にあった小市民的な小農民的な所有のことを言っているのか？それなら我々が廃止するまでもない。工業の発展がそれを廃止したし、また日々に廃止しつつある。

それとも諸君は、近代ブルジョア的私的所有のことを言っているのか？

では、賃労働は、プロレタリアの労働が、プロレタリアの為に所有を創るか？とんでもない。それは資本を、すなわち、賃労働を搾取することを本来の性質とする所有を創る。それは、新しい賃労働を生産して再びそれを搾取するという条件の下でのみ増えて行く所有である。その現在の形態における所有は、資本と賃労働の対立の中を動いている。我々はこの対立の両面を観察してみよう。

資本家であることは、単にある人格であるのみならず、生産面において社会的位置を占めることである。資本は、社会的なものであって、それはもっぱら社会の多数の成員の共同の活動によって、いやせんじつめれば、社会全員の共同の活動によって運転されているのである。

それゆえ資本は人格的な力ではない。それは社会の力である。

それゆえ資本が社会の全成員の所有に変換されるとしても、それは人格的所有が社会的所有に変質されるのではない。ただ所有の社会的性格が変更されるだけである。［すなわち、］それは階級的性格を失うのである。」（『宣言』第2章）

ここに喝破されたように、多くの人々は、あるものがある歴史的社会的諸関係の中で持っている形式が、その時々の歴史的社会的諸関係と関わりなく、その対象が本来的に持っている属性だと錯覚している。しかしそれは形式にすぎない。マルクスは、こうした認識の核心を、形式さらに概念的把握（必然性）の論理において解明した。したがって現実に歴史的社会的諸関係が変化すれば、所有の形式が変化し所有の性格もまた変化する。

核心は、対象そのものの変化ではなく、私的所有の形式が揚棄され、所有の性格が今までの私的なものから社会的なものへと変更され階級的な性格を失う事だ。だから「資本が社会の全成員の所有に変換されるにしても、それは人格的所有が社会的所有に変質するのではない。ただ所有の社会的性格が変更されるだけである。それは階級的性格を失うのである」とのマルクスの『宣言』での記述は、実に的確そのものである。

実はこのマルクスの「全生産諸手段の共同占有の基礎上に個人的所有を再建」との見解は、将来の社会における所有の形式と性格を、「財貨共有制」と規定していた18 40年代のエンゲルス等の「共産主義」思想に対する明確な批判である。そしてそれは、今でも生きながらえているスターリン主義やソ連社会を美化し続け、その社会での個々の人格無視を当然視してきた反個人的で「粗野な共産主義」に対する実に的確な批判である。

先に引用した『パリ手稿』の「第3手稿」においても、この貧者の「共産主義」では、「才能等は暴力的に無視され、肉体的に直接必要なものの占有が生活と生存の唯一の目的とみなされ」、また「粗野な共産主義はこの嫉妬と予断された最低限の平等化の完成に過ぎない」と喝破されていた。マルクスの徹底した理論的結論には驚かされるばかりだ。

こうしてこの貧者の「共産主義」による「私的所有の揚棄」が「いかに現実性の獲得に乏しいものであるかは、教養と文明の全世界にたいするその抽象的な否定によって、すなわち私的所有を乗りこえるどころか、そこにいまだ到達もしたことがない貧困で寡欲な人間の不自然な簡素さへの逆行によって、まさに証明される」と特徴づけたのだ。これこそかっての「社会主義国」の本質を見抜いていたマルクスの炯眼ではある。

すなわちマルクスの個人的所有の再建論の核心とは、「必然性の国」から「自由の国」へと踏み出す時期の決定的なメルクマールを示した事にある。それは、労働者自身が、資本家の指示ではなく、自然の中に存在する客観法則を把握して、それに基づき自らの必要を満たすため生産活動を遂行する事にある。これこそ、未来の時代の特徴に違いない。

ここまでの議論をまとめておこう。

問題となっている個人的所有の再建とは、かって資本の本源的蓄積の過程で、一旦は否定された自分の労働を基礎とする所有の再建である。それを高次復活と呼ぶのは資本制時代の獲得物である社会＝会社的所有を、つまり労働者が全生産諸手段を共同占有する事で、労働者の個人的所有の再建を実現するからであり、また再建されるものを個人的所有と呼ぶのは、この生産＝取得過程が、言葉本来の意味で、社会と相互補完的な社会的個人一人ひとりのものである事を示しているからである。

その現実性を現実に担保するものこそ、社会革命による社会的個人の誕生とこれと密接不可分な労働の形式である協同労働による連合労働である。『資本論』において、マルクスは、資本の下で行われる共同労働を統括労働（コンバインアルバイト）と呼んで、アソシエーション社会における個々人の協同労働の役割分担をした上での連合労働（アソシエートアルバイト）とは、概念的にも区別して見事に書き分けて論じてきたのである。

資本主義社会での共同労働とは、資本の指示の下、同一の場所で一緒に労働する労働の形式であり、未来社会での協同労働とは、共通の目的のために個々人の労働の役割分担を明確にして行われる労働で、必ずしも同じ場所で行われる必要がない形式の労働の事である。これが現実のものとなるのは、共同占有の下で行われる協同労働する個々人が、名実ともに社会的個人となり主体となる連合労働を行うからである。

これについても、廣西氏の『資本論の誤訳』では、重要なマルクスの二つの労働の形式の訳し分けがなされていないと明確に指摘していた。だが彼の政治的立場から不当にも左翼からは長らく無視されている。実際、マルクスの表現には、資本の下での一元的な監視・強制的労働と協同組合の構成組合員が個人の希望する労働分野を調整しながら、多様な労働形式を持っている協同労働とのイメージの違いが、端的に表現されている。

共同占有の言葉こそ使っていたもののエンゲルスには、すでに指摘したような社会についての理解の混乱があったが、それ以上に重要な事は、現在の社会と将来社会との労働の形式や内容・性格の違いを明確に書き分けていたマルクスの真意を、全くといって良いほど認識する事ができていなかった。実際彼にはこれらの労働の形式や内容・性格への注意の喚起や具体的な指摘が一切ない。ここにエンゲルスの最大の弱点があったのである。

こうして将来の社会において、個々人が自立し自由を謳歌するためには、生産手段を共同占有して社会の主人公になるとともに、多様な協同労働の形式を、つまりお互いに認め合い現実的にもこうした協同労働を保証する事は不可欠の条件となる。

そして、協同社会の次の重大なメルクマールこそ、個々人的所有の再建とその基礎となる自らの生活維持等に必要な労働時間の短縮とそれに反比例する自由時間の増大である。しかし一知半解でこの核心を全く理解できない現代にもかろうじて生存している「粗野な共産主義者」たちには、マルクスの苦心のこの表現が、全くブルジョア的で堕落した理解不能な主張としか響いていない冷厳な現実がある。まさに「論語読みの論語知らず」とはよくいったものである。

第4章　この時代、私たちは何をなすべきか

［1］共同労働は未来社会を切り開く

読者には、今までこんなにも理論的な議論におつきあいいただき、全く恐縮している。多くの人々を悩ましている問題が問題だけに、これまで順序良く展開するだけでも時間がかかってしまった。この点再度のご理解を賜りたい。

さて私たちが生きているこの時代を特徴づけているものは一体何なのであろうか。

端的にいえば、株式会社が社会的生産を支配する事で、文字通り全世界が構成単位である世界市場が確立しており、各国と各会社の間での激烈な世界的な規模での競争が明確に意識されている事であろう。しかも全世界規模での目を覆うばかりの経済格差等の存在と拡大、そして資本主義の行き詰まりが、意識的な誰の目から見ても明らかな時代である。これに比較すればマルクスの時代がきわめて牧歌的に見える。

今ここできたるべき未来社会の基本を大胆にスケッチしてみたい。

株式会社が発達してその獲得物としての社会的＝会社的所有が、社会的生産の支配的体制として一度成立すると、やがて世界市場をめざしての生産が開始される。こうして生産力が急速に発達する。そのため、注目すべき重大な変化が開始された。その変化は、資本家階級にもまともに影響をあたえたのだ。重要な論点を明確にするためにも、ここは箇条書きにする。

その1。まず最初の影響として現れるのは「所有と経営の分離」で、資本家階級が所有資本家と機能資本家とに二重化する事だ。端的にいえば、所有資本家とは株主であり、機能資本家とは会社の経営者である。株式資本の本質とは、諸個人の直接の連合にではなく、諸個人の持つ諸資本の連合にある。したがって、一方の株主たる諸個人の中には、現実には単なる貨幣資本家となり、無力化して投機家と区別ができない者も現れる。他方の経営者は、その大部分が雇われ者にもかかわらず会社を代表する権限を確保するに至る。

その2。発生当初は産業資本と並行した経営体であった銀行資本が、株式を通じ癒着・融合して金融資本を誕生させ、世界をめざして巨大化していく。かくして資本主義は、金融資本主義へと二重化し、株式投機や金融商品が跳梁跋扈して、定期的な経済循環や大規模な恐慌を引き起こすに至る。この結果、富と貧困との二極化が目に余るようになる。

その3。こうした事から、現在の経済制度が維持できないと悟った資本家の一部と労働者が中心となり、組合員の出資金を基に協同組合を創設して、資本主義的株式資本と市場で競争する事態が発生する。この組合の所有はすでに現実的にも共同所有の形式である。個々の協同組合はその運動の中で連携を強めて連合体となって発展していく。さらに協同組合の連合体の協議で、具体的な生産計画を作成して、その活動を力強く推し進める。こうして協同組合は、資本主義社会に着実に足がかりを築いていく。そして協同組合の構成組合員は個々人の希望する労働分野を調整しつつ、協同労働を行いながらも、画一的ではなく多様な労働の形式を認め合う指向性を持ち、未来社会へ向けての力強い胎動を始めるのである。

先の諸条件とそれらが相互に関連し合う影響の下で、労働者階級もまたこれらの事に対応して相互浸透する事により、重大な影響を受ける。彼らは、株式資本の下で、文字通りの大規模な共同労働社会に生きる事になる。

数人規模での小企業に働いていた昔なら、自らの置かれた立場が弱かったせいもあり、資本家との摩擦や衝突も少なく、この排他的な資本家の私的所有を増大させるだけのせせこましい役割しか果たせなかった。しかし株式会社では数千数万の規模で、労働者は資本に従属して生活する事になるのである。

こうして労働者たちは、日々集団的かつ組織的に共同労働する事で、経営者や中間管理職である直接の上司や同僚に揉まれて、彼らは現実問題と直面する。当面は、彼らの影響下にある。そのためまさに個々の労働者は、肉体を酷使するばかりでなく、精神を消耗させながらも、人事権や札束が支配する現実の生活といやがおうでも格闘せざるをえない。

いや揉まれ格闘するからこそ、彼らは日々の牛活を困難に陥れている現実の壁に逢着する。その壁に阻まれて、労働者たちは、自己自身や現実と格闘しながらも人間とは何か、如何に生きるべきかについて、探求せざるをえないのだ。なぜなら人間存在とは、能動的かつ受苦的な、つまり悩み苦しむ（ライデン）存在(注7)そのものであるからだ。

（注7）自己内二重化の究極の根拠は、個人が個別的存在で

あるとともに同時に類的な存在であるからだ。人間の精神の発展にとって、現実の困難に直面した事で悩み苦しむのは、万人に不可避の過程ではある。しかもこの精神内での格闘により、個別の立場が勝利するかあるいは類の立場が勝利するかは、予め定められてはいない。だからこそ人々はますます真剣に悩み苦しむのである。

労働者たちは、他人との関係で、また現実の中で格闘しながらも、社会規範と組織性・協調性を高める必要性や教養を積む。また己の人格を陶冶する重要性を、自ら深刻に認識するに至る。この他者との関係と現実の生活こそは、労働者たち一人ひとりに、日々確実に反省と熟考とを迫る契機を与える根拠に他ならない。労働者が学習する契機はそれこそ山のようにあるに違いないのである。

現実は最強の教師である。現在のように、好況の時は自らの報酬と株式配当を増額し、不況の時は雇用してきた労働者を一方的に解雇するのでは、そもそも経営者の存在理由がない。この認識が、労働者たちのものとなるのは、小難しい理論的な問題ではなく、ただ単に時間の問題である。現実に惹起する苦悩と怒りから労働者は学習する。

実際、労働者階級は、この資本主義の現実からしっかりと学習する。ヘーゲル哲学の誕生を知らせる『精神現象学』の「B自己意識」の「主人と召使」においても、「真の陶冶の経験を積むのは、死の恐怖にさらされて自我を知り、自分を客体化できる召使である」として、「主人と召使」の興味ある弁証法を展開している。

すなわち現実に召使である彼らは、人間の尊厳と生き方や自らの使命についての自覚の契機を持つ事で、積極的かつ情熱的（ライデンシャット）になる。主人ではなく召使、これが核心である。したがって実際に歴史を切り開いていけるのは、威張りくさって命令する主人ではなく、良いように使い回されながらも現実と格闘して学ぶ召使なのである。

この事情をヘーゲルは教養（ビルディング【Bildung】）と把握した。同時代人であるゲーテもまたこの思想をわがものとする。彼は、人間の教養とは形態【Gestalt】、つまり単純に出来上がった知識としてではなく、様々な困難を克服する事で、らせん的に経験を積み上げて成長する大木にたとえた。このゲーテの立場から『ウィルヘルム・マイスターの修業時代』等の「教養小説（ビルディングスロマン）」が書かれることになった。

生物学者のヘッケルは「個体発生は系統発生を繰り返す」と喝破している。個々人もまた人類が歴史的・社会的・文化的に作り上げられた様々な教養を真に身につけるには、人類が経験した苦労と苦闘とは、全く比較にならない程一段と緩和された仕方ではあるが、個々の体験の深浅も含めて充分かつ深刻に経験しなければならないのである。

その意味において、私は「われわれとは別の道を通して唯物弁証法を発見した」とマルクスによって賛美された独学者のヨーゼフ・ディッツーゲンの「哲学の歴史は私の一身において繰り返されたといってもいい」との一句は、個々人の人生においても常に忘れてはならない名言であると考えている。

こうして労働者たちは、日々に生産諸手段を現実的に掌握し、現実の生産の管理・統制・修復の体験を積み重ねる事で、生き生きし続けかつ主体的でなければならない。それゆえに彼らは生産現場の主人公として資本家何者ぞとの確たる自信を持ち、たくましくならざるをえないのである。

労働者にとっても、資本家階級はすでに二重化しており、経営者はともかく、所有資本家の権力はほとんど意識されておらず、その権威の低下は周知の事実である。そしてある日突然、労働者は経営者＝機能資本家が実際の生産過程において一体何をしているのかと疑問を持つ。そして自らの実体験からして、彼ら経営者は必ずしも不可欠な存在ではなくある種の寄生的階級だとの真実、まさに資本主義社会の真の秘密を認識するにいたる。

労働者たちは、資本の連合体である株式資本が発達した時代には、会社の経営者たちが生産手段等を「私的所有」する根拠など、一切ない事を認識するとともにこの秘密と自分たちが持つ実際の団結の力の大きさに、はたと目覚め、本当に「驚嘆」[注8]する。本来であれば、私はここにぜひとも驚ガイ（馬編に亥）の言葉を使用したいところである。

（注8）本業のホテル部門では老舗で黒字経営だったが、経営陣の放漫な多角経営の失敗で突然倒産した京品ホテルでは、それを契機に結成された労働組合による自主管理を開始する。自主管理は、警察権力の介入により強制執行されるまで、何の破綻もなく約3ヶ月続いた。この闘いは、会社の経営者がいらなくなった時代を象徴する闘いとなる。

この驚ガイとは、そもそも「学的探求をなしえた時の、新発見をしたばあいの『あゝ、ここの構造はこうなっていたのか、ここの法則性はかくのごときものであったのか！』という、いうなれば真理の探究をなしえたばあいの興奮であり、驚きであり、『対象の不思議さの構造をみてとっての感嘆という論理と感情が一体化した認識』のことをいっているのである」（南郷継正著『武道講義第4巻 武道と弁証法の理論』、一八五頁）。

労働者たちが実際に主体として労働現場を自主管理できるなら資本家はいらない。この「驚嘆」の事実の認知こそ、アリストテレスが重視した「哲学的思索の起源」である。

未来を切り開く新しい「時代精神」が、資本主義の最深の「内部にあって力をこめて進む時――我々はその音に耳を傾け、これに現実性を与えなければならない」（ヘーゲル『哲学史』下巻）のだ。この「時代精神」に現実性を与えるものこそヘーゲルとマルクスの理論である。したがって労働者階級は、彼らの理論を徹底して学ばなければならない。

すでにマルクスは、先にみたように森林盗伐取締法の敗北に深く学んでいて「哲学はプロレタリアートを揚棄することなしには実現されえず、プロレタリアートは哲学を実現することなしには揚棄されえない」（『ヘーゲル法哲学批判序説』）との立場を打ちだしていた。資本主義の発展の下で着実に進行する内的な変革の契機をしっかりつかむ事だ。

この認識にまで至る時、マルクスの理論が労働者階級に未来への突破の道を明確にさし示す。労働者は、共同労働の団結をもって経営者からその実権を奪い、全生産諸手段の共同占有を勝ち取らなければならない。そしてその基礎の上に、かって否定された自己の労働に基づく「個人的所有」を、積極的に「再建」せねばならない。この「個人的所有」こそ、協同社会を作り出す社会的個人を担保するものであり、土台なのである。

ここで、歴史上現れた個人について、『経済学批判要綱』で展開されたマルクスの人類史の歴史認識の「3段階」論を紹介しておこう。

第1段階においては、個人は、歴史的に形成された共同体に埋没しており、自己決定の主体としての自立がない。

第2段階では、物的依存性の上に人格的独立性を獲得するので、人格的自由を享受するのは、支配者階級に属する個人でしかない。だが、生産諸力を共同占有する事で、その基礎の上に、諸個人が普遍的に発達する条件を獲得する。

第3段階で、始めて自由な個人・自由な個性を開花させる可能性を現実性へと転化するというものである。

すなわち自覚して作り上げる協同社会と相互補完的な社会的個人一人ひとりとの関係は、原始共同体の場合のように、個人一人ひとりの未成熟のゆえ自立できない、また個人一人ひとりがそこに埋没しているアジア的共同体と同じではない。それは、入会地を持ちながらも、自らの個人的所有を持っている事で、生産の主体が個人一人ひとりであるゲルマン共同体のイメージと若干重なる面もあるが、以下の点でまさに決定的に違う。

ゲルマン的共同体では、生産手段の共同所有と個人的所有とが時間的にも空間的にも並列であるのに対して、将来の自覚して作り上げる協同社会では、共同占有の基礎の上に、自由で自律的に協働する個人一人ひとりがいる。すなわちそこでは協同社会の土台となる生産手段の共同占有の基礎の上に再建される個人的所有が、時間的にも空間的にも、完全に一体的な立体構造にある。

したがって協同社会とは、原始共同体の単純な復活ではなく、まさに原始共同体の高次復活、つまり新しい人類の共同体というよりも、より正確に定義すれば、従来は共同体の中で、また階級社会の歴史的・社会的かつ様々な制約の下で、自立する事ができなかった社会的個人一人ひとりが、真の主体となる人類の連帯社会なのである。

〔2〕環境の変革と人間の自己変革との合致を追求する

ついに私たちの所有を巡る考察も結論を述べるまでに立ち至った。

その結論とは何か。それは、人類史の本史を切り開いていくための私たちのなすべき課題である。それは、何をするのもおっくうがる怠け者がすこしでも楽をしたいために想いえがく現実に根拠のない奇想天外な空想とは全く無縁の所にある。すなわち生産諸力の合理的発展の追求と有機的運用による生活物資等を生産する、同時に必要労働時間の大幅な短縮と自由時間の大幅な増大を確保して、個々人の主体的な発展の条件を現実にしっかりと担保する事にある。

この事業の完遂は、政治革命により獲得した労働者階級の権力によるではなく、まさに革命で解放された自覚した労働者たち一人ひとりの、つまり「労働者階級自身の事業」なのである。

この事業を着実に完遂する中で、私たちは、階級社会における私的所有概念の呪縛から解き放たれて、再び個人所有を再建して自立を担保し、さらには全くそうした意識すらなくなる連帯社会を打ち立てねばならない。この点を読者と共有したいものである。

こうしてここに人類の「永久の課題」が、初めて私たちに提起される。それは、社会環境の変革を抜きにした人間の精神的自己改造についての儒教等の一方的なお説教ではなく、未来社会での「人間革命」の問題は、まさに以下のように立てられている。

「環境の変革と教育とについての唯物論学説は、環境が人間によって変革されなければならず、教育者自身が教育されなければならない事を忘れている。したがってこの学説は社会を二つの部分——そのうちの一つは社会の上に超越する——分けなければならない。
環境の変革と人間の活動すなわち人間の自己変革との合致はただ革命的実践としてのみとらえられ、合理的に理解されうる」（「フォイエルバッハ・テーゼ三」）

問題は、ここでの提起のように、環境変革か人間変革かのどちらが先かでもどちらかの二者択一でもない。まさに環境の変革と人間の自己変革との合致という現実の革命的実践の問題なのだ。このマルクスの批判は、時の空想的社会主義者たちに投げつけられたもの[注9]だが、同時に私たちが、深く自戒せねばならない事に違いない。そこでは、労働者民衆などは常に自分たちの指導の対象でしかないとの「左翼」の思い上がった前衛意識や指導者意識は完全に捨て去る必要がある。労働者に空想家などはいらないのだ。

（注9）「プロレタリアートがまだ自己を階級に構成するほど発達していない限り、したがってプロレタリアートとブルジョアジーとの闘争そのものがまだ政治的な性格をもたない限り、そしてまた生産諸力がまだプロレタリアートの解放と新しい社会の形成に不可欠な物質的諸条件を予見させるほどまでに、ブルジョアジーそれ自体の胎内で発達していない限り、これらの理論家たちは、被圧迫諸階級の窮乏を予防するためにもろもろの制度を思いつきで案出し、再生的な一科学を追求する空想家たちであるにすぎない」（『哲学の貧困』（国民文庫）、一七一頁）

それゆえ私たちは、「新しい社会の形成に不可欠な物質的諸条件」を成熟させる現実の社会の動きを誰よりも何よりも正確にえがく事に徹したい[注10]。私たちに焦る気持ちは一切ないからである。

（注10）「歴史が進行し、歴史とともにプロレタリアートの闘争がより鮮明にうかびあがってくるにつれて、彼らが彼らの精神のなかに科学を探究することは、もはや必要ではなくなる。彼らは彼らの目のまえでおこることを了解し、その器官となりさえすればよいのである。彼らが科学を探究し、もろもろの制度をつくっているにすぎないかぎり、彼らが闘争の第一歩にあるかぎり、彼らは貧困のなかに貧困だけを見て、そのなかにやがて旧社会をくつがえす革命的破壊的側面を見ない。［しかし］このとき以来、歴史的運動の所産であり、そして充分に原因を認識してそれ［歴史的運動］にむすびつく科学は、空理空論的なものであることをやめたのであり、革命的なものとなったのである。」（『哲学の貧困』、一七一頁）

私は、労働者階級に武装蜂起等の一揆的な政治革命論ではなく、より根源的な社会革命であるアソシエーション革命論を提起する。そしてその理論の評価については、将来の歴史の審判に委ねたい。なぜなら歴史を動かす理論こそ、真理と呼ぶに値するものだからである。また正しい理論は、必ずや労働者階級を獲得し、その事で社会と人類の変革の物質力に転化するものと私は確信している。

こうして私は、自らの行動で自らの正しさを指し示す立場に立つ。実際、活動家同士での仰々しい論争や声高な議論はまったく意味がない。労働者階級は、他者から一方的に説き伏せられるだけの単なる受動的な存在ではないからだ。彼らが積極的かつ主体的になるには、政治経済情勢に対する彼らの経験上の実感と熟慮による決断が、彼ら自身の行動に深く関わる事を私は知っている。これが核心である。

私たちは、社会を現実に変革する運動の中で、同時並行的に自らの教養を高めて人間変革にも取り組む必要がある。すなわち私たちは、太古の原始共同体において当時の人間が本来的にもっていた人間の「共同性」、つまり「徳性」・「協調性」・「組織性」についての社会規範等の協同社会における全面的開花を追求しなければならないのである。

おわりに

現在、日本の労働者階級は6000万人、その3分の1は非正規雇用で、年間収入は、200万円にも達していない。現実に日本社会を支え将来の日本の未来を担う彼ら青年たちの苦闘と呻吟は、今や頂点に達している。

彼らは、サブプライムの破綻による金融機関の倒産で惹起された世界金融恐慌の只中にあって、人間とは何かを真剣に考え、「生きさせろ」「人間らしい生活をさせろ」等と訴え行動し始めた。その声は、現実の生活に深く根ざしている以上、枯れ果てた燎原の火のように急速に燃え広がって行くに違いない。

こうして2008年9月以降、「リーマン・ショック」による金融恐慌が拡大する中で、世界の歴史が大きく動かざるをえない時代がやってきた。日本だけでなく、いや全世界的にも、歴史は再び三度、革命かあるいは大失業と戦争の時代に突入しつつある。

実に多くの労働者たちが日々に直面する現実の生活体験の中から、苦闘しながらも自らの頭で真剣に考える事によって、回答を引き出そうとしている。ここに私たちの希望、また生きる道、そして解決すべき課題がある。マルクスはかって次のように提起した。

「社会構成体はどれもみな、その社会構成体が許容しうる生産力が全部展開されきるまでは決して滅びない。そして、これまでよりも高く新しい生産諸関係は、それを生み出す物質的な諸条件が古い社会自身の胎内にはぐくまれるまでは決して現れ出ない。したがって、いつでも解決しうるような［そういう性質の］課題しか立てない［といえる］。というのは、一層詳しく考察するとつねに確認できることは、［そもそも］その課題自身がそれの解決に必要な物質的諸条件がすでに存在しているか、少なくとも生まれつつあるときにしか、発生しないからである。」（『経済学批判』序言）

その時は来た。新しい社会を生み出す萌芽は、すでに芽生えており、出るべきものはほとんど出尽くしたとさえいえるだろう。現在の悲惨な状況と資本家階級の横暴に対して、労働者たちの間には、資本家階級はすでに無用だとの認識が急速に広がりつつある。

この悲惨な現実の中で、労働者たちは、これからも引き続き悲惨な状況と資本家どもの専横を堪え忍　び、この現実を甘受し続けなければならないのであろうか。そんな事はない。労働者民衆の反撃は至る所で頻発している。まさに星火燎原、いかに広大な原野でも最初は星のような小さな火からはじまるが、ついに焼き尽くされるしかないのである。

今まさにマルクスが提起した解決すべき課題が、労働者階級に突きつけられている。自覚した労働者たちは、来るべき将来の社会の主人公にならなければならない。今こそ、確信を持って人類の本史を切り開いていこうではないか。それもこれも、私たち自身が自ら積極的に望んだのではなく、他ならぬ資本家階級自身が、自分だけ生き残ればよいとの目的でもって、労働者たちを一方的に切り捨てようと仕掛けてきた事に起因している。

歴史を切り開いてこの危機的な状況を打開できるのは、進退窮まった資本家階級ではなく、私たち労働者階級の立場に立つ者たちである。

まさに２００９年8月末の衆議院総選挙における自公政権の歴史的な大敗北は、その序曲なのである。この新たな時代をさらに切り開く事ができるのは、今回政権交代を果たした民主党ではなく、まさに私たち労働者階級以外ありえない。

私は、この歴史的な激動の開始を喜ぶとともに労働者階級や自分自身のため、さらに人類史の本史を切り開くためにも、歴史そのものと先人の苦闘と努力に学んで、労働者階級や自らを一層自覚的に高めつつ、今後も粘り強く活動を続けていく決意である。

【引用・参照文献】（マルクス等の古典文献は除いてある）
『小論理学』下巻、牧野紀之訳（鶏鳴出版）１９８９年
『大論理学２』寺沢恒信訳（以文社）１９８３年
久留間鮫造編『マルクス経済学レキシコン』「方法Ⅱ」（大月書店）１９６９年
『対訳・初版資本論第一章及び付録』牧野紀之訳（信山社）１９９３年
『法権利の哲学』三浦和男訳（未知谷）１９９１年
『マルクス　パリ手稿　経済学・哲学・社会主義』山中隆次訳（お茶の水書房）２００５年
廣西元信著『資本論の誤訳』（青友社）１９６６年、（こぶし書房、復刊・解説付き）２００２年
坂間真人著「マルクス学説の再興―『平田清明説』への批判的評註―上・下」、『情況』１９７２年10月号・12月号掲載
同「マルクス学説の補正と廣西理論」、『情況』１９７５年５月号掲載
田畑稔著『マルクスとアソシエーション　マルクス再読の試み』（新泉社）１９９４年
福冨正実・田口幸一共著『社会主義と共同占有―「個人的所有の再建」論争と甦るマルクス・エンゲルス』阪南大学叢書〈15〉（創樹社）１９８４年
西野勉著『経済学と所有―『経・哲草稿』から『資本論』―』（世界書院）１９８９年
『精神現象学』牧野紀之訳（未知谷）２００１年

あとがき

　思い起こせば、本書が生まれる出発点になった研究会がスタートしてから、すでに九年半も経過してしまった。始まりは２００１年9月8日にスタートした「廣西研究会」だった。この研究会は、当時「アソシエーション革命論」として一定の注目を集めたマルクスの読み直し作業に関心を持った有志三名によって始められたものだった。

　研究会の目的はといえば、その名称から分かるように、日本におけるアソシエーション革命論の源流に位置する廣西元信氏のマルクス解釈の検討を通じて、新しい社会主義像を模索することだった。当初は一年ぐらいの研究期間を経てパンフレットか本の形で問題提起することを想定していた。それだけ三名にとって廣西説は斬新で画期的だと思われていたわけだ。

　しかしそうした計画は、廣西説を一通り検討してその評価が固まるにつれて、ズルズルと先送りされた。日常の仕事や活動に忙しいことも影響した。それ以降三〜四年は、年に三〜四回集まって研究活動が細々と続けられたが、その時期は研究活動としては中だるみの時期だったといえる。

　05年頃になってメンバーが一名増え、名称も「協同社会研究会」に変更された。研究の対象が単に廣西説の検討に限られたものではなかったこと、それにマルクスや廣西説を土台としてリアリティーのある斬新なアソシエーション革命論を提起したい、という思いも込めた名称変更だった。

　その新メンバーの意欲もあり、06年頃になって再度出版を目的に研究活動を進めることになった。とはいっても研究活動に時間を割くことがなかなかできず、出版原稿の執筆もなかなか進展しなかったのが実情だった。この間、当初からのメンバーのうち一名が日常の活動優先という事情から、今回の論文集の計画を辞退することになった。結局、07年中頃から出版原稿の素案が提出され始め、09年3月に一応の完成を見た、というのがこの間の経緯である。

メンバーについて触れると、研究会のメンバーだった四名は全員がフルタイムの現役労働者でもあった。当然のこととして仕事、活動の他に研究活動を進めていくのはなかなか大変だった。実際、限られた時間のなかで研究活動を進めていくのはかなりの制約があり、それだけ研究者や専門家による著作に比べて粗雑なところもあると思う。

しかし反面では、現役労働者であること、運動圏で日常的に活動していることなど、専門の研究者にはない利点もあるのではないかと、少しばかり自負している部分もないわけでもない。それは現場感覚であり、また運動圏の課題とリンクしているところなどである。それだけ私たちの『アソシエーション革命論』にリアリティがあるのではないかと思いたいところではある。

ともあれ、今回の出版にあたっては、三人による論文集として発刊することが前提になった。一応、テーマの分担をはかったつもりではあるが、それでもそれぞれの関心のずれもあり、必ずしも体系立ったものにはなっていないかもしれない。それに加えて一冊の本としての分量の制約もあり、また研究が進展していないことで、当初計画していたテーマをいくつか省かざるを得なくなった。結果的に、多くの積み残しのテーマを残すことになった。

今後の課題として先送りされたテーマとしては、マルクスのアソシエーション革命論の基礎になっている共同体論、協同組合論、それに旧ユーゴスラビアの自主管理社会主義やスペインのモンドラゴンの協同組合の経験の総括、アソシエーション革命論には欠かせない急速に進展しているグローバリゼーションの問題などである。それに実践領域でのテーマなども積み残された。付け加えれば〝通勤電車でも読める〟ようなアソシエーション革命論の入門版・解説版なども議論に上ってはいたが、それもこれも先送りせざるを得なかった。それも私たちの力量からしても現時点ではやむを得ないことだったと思っている。

私たちの出版計画が遅れに遅れた事情については若干触れたが、本書の事情だけでいえばまったく偶然のことであるにしても、タイミングだけは時宜にマッチしたといえなくもない。いうまでもなく〝100年に一度〟といわれる世界的な大不況が08年に顕在化し、資本主義というシステムそのものに対する根源的な疑念が大きく浮かび上がっているからだ。

実際、「貧困」「階級」「搾取」「窮乏化」「恐慌」「マルクス」など、普通であれば登場するはずのないマルクス主義用語がマスメディア上に頻繁に登場している。総じて、世界的に〝マルクスの復権〟ともいえる時代状況に遭遇しているともいえるのではないだろうか。1991年にソ連が崩壊することで米国の一極支配の世界が生まれ、資本主義は最終的に勝利したと喧伝されたのはつい先日の話だったのに、である。

こうした時代状況を観るにつけ、アソシエーション革命こそ資本主義に取って代わるオルタナティブであることの確信を深める今日この頃であり、その旗を掲げて新しい対抗戦略とそれを担う潮流を形成していきたい、というのが私たちの願いであり希望でもある。この論文集を期に、アソシエーション革命論をいっそう深めていきたいし、また、多くの人たちとの共同作業をつうじて〝アソシエーション革命派〟としての理論的、政治的、実践的潮流を形のあるものにしていきたい、と願わずにはいられない。（本文中の敬称は省略させていただきました。）

2010年2月10日

飯嶋　廣

飯嶋　廣（いいじま・ひろし）
2009年，郵便局退職
1948年千葉県生まれ。中央大学経済学部卒業。
全逓，郵政ユニオンなどで活動。

阿部文明（あべ・ふみあき）
ビル管理会社勤務
1949年宮城県生まれ。立命館大学文学部哲学科卒業。
新聞販売店労働組合などえ活動。
著書に『どこへゆく？ロシア』(1994年，オリオン社)がある。

清野真一（せいの・まさかず）
学校事務職員
1950年山形県生まれ。中央大学文学部卒業。
三浦半島地区教職員組合などで活動。

アソシエーション革命宣言――協同社会の理論と展望

2010年3月15日　初版第1刷発行

著　者：飯嶋廣・阿部文明・清野真一
装　幀：桑谷速人
発行人：松田健二
発行所：株式会社 社会評論社
東京都文京区本郷2-3-10　☎ 03(3814)3861　FAX 03(3818)2808
http://www.shahyo.com/
印刷・製本：株式会社 ミツワ

コミュニタリアン・マルクス

資本主義批判の方向転換

●青木孝平

四六判★ 2500 円／ 0878-5

現代資本主義批判の学としての「批判理論」は、いかにして可能か。リベラリズムを批判して登場したコミュニタリアニズムを検討しつつ、その先駆としてのマルクスの像を探る。マルクスを「異化」する試み。(2008・2)

ポスト・マルクスの所有理論

現代資本主義と法のインターフェイス

●青木孝平

A5 判★ 3200 円／ 0819-8

「資本家のいない資本主義」といわれる現在、次の世紀へと生かしうるマルクス所有理論の可能性はどこにあるのか。マルクスのテキストの緻密な再読と、内外の研究成果の到達点をふまえて検討する。(1995・5)

---

21 世紀社会主義への挑戦

●社会主義理論学会編

A5 判★ 3600 円／ 1414-4

スターリン主義やその疑似物の再潜入を許さぬ社会主義像の構築をめざす思想と理論。アソシエイション型の社会を構想し、従来の運動論、社会理論を超える新たな体制変革運動をさぐる論集。(2001・5)

---

21 世紀 社会主義化の時代

過渡期としての現代

●榎本正敏編著

A5 判★ 3400 円／ 1452-6

工業生産力をこえるより高度なソフト化・サービス化産業の発達とネットワーク協働社会システムの形成。資本主義世界において、新たな社会主義化を準備し創出させる質的な変化が進行している。(2006・2)

アソシエーション革命へ

[理論・構想・実践]

●田畑稔・大藪龍介・白川真澄・松田博編著

A5 判★ 2800 円／ 1419-9

いま世界の各地で新たな社会変革の思想として、アソシエーション主義の多様な潮流が台頭してきた。構想される社会・経済・政治システムを検証し、アソシエーション革命をめざす今日の実践的課題を探る共同研究。(2003・3)

市民社会とアソシエーション

構想と実験

●村上俊介・石塚正英・篠原敏昭編著

A5 判★ 3200 円／ 1436-6

市場経済のグローバル化は国民国家の制御統制能力を空洞化させつつあり、かつ生産 ・生活領域の国家と資本による支配への反抗が芽えている。現状突破の構想としてのアソシエーションの可能性を探る。(2004・2)

ソキエタスの方へ

政党の廃絶とアソシアシオンの展望

●石塚正英

四六判★ 2600 円／ 0420-6

21 世紀への文明的転換期において、国家、民族、文化など伝統的で自然なものであると思われていた概念が激しく揺れ､瓦解していく。脱国家・脱政党——社会の様々な領域において成立する多元的アソシアシオンの創造へ。(1999・3)